앞선 정보 제공! 도서 업데이트

언제, 왜 업데이트될까?

도서의 학습 효율을 높이기 위해 자료를 추가로 제공할 때!
공기업 · 대기업 필기시험에 변동사항 발생 시 정보 공유를 위해!
공기업 · 대기업 채용 및 시험 관련 중요 이슈가 생겼을 때!

01 시대에듀 도서
www.sdedu.co.kr/book
홈페이지 접속

02 상단 카테고리
「도서업데이트」
클릭

03 해당
기업명으로
검색

참고자료, 시험 개정사항 등 정보 제공으로 학습효율을 높여 드립니다.

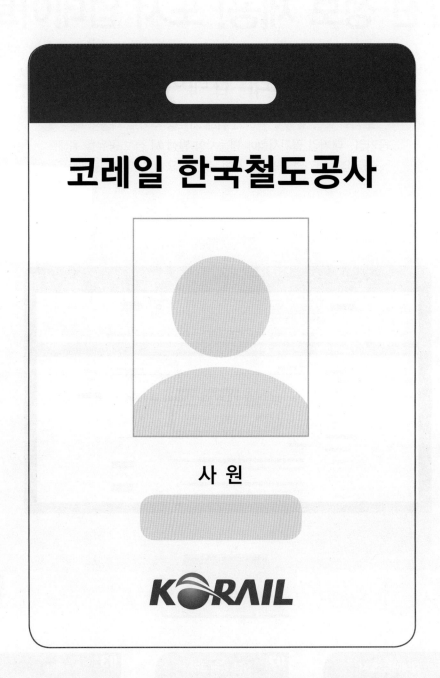

사일 동안
이것만 풀면
다 합격!

코레일
한국철도공사 고졸채용
NCS + 철도법령

시대에듀

2025 최신판 시대에듀 All-New 사이다 모의고사
코레일 한국철도공사 고졸채용 NCS + 법령

Always **with you**

사람의 인연은 길에서 우연하게 만나거나 함께 살아가는 것만을 의미하지는 않습니다.
책을 펴내는 출판사와 그 책을 읽는 독자의 만남도 소중한 인연입니다.
시대에듀는 항상 독자의 마음을 헤아리기 위해 노력하고 있습니다. 늘 독자와 함께하겠습니다.

머리말 PREFACE

국민의 안전과 생명을 지키는 사람 중심의 안전을 만들어 나가기 위해 노력하는 코레일 한국철도공사는 2025년에 고졸 신입사원을 채용할 예정이다. 코레일 한국철도공사 고졸채용은 「고졸 학교장 추천서 제출 ➡ 입사지원서 접수 ➡ 서류전형 ➡ 필기시험 ➡ 체력시험(해당분야) ➡ 실기시험(해당분야) ➡ 면접시험 ➡ 최종 합격자 발표」 순서로 이루어진다. 필기시험은 직업기초능력평가와 철도법령으로 진행된다. 그중 직업기초능력평가는 의사소통능력, 수리능력, 문제해결능력 총 3개의 영역을 평가하고, 철도법령은 철도산업발전기본법·시행령, 한국철도공사법·시행령, 철도사업법·시행령 총 6개의 영역을 평가한다. 2024년에는 피듈형으로 진행되었으며, 필기시험 고득점자 순으로 2배수를 선발하므로 고득점을 받기 위해 새로운 유형에 대한 폭넓은 학습과 기존 문제풀이 시간 관리에 철저한 준비가 필요하다.

코레일 한국철도공사 고졸채용 합격을 위해 시대에듀에서는 기업별 NCS 시리즈 누적 판매량 1위의 출간경험을 토대로 다음과 같은 특징을 가진 도서를 출간하였다.

도서의 특징

❶ 합격으로 이끌 가이드를 통한 채용 흐름 확인!
- 코레일 한국철도공사 소개와 최신 시험 분석을 수록하여 채용 흐름을 파악하는 데 도움이 될 수 있도록 하였다.

❷ 기출응용 모의고사를 통한 완벽한 실전 대비!
- 철저한 분석을 통해 실제 유형과 유사한 기출응용 모의고사를 4회분 수록하여 시험 직전 4일 동안 자신의 실력을 점검할 수 있도록 하였다.

❸ 다양한 콘텐츠로 최종 합격까지!
- 온라인 모의고사를 무료로 제공하여 필기시험에 대비할 수 있도록 하였다.
- 모바일 OMR 답안채점/성적분석 서비스를 통해 자동으로 점수를 채점하고 확인할 수 있도록 하였다.

끝으로 본 도서를 통해 코레일 한국철도공사 고졸채용을 준비하는 모든 수험생 여러분이 합격의 기쁨을 누리기를 진심으로 기원한다.

SDC(Sidae Data Center) 씀

◇ **미션**

> 사람·세상·미래를 잇는 대한민국 철도

◇ **비전**

> 새로 여는 **미래교통** 함께 하는 **한국철도**

◇ **경영슬로건**

> 철도표준을 선도하는 모빌리티 기업, 코레일!

◇ **핵심가치**

안전   혁신   소통   신뢰

◇ **경영목표 & 전략과제**

디지털 기반 안전관리 고도화	▶	• 디지털통합 안전관리 • 중대재해 예방 및 안전 문화 확산 • 유지보수 과학화
자립경영을 위한 재무건전성 제고	▶	• 운송수익 극대화 • 신성장사업 경쟁력 확보 • 자원운용 최적화
국민이 체감하는 모빌리티 혁신	▶	• 디지털 서비스 혁신 • 미래융합교통 플랫폼 구축 • 국민소통 홍보 강화
미래지향 조직문화 구축	▶	• ESG 책임경영 내재화 • 스마트 근무환경 및 상호존중 문화 조성 • 융복합 전문 인재 양성 및 첨단기술 확보

◇ **인재상**

사람지향 소통인
사람 중심의 사고와 행동을 하는 인성, 열린 마인드로 주변과 소통하고 협력하는 인재

고객지향 전문인
고객만족을 위해 지속적으로 학습하고 노력하는 인재

미래지향 혁신인
한국철도의 글로벌 경쟁력을 높이고 미래의 발전을 끊임없이 추구하는 인재

신입 채용 안내 INFORMATION

◇ 지원자격(공통)

❶ 학력 · 성별 · 어학 · 나이 · 거주지 : 제한 없음

　　※ 단, 18세 미만자 또는 공사 정년(만 60세) 초과자는 지원 불가

❷ 남성의 경우 군필 또는 면제자에 한함

　　※ 단, 전역일이 최종합격자 발표일 이전이며, 전형별 시험일에 참석 가능한 경우 지원 가능

❸ 철도 현장 업무수행이 가능한 자

❹ 한국철도공사 채용 결격사유에 해당되지 않는 자

❺ 최종합격자 발표일 이후부터 근무가 가능한 자

❻ 외국인의 경우 거주(F-2), 재외동포(F-4), 영주권자(F-5)에 한함

◇ 필기시험

과목	직렬	평가 내용	문항 수	시험 시간
직업기초능력평가	전 직렬	의사소통능력, 수리능력, 문제해결능력	50문항	70분
철도법령		철도산업발전기본법 · 시행령, 한국철도공사법 · 시행령, 철도사업법 · 시행령	10문항	

◇ 면접시험 및 인성검사

구분	시험 방식	시험 내용
면접시험	4대1 면접 (평가위원 4명, 면접응시자 1명)	NCS 기반 직무경험 및 상황면접 등을 종합적으로 평가
인성검사	면접시험 당일 인성검사 시행 (오프라인)	인성, 성격적 특성에 대한 검사로 적격 · 부적격 판정 ※ 인성검사 결과 부적격인 경우 면접시험 결과와 관계없이 불합격 처리

❖ 위 채용 안내는 2024년 하반기 채용공고를 기준으로 작성하였으므로 세부사항은 확정된 채용공고를 확인하기 바랍니다.

2024년 하반기 기출분석 ANALYSIS

총평

코레일 한국철도공사 고졸채용 필기시험은 피듈형으로 출제되었으며, 난이도는 평이했다는 후기가 많았다. 의사소통능력과 수리능력의 경우 다양한 유형의 문제가 고루 출제되었고, 모듈형 문제가 다수 출제되었으므로 평소 모듈이론에 대한 철저한 준비를 해두는 것이 좋겠다. 또한 수리능력에서는 자료 변환 문제가 출제되었으므로 표ㆍ그래프에 대한 다양한 유형을 연습하는 것이 필요해 보인다. 철도법령 문제 역시 난이도가 무난한 편이었으므로 철도법령 관련 용어나 개념과 같은 기본적인 학습을 충분히 하는 것이 중요하겠다.

◇ 영역별 출제 비중

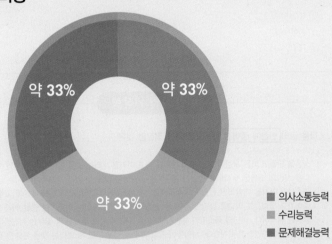

약 33% / 약 33% / 약 33%

- ■ 의사소통능력
- ■ 수리능력
- ■ 문제해결능력

구분	출제 특징	출제 키워드
의사소통능력	• 문서 내용 이해 문제가 출제됨 • 내용 추론 문제가 출제됨 • 빈칸 삽입 문제가 출제됨 • 경청ㆍ의사 표현 문제가 출제됨	• 비즈니스 메모, 브레인스토밍, 해석의 오류, 의사 표현 기법 등
수리능력	• 응용 수리 문제가 출제됨 • 수열 규칙 문제가 출제됨 • 자료 이해 문제가 출제됨 • 자료 변환 문제가 출제됨	• 세 자리 수, 제곱 곱셈, 부등호, 거속시, 일률, 그래프, 도형패턴 등
문제해결능력	• 명제 추론 문제가 출제됨 • 규칙 적용 문제가 출제됨 • 자료 해석 문제가 출제됨	• 범인, 비밀번호 찾기, 카드 위치 맞추기 등

주요 공기업 적중 문제 TEST CHECK

코레일 한국철도공사 고졸

50 K씨는 인터넷뱅킹 사이트에 가입하기 위해 가입절차에 따라 정보를 입력하는데, 패스워드 만드는 과정이 까다로워 계속 실패 중이다. 사이트 가입 시 패스워드 〈조건〉이 다음과 같을 때, 적절한 패스워드는 무엇인가?

조건
- 패스워드는 7자리이다.
- 알파벳 대문자와 소문자, 숫자, 특수기호를 적어도 하나씩 포함해야 한다.
- 숫자 0은 다른 숫자와 연속해서 나열할 수 없다.
- 알파벳 대문자는 다른 알파벳 대문자와 연속해서 나열할 수 없다.
- 특수기호를 첫 번째로 사용할 수 없다.

① a?102CB
② 7!z0bT4
③ #38Yup0
④ ssng99&
⑤ 6LI◇234

18 다음 글의 빈칸에 들어갈 내용으로 가장 적절한 것은?

상품을 만들어 파는 사람이 그 수고의 대가를 받고 이익을 누리는 것은 당연하다. 하지만 그 이익이 다른 사람의 고통을 무시하고 얻어진 경우에는 정당하지 않을 수 있다. 제3세계에 사는 많은 환자가, 신약 가격을 개발국인 선진국의 수준으로 유지하는 거대제약회사의 정책 때문에 고통 속에서 죽어가고 있다. 그 약값을 감당할 수 있는 선진국이 보기에도 이는 이익이란 명분 아래 발생하는 끔찍한 사례이다. 비난의 목소리가 높아지자 제약회사의 대규모 투자자 중 일부는 자신들의 행동이 윤리적인지 고민하기 시작했다. 사람들이 약값 때문에 약을 구할 수 없다는 것은 분명히 잘못된 일이다. 하지만 그렇다고 해서 국가가 제약회사들에 손해를 감수하라는 요구를 할 수는 없다는 데 사태의 복잡성이 있다. 신약을 개발하는 일에는 막대한 비용과 시간이 들며, 그 안전성 검사가 법으로 정해져 있어서 추가 비용이 발생한다. 이를 상쇄하기 위해 제약회사들은 시장에서 최대한 이익을 뽑아내려 한다. 얼마나 많은 환자가 신약을 통해 고통에서 벗어나는가에 대한 관심을 이들에게 기대하긴 어렵다. 그러나 만약 제약회사들이 존재하지 않는다면 신약개발도 없을 것이다. 상업적 고려와 인간의 건강 사이에 존재하는 긴장을 어떻게 해소해야 할까? 제3세계의 환자를 치료하는 일은 응급 사항이며, 제약회사들이 자선하리라고 기대하는 것은 비현실적이다. 그렇다면 그 대안은 명백하다. _____ 물론 여기에도 문제는 있다. 이 대안이 왜 실현되기 어려운 걸까? 그 이유가 무엇인지는 우리가 자신의 주머니에 손을 넣어 거기에 필요한 돈을 꺼내는 순간 분명해질 것이다.

① 제3세계에 제공되는 신약 가격을 선진국과 같도록 해야 한다.
② 제3세계 국민에게 필요한 신약을 선진국 국민이 구매하여 전달해야 한다.
③ 선진국들은 자국의 제약회사가 제3세계에 신약을 저렴하게 공급하도록 강제해야 한다.
④ 각국 정부는 거대 제약회사의 신약 가격 결정에 자율권을 주어 개발 비용을 보상받을 수 있게 해야 한다.
⑤ 거대 제약회사들이 제3세계 국민들을 위한 신약 개발에 주력하도록 선진국 국민이 압력을 행사해야 한다.

한국수자원공사

확률 ▶ 유형

12 K학교의 학생은 A과목과 B과목 중 한 과목만을 선택하여 수업을 받는다고 한다. A과목과 B과목을 선택한 학생의 비율이 각각 전체의 40%, 60%이고, A과목을 선택한 학생 중 여학생이 30%, B과목을 선택한 학생 중 여학생이 40%라고 하자. K학교의 3학년 학생 중에서 임의로 뽑은 학생이 여학생일 때, 그 학생이 B과목을 선택한 학생일 확률은?

① $\dfrac{1}{3}$

② $\dfrac{2}{3}$

③ $\dfrac{1}{4}$

④ $\dfrac{3}{4}$

자리 배치 ▶ 유형

29 K기업의 영업1팀은 강팀장, 김대리, 이대리, 박사원, 유사원으로 이루어져 있었으나, 최근 인사이동으로 인해 팀원의 변화가 일어났고, 이로 인해 자리를 새롭게 배치하려고 한다. 〈조건〉이 다음과 같을 때, 항상 옳은 것은?

――――〈조건〉――――
- 영업1팀의 김대리는 영업2팀의 팀장으로 승진하였다.
- 이번 달 영업1팀에 김사원과 이사원이 새로 입사하였다.
- 자리는 일렬로 위치해 있으며, 영업1팀은 영업2팀과 마주하고 있다.
- 자리의 가장 안 쪽 옆은 벽이며, 반대편 끝자리의 옆은 복도이다.
- 각 팀의 팀장은 가장 안 쪽인 왼쪽 끝에 앉는다.
- 이대리는 영업2팀 김팀장의 대각선에 앉는다.
- 박사원의 양 옆은 신입사원이 앉는다.
- 김사원의 자리는 이사원의 자리보다 왼쪽에 있다.

① 이대리는 강팀장과 인접한다.
② 박사원의 자리는 유사원의 자리보다 왼쪽에 있다.
③ 이사원의 양 옆 중 한쪽은 복도이다.
④ 김사원은 유사원과 인접하지 않는다.

학습플랜 STUDY PLAN

1일 차 학습플랜   1일 차 기출응용 모의고사

_____월 _____일		
의사소통능력	수리능력	문제해결능력

철도법령

2일 차 학습플랜   2일 차 기출응용 모의고사

_____월 _____일		
의사소통능력	수리능력	문제해결능력

철도법령

3일 차 학습플랜　3일 차 기출응용 모의고사

_____월 _____일

의사소통능력	수리능력	문제해결능력

철도법령

4일 차 학습플랜　4일 차 기출응용 모의고사

_____월 _____일

의사소통능력	수리능력	문제해결능력

철도법령

취약영역 분석 WEAK POINT

1일 차 취약영역 분석

시작 시간	:		종료 시간	:	
풀이 개수		개	못 푼 개수		개
맞힌 개수		개	틀린 개수		개
취약영역 / 유형					
2일 차 대비 개선점					

2일 차 취약영역 분석

시작 시간	:		종료 시간	:	
풀이 개수		개	못 푼 개수		개
맞힌 개수		개	틀린 개수		개
취약영역 / 유형					
3일 차 대비 개선점					

3일 차 취약영역 분석

시작 시간	:	종료 시간	:
풀이 개수	개	못 푼 개수	개
맞힌 개수	개	틀린 개수	개
취약영역 / 유형			
4일 차 대비 개선점			

4일 차 취약영역 분석

시작 시간	:	종료 시간	:
풀이 개수	개	못 푼 개수	개
맞힌 개수	개	틀린 개수	개
취약영역 / 유형			
시험일 대비 개선점			

코레일 한국철도공사,
최첨단 IT센터(한국철도 IT센터) 아산서 착공

한국철도공사(이하 코레일)가 철도 IT센터 신축 부지에서 '한국철도 IT센터' 착공식을 개최했다고 밝혔다. 이날 착공식에는 코레일 사장을 비롯해 충남도지사, 아산시장 등 관계자 150여명이 참석했다.

한국철도 IT센터는 27년 2월 준공을 목표로 연면적 7,107m²(약 2,159평)에 지상 4층, 지하 1층 규모로 설립된다. KTX부터 수도권 전철까지 모든 열차의 승차권 예매와 운행 정보 등 80여 개 철도정보시스템을 제공하게 된다. 특히 인공지능(AI), 사물인터넷(IoT) 등 첨단 IT기술로 전국의 철도 데이터를 통합·분석해 제공한다. 이를 통해 고객 맞춤형 서비스와 유지보수 자동화에 따른 예방 안전 체계 확립 등 디지털 중심의 철도서비스가 더욱 업그레이드될 예정이다. 또한, 소프트웨어 중심 데이터센터(SDDC) 기반의 하이브리드 클라우드 구축으로 정보 처리 속도가 더욱 빨라진다. 새로운 IT센터가 들어서면 현재 운영 중인 서울 IT센터의 시스템 이원화로 화재, 침수 등 재난이나 장애가 발생하더라도 중단 없이 안정적인 서비스 제공이 가능해질 전망이다.

코레일 사장은 "이번에 착공하는 IT센터는 대한민국 철도의 디지털 전환을 선도할 '디지털 컨트롤 타워'로 자리매김할 것"이라며, "첨단 IT기술을 적극 활용해 안전한 철도 이용과 더 나은 서비스 제공을 위해 노력하겠다."라고 밝혔다.

Keyword

▶ 하이브리드 클라우드 : 내부 클라우드(기업 핵심 데이터)와 외부 클라우드(공용 데이터) 두 개로 운영하는 방식을 말한다.

예상 면접 질문

▶ 코레일의 첨단 IT 산업의 기대 효과에 대해 설명해 보시오.
▶ 첨단 IT기술의 활용 방안에 대해 말해 보시오.

2025.03.13.(목)

코레일 한국철도공사,
차세대 고속차량 혁신적 설계로 고속철도의 미래 연다

한국철도공사(이하 코레일)가 '차세대 고속차량 설계방향 토론회'에서 차세대 고속차량의 '설계전략 방향'과 '주행 핵심성능'을 논의했다고 밝혔다. 차세대 고속차량은 2033년 기대수명이 도래하는 초기 KTX를 대체하기 위한 고속열차로, 세계 고속철도 트렌드를 반영해 안전성, 에너지 저감, 편의성 등을 혁신하고 주행 핵심성능을 개선한다.

안전성 강화를 위해 인공지능 등 첨단 IT기술이 적용된다. 열차운행 관련 모든 기기의 상태진단을 위한 상태기반유지보수(CBM; Condition Based Maintenance)의 고도화 진동과 승차감을 실시간 측정하는 주행안정시스템, 탈선 감지 시 자동으로 비상제동을 체결하고 선로에서 이탈하지 않도록 하는 안전가이드 등이 도입된다. 또한, 기존보다 공기저항을 15% 줄이는 유선형 디자인과 차체 경량화, 경제적 운전을 유도하는 운전자 보조시스템(DAS; Driver Advisory System), 에너지 고효율의 영구자석형 동기전동기 등을 구현한다. 이용객 편의성도 대폭 향상된다. 좌석과 수화물 칸 확대 등 여행객 맞춤형 공간, 화장실 고급화, 3개 등급 좌석 등 프리미엄 서비스를 제공하기 위한 편의설비를 갖춘다.

코레일 차량본부장은 "기계적 성능과 첨단 소프트웨어까지 국내 고속철도의 미래 청사진을 그리는 차세대 고속차량 제작을 위해 설계전략의 고도화에 힘쓰겠다."라고 말했다.

▌Keyword

▶ 상태기반유지보수(CBM; Condition Based Maintenance) : 차량(장치) 상태를 실시간 모니터링 및 분석하는 기술을 말한다.
▶ 운전자 보조시스템(DAS; Driver Advisory System) : 소비전력을 절약하는 운전 가이드 제공 등의 운전자 보조시스템을 말한다.

▌예상 면접 질문

▶ 코레일의 미래 발전 방향에 대해 설명해 보시오.
▶ 코레일의 에너지 저감 기술에 대해 아는 대로 말해 보시오.

2024.10.18.(금)

코레일 한국철도공사,
몽골 울란바토르철도와 상호협력 양해각서 체결

한국철도공사(이하 코레일)가 서울역에서 몽골 울란바토르철도(UBTZ)와 상호협력을 위한 양해각서(MOU)를 체결했다. 이번 협약은 2015년부터 이어온 두 기관의 협력관계를 더욱 공고히 하는 한편, 발전된 철도현황을 반영하고 미래지향적 사업 발굴에 힘을 모으기 위해 마련되었다.

코레일과 UBTZ는 기존의 교류 위주 협력에서 철도 개량, 운영과 유지보수, 교육훈련 사업 등 한국철도의 몽골진출 확대를 위한 발전적 협력관계로 만들어가기로 했다. 특히 철도 개량, 운영, 유지보수 사업 추진, 전문가 상호방문, 세미나 개최 등 지식공유, 해외철도시장 공동 진출, 친환경 철도기술, 혁신 분야 등에 협력하기로 했다. 이번 협약으로 두 기관은 최근 몽골에서 추진하고 있는 철도 공적개발원조(ODA) 사업과 함께 몽골철도에서 원하는 철도 인프라 분야의 신규 사업을 발굴, 추진할 계획이다.

코레일 사장은 "한국철도의 기술력과 몽골철도의 인프라가 만나 두 국가의 철도사업을 더욱 발전시키고 세계철도 시장에도 적극 진출할 수 있도록 협력관계를 확대하겠다."라고 말했다.

Keyword

▶ 양해각서(MOU) : 국가 간의 외교 교섭 결과나 서로 수용하기로 한 내용들을 확인하고 기록하기 위하여 정식 계약 체결에 앞서 작성하는 문서로, 조약과 같은 효력을 가진다.
▶ 공적개발원조(ODA) : 공공기반원조 또는 정부개발원조라고도 하며, 선진국의 정부 또는 공공기관이 개발도상국의 발전과 복지증진을 주된 목적으로 하여 공여하는 원조를 의미한다. 주로 증여, 차관, 기술 원조 등의 형태로 제공된다.

예상 면접 질문

▶ 국제사회에서 코레일이 기여할 수 있는 부분에 대해 말해 보시오.
▶ 코레일의 국제적 협력 활동의 이상적인 추진 방향을 제시해 보시오.

코레일 한국철도공사,
'업사이클링 작업모' 취약계층에 기부

한국철도공사(이하 코레일)가 폐안전모를 업사이클링한 작업모 1,000개를 폐지와 공병을 줍는 어르신 등 취약계층에 기부했다.

코레일은 사회적기업 '우시산'과 함께 직원들이 사용하던 안전모와 투명 페트병 원사를 활용해 벙거지 모자 형태의 가벼운 안전모로 제작했다. 코레일은 지난달 30일 오후 대전 동구청에 대전 지역의

어르신 등 취약계층을 위한 업사이클링 작업모 200개를 전달했다. 이 기부를 시작으로 전국 19개 코레일 봉사단은 10월 말까지 각 지자체와 협력해 모두 1,000개의 안전모를 전달할 예정이다.

한편 코레일은 지난 2022년부터 작업복, 안전모, 페트병 등을 양말과 이불 등 새로운 제품으로 제작해 기부하는 '업사이클링 캠페인'을 이어오고 있다.

코레일 홍보문화실장은 "사회적기업과의 협력으로 취약계층을 지원하고 지역사회와 환경을 지키는 ESG 경영에 앞장설 수 있도록 최선을 다하겠다."라고 말했다.

▍Keyword

▶ 업사이클링 : 기존에 버려지는 제품을 단순히 재활용하는 차원을 넘어서 디자인을 가미하는 등 새로운 가치를 더하여 다른 제품으로 재탄생시키는 것을 의미한다.
▶ ESG 경영 : 환경(Environment) · 사회(Social) · 지배구조(Governance)를 뜻하는 경영 패러다임으로, 이윤추구라는 기존의 경영 패러다임 대신에 기업이 환경적, 사회적 책임을 다하고, 지배구조의 공정성을 목표로 지속가능경영을 위해 노력하는 경영방식이다.

▍예상 면접 질문

▶ 코레일의 ESG 경영을 위한 활동에 대해 아는 대로 말해 보시오.
▶ 코레일이 사회적 취약계층을 위해 할 수 있는 일에 대해 말해 보시오.

이 책의 차례 CONTENTS

1일 차
기출응용 모의고사

www.sdedu.co.kr

〈모의고사 안내〉

평가영역	문항 수	시험시간	모바일 OMR 답안채점/성적분석 서비스
[NCS] 의사소통능력＋수리능력＋문제해결능력 [철도법령] 철도 관련 법령	60문항	70분	

※ 수록 기준
　철도산업발전기본법 : 법률 제18693호(시행 22.7.5.), 철도산업발전기본법 시행령 : 대통령령 제32759호(시행 22.7.5.)
　한국철도공사법 : 법률 제15460호(시행 19.3.14.), 한국철도공사법 시행령 : 대통령령 제35228호(시행 25.1.31.)
　철도사업법 : 법률 제20702호(시행 25.1.21.), 철도사업법 시행령 : 대통령령 제33795호(시행 24.1.1.)

1일 차 기출응용 모의고사

문항 수 : 60문항
시험시간 : 70분

| 01 | 직업기초능력평가

01 다음 중 경청 훈련을 위한 방법이 아닌 것은?

① 바라보고 듣고 따라하는 등 주의를 기울인다.
② 상대방의 경험을 인정하고 더 많은 정보를 요청한다.
③ 정확성을 위해 요약한다.
④ '왜?'라는 질문을 하려고 노력한다.
⑤ 개방적인 질문을 하도록 한다.

02 다음 밑줄 친 ㉠~㉤ 중 맞춤법상 옳은 것은?

> 오늘날 여성들은 지나치게 ㉠ 얇은 허리와 팔, 다리를 선호하고 있어 과도한 다이어트가 사회적 문제로 떠오르고 있다. 심지어 온라인상에서는 특정 식품만 섭취하여 ㉡ 몇일 만에 5kg 이상을 뺄 수 있다는 이른바 '원 푸드 다이어트'가 유행하고 있으며, 몇몇 여성들은 어떤 제품이 다이어트 효과가 좋다고 소문만 나면 ㉢ 서슴치 않고 검증되지 않은 다이어트약을 사서 복용하기도 한다. 그러나 무리한 다이어트는 영양실조 등으로 이어져 건강을 악화시키며, 오히려 요요현상을 부추겨 이전 몸무게로 되돌아가거나 심지어 이전 몸무게보다 체중이 더 불어나게 만들기도 한다. 전문가들은 무리하게 음식 섭취를 줄이는 대신 생활 속에서 운동량을 조금씩 ㉣ 늘여 열량을 소모할 것과, 무작정 유행하는 다이어트법을 따라할 것이 아니라 자신의 컨디션과 체질에 ㉤ 알맞은 다이어트 방법을 찾을 것을 권하고 있다.

① ㉠   ② ㉡
③ ㉢   ④ ㉣
⑤ ㉤

03 다음 중 빈칸에 들어갈 문장을 〈보기〉에서 골라 순서대로 바르게 나열한 것은?

근대와 현대가 이어지는 지점에서, 사상가들은 지식과 이해가 인간의 삶에 미치는 영향, 그리고 그것이 형성되는 과정들을 포착하려고 노력했다. 그러한 입장들은 여러 가지가 있겠지만, 그중 세 가지 정도를 소개하고자 한다.

첫 번째 입장은 다음과 같이 말한다. 진보적 사유라는 가장 포괄적인 의미에서, 계몽은 예로부터 공포를 몰아내고 인간을 주인으로 세운다는 목표를 추구해왔다. 그러나 완전히 계몽된 지구에는 재앙만이 승리를 구가하고 있다. 인간은 더 이상 알지 못하는 것이 없다고 느낄 때 무서울 것이 없다고 생각한다. 이러한 생각이 신화와 계몽주의의 성격을 규정한다. 신화가 죽은 것을 산 것과 동일시한다면, 계몽은 산 것을 죽은 것과 동일시한다. 계몽주의는 신화적 삶이 더욱 더 철저하게 이루어진 것이다. 계몽주의의 최종적 산물인 실증주의의 순수한 내재성은 보편적 금기에 불과하다. _____(가)_____

두 번째 입장은 다음과 같이 말한다. 인간의 이해라는 것은 인간 현존재의 사실성, 즉 우리가 처해 있는 역사적 상황과 문화적 전통의 근원적인 제약 속에 있는 현존재가 부단히 미래의 가능성에로 기획하여 나아가는 자기 이해이다. 따라서 이해는 탈역사적, 비역사적인 것을, 즉 주관 내의 의식적이고 심리적인 과정 또는 이를 벗어나 객관적으로 존재하는 것을 파악하는 사건이 아니다. _____(나)_____ 인간은 시간 속에 놓여 있는 존재로서, 그의 이해 역시 전승된 역사와 결별하여 어떤 대상을 순수하게 객관적으로 인식하는 것이 아니라 전통과 권위의 영향 속에서 이루어진다. 따라서 선(先)판단은 이해에 긍정적인 기능을 한다.

세 번째 입장은 다음과 같이 말한다. 우리는 권력의 관계가 중단된 곳에서만 지식이 있을 수 있다는, 그리고 지식은 권력의 명령, 요구, 관심의 밖에서만 발전될 수 있다는 전통적인 생각을 포기해야 한다. 그리고 아마도 권력이 사람을 미치도록 만든다고 하여, _____(다)_____ 오히려 권력은 지식을 생산한다는 것을 인정해야 한다. 권력과 지식은 서로를 필요로 하는 관계에 놓여 있다. 결과적으로 인식하는 주체, 인식해야 할 대상, 그리고 인식의 양식들은 모두 '권력, 즉 지식'에 근본적으로 그만큼 연루되어 있다. 따라서 권력에 유용하거나 반항적인 지식을 생산하는 것도 인식 주체의 자발적 활동의 산물이 아니다. 인식의 가능한 영역과 형태를 결정하는 것은 그 주체를 관통하고, 그 주체가 구성되는 투쟁과 과정, 그리고 권력 및 지식이다.

보기

㉠ 이해는 어디까지나 시간과 역사 속에서 가능하며, 진리라는 것도 이미 역사적 진리이다.

㉡ 바로 이 권력을 포기할 경우에만 학자가 될 수 있다는 이와 같은 믿음도 포기해야 한다.

㉢ 내가 알지 못하는 무언가가 바깥에 있다고 하는 것은 바로 공포의 원인이 되기 때문에, 내가 관계하지 못하는 무언가가 바깥에 머물러 있는 상태를 허용할 수 없다.

	(가)	(나)	(다)		(가)	(나)	(다)
①	㉠	㉡	㉢	②	㉡	㉠	㉢
③	㉡	㉢	㉠	④	㉢	㉠	㉡
⑤	㉢	㉡	㉠				

04 다음 중 키슬러의 대인관계 의사소통을 참고할 때, P과장에게 해 줄 조언으로 가장 적절한 것은?

A직원 : Z과장님이 본사로 발령 나시면서 홍보팀에 과장님이 새로 부임하셨다며, 어떠셔? 계속 지방에 출장 중이어서 이번에 처음 뵙는데 궁금하네.

B직원 : P과장님? 음. 되게 능력이 있으시다고 들었어. 회사에서 상당한 연봉을 제시해 직접 스카우트하셨다고 들었거든. 근데 좀 직원들에게 관심이 너무 많으셔.

C직원 : 맞아. Z과장님은 업무를 지시하시고 나서는 우리가 보고할 때까지 아무 간섭 안 하시고 보고 후에 피드백을 주셔서 일하는 중에는 부담이 덜했잖아. 근데, 새로 온 P과장님은 업무 중간 중간에 어디까지 했냐? 어떻게 처리되었냐? 이렇게 해야 한다, 저렇게 해야 한다, 계속 말씀하셔서 너무 눈치 보여. 물론 바로바로 피드백을 받을 수 있어서 수정이 수월하긴 하지만 말이야.

B직원 : 맞아. 그것도 그거지만 나는 회식 때마다 이전 회사에서 했던 프로젝트에 대해 계속 자랑하셔서 이젠 그 대사도 외울 지경이야. 물론 P과장님의 능력이 출중하다는 건 우리도 알기는 하지만 말이야….

① 독단적으로 결정하시면 대인 갈등을 겪으실 수도 있으니 직원들과의 상의가 필요합니다.
② 자신만 생각하지 마시고, 타인에게 관심을 갖고 배려해 주세요.
③ 직원들과 어울리지 않으시고 혼자 있는 것만 선호하시면 대인관계를 유지하기 어려워요.
④ 인정이 많으신 것은 좋으나 직원들의 요구를 적절하게 거절할 필요성이 있어요.
⑤ 타인에 대한 높은 관심과 인정받고자 하는 욕구는 낮출 필요성이 있어요.

05 다음 (가) ~ (마) 중 〈보기〉의 문장이 들어갈 위치로 가장 적절한 곳은?

밥상에 오르는 곡물이나 채소가 국내산이라고 하면 보통 그 종자도 우리나라의 것으로 생각하기 쉽다. (가) 하지만 실상은 벼, 보리, 배추 등을 제외한 많은 작물의 종자를 수입하고 있어 그 자급률이 매우 낮다고 한다. (나) 또한 청양고추 종자는 우리나라에서 개발했음에도 현재는 외국 기업이 그 소유권을 가지고 있다. (다) 국내 채소 종자 시장의 경우 종자 매출액의 50%가량을 외국 기업이 차지하고 있다는 조사 결과도 있다. (라) 이런 상황이 지속될 경우, 우리 종자를 심고 키우기 어려워질 것이고 종자를 수입하거나 로열티를 지급하는 데 지금보다 훨씬 많은 비용이 들어가는 상황도 발생할 수 있다. (마) 또한 전문가들은 세계 인구의 지속적인 증가와 기상 이변 등으로 곡물 수급이 불안정하고, 국제 곡물 가격이 상승하는 상황을 고려할 때, 결국에는 종자 문제가 식량 안보에 위협 요인으로 작용할 수 있다고 지적한다.

> **보기**
>
> 양파, 토마토, 배 등의 종자 자급률은 약 16%, 포도는 약 1%에 불과할 정도다.

① (가)
② (나)
③ (다)
④ (라)
⑤ (마)

06 다음 글에서 추론할 수 없는 것은?

언뜻 보아서는 살쾡이와 고양이를 구별하기 힘들다. 살쾡이가 고양잇과의 포유동물이어서 고양이와 흡사하기 때문이다. 그래서인지 살쾡이란 단어는 고양이와 연관이 있다. 살쾡이의 '쾡이'가 '괭이'와 연관이 있는데, '괭이'는 고양이의 준말이기 때문이다.

살쾡이는 원래 '삵'에 '괭이'가 붙어서 만들어진 단어이다. 삵은 그 자체로 살쾡이를 뜻하는 단어였다. 살쾡이의 모습이 고양이와 비슷해도 삵은 고양이와는 아무런 연관이 없다. 그런데도 삵에 고양이를 뜻하는 '괭이'가 덧붙게 되었다. 그렇다고 살쾡이가 '삵과 고양이', 즉 '살쾡이와 고양이'란 의미를 가지는 것은 아니다. 단지 삵에 비해 살쾡이가 후대에 생겨난 단어일 뿐이다. 호랑이란 단어도 이런 식으로 생겨났다. 호랑이는 '호(虎, 범)'와 '랑(狼, 이리)'으로 구성되어 있으면서도 '호랑이와 이리'란 뜻을 가진 것이 아니라 그 뜻은 역시 '범'인 것이다.

살쾡이는 '삵'과 '괭이'가 합쳐져 만들어진 단어이기 때문에 '삵괭이' 또는 '삭괭이'로도 말하는 지역이 있으며, 삵의 'ㄱ' 때문에 뒤의 '괭이'가 된소리인 '꽹이'가 되어 '삭꽹이' 또는 '살꽹이'로 말하는 지역도 있다. 그리고 삵에 거센소리가 발생하여 '살쾡이'로 발음하는 지역도 있다. 이때 주로 서울 지역에서 '살쾡이'로 발음하기 때문에 살쾡이를 표준어로 삼았다. 반면에 북한의 사전에서는 살쾡이를 찾을 수 없고 '살괭이'만 찾을 수 있다. 남한에서 살괭이를 살쾡이의 방언으로 처리한 것과는 다르다.

① 호랑이는 '호(虎, 범)'보다 나중에 형성되었다.
② 두 단어가 합쳐져 하나의 대상을 지시할 수 있다.
③ 살쾡이가 남·북한 사전 모두에 실려 있는 것은 아니다.
④ 살쾡이는 가장 광범위하게 사용되기 때문에 표준어로 정해졌다.
⑤ 살쾡이의 방언이 다양하게 나타나는 것은 지역의 발음 차이 때문이다.

07 다음 글과 가장 관련 있는 사자성어는?

TV 드라마에는 주인공이 어릴 적 헤어졌던 가족 혹은 연인을 바로 눈앞에 두고도 알아보지 못하는 안타까운 상황이 자주 등장한다.

① 누란지위(累卵之危)　　　　② 등하불명(燈下不明)
③ 사면초가(四面楚歌)　　　　④ 조족지혈(鳥足之血)
⑤ 지란지교(芝蘭之交)

08 다음 글을 통해 알 수 있는 내용으로 가장 적절한 것은?

> 국내에서 벤처버블이 발생한 1999 ~ 2000년 동안 한국뿐 아니라 미국, 유럽 등 전세계 주요 국가에서 벤처버블이 나타났다. 미국 나스닥의 경우 1999년 초 이후에 주가가 급상승하여 2000년 3월을 전후해서 정점에 이르렀는데, 이는 한국의 주가 흐름과 거의 일치한다. 또한, 한국에서는 1998년 5월부터 외국인의 종목별 투자한도를 완전 자유화하였는데, 외환위기 이후 해외투자를 유치하기 위한 이런 주식시장의 개방은 주가 상승에 영향을 미쳤다. 외국인 투자자들은 벤처버블이 정점에 이르렀던 1999년 12월에 벤처기업으로 구성되어 있는 코스닥 시장에서 투자금액을 이전 달의 1조 4천억 원에서 8조 원으로 늘렸으며, 투자비중도 늘렸다. 또한, 벤처버블 당시 국내에서는 인터넷이 급속히 확산되고 있었다. 초고속 인터넷 서비스는 1998년 첫 해에 1만 3천 가구에 보급되었지만 1999년에는 34만 가구로 확대되었다. 또한, 1997년 163만 명이던 인터넷 이용자는 1999년에 천만 명으로 폭발적으로 증가하였다. 이처럼 초고속 인터넷의 보급과 인터넷 사용인구의 급증은 뚜렷한 수익모델이 없는 업체라 할지라도 인터넷을 활용한 비즈니스를 내세우면 투자자들 사이에서 높은 잠재력을 가진 기업으로 인식되는 효과를 낳았다.
>
> 한편, 1997년 8월에 시행된 벤처기업 육성에 관한 특별조치법은 다음과 같은 상황으로 인해 제정되었다. 법 제정 당시 우리 경제는 혁신적 기술이나 비즈니스 모델에 의한 성장보다는 설비확장에 토대한 외형성장에 주력해 왔다. 그러나 급격한 임금상승, 공장용지와 물류 및 금융 관련 비용 부담 증가, 후발국가의 추격 등은 우리 경제가 하루빨리 기술과 지식을 경쟁력의 기반으로 하는 구조로 변화해야 할 필요성을 높였다. 게다가 1997년 말 외환위기로 30대 재벌의 절반이 부도 또는 법정관리에 들어가게 되면서 재벌을 중심으로 하는 경제성장 방식의 한계가 지적되었고, 이에 따라 우리 경제는 고용창출과 경제성장을 주도할 새로운 기업군을 필요로 하게 되었다. 이로 인해 시행된 벤처기업 육성 정책은 벤처기업에 세제 혜택은 물론, 기술개발, 인력 공급, 입지공급까지 다양한 지원을 제공하면서 벤처기업의 폭증에 많은 영향을 주게 되었다.

① 해외 주식시장의 주가 상승은 국내 벤처버블 발생의 주요 원인이 되었다.
② 벤처버블은 한국뿐 아니라 전세계 모든 국가에서 거의 비슷한 시기에 발생했다.
③ 국내의 벤처기업 육성책 실행은 한국 경제구조 변화의 필요성과 관련을 맺고 있다.
④ 국내 초고속 인터넷 서비스 확대는 벤처기업을 활성화시켰으나 대기업 침체의 요인이 되었다.
⑤ 외환위기는 새로운 기업과 일자리 창출의 필요성을 불러왔고 해외 주식을 대규모로 매입하는 계기가 되었다.

09 다음 글의 주장에 대한 반박으로 가장 적절한 것은?

> 한국 사회의 행복 수준은 단순히 풍요의 역설로 설명할 수 없다. 행복에 대한 심리학적 연구에 따르면 타인과 비교하는 성향이 강한 사람일수록 행복감이 낮아지게 된다. 비교 성향이 강한 사람은 사회적 관계에서 자신보다 우월한 사람들을 준거집단으로 삼아 비교하기 쉽고 이로 인해 상대적 박탈감이 커질 수 있기 때문이다. 한국과 같은 경쟁 사회에서는 진학이나 구직 등에서 과열 경쟁이 벌어지고 등수에 의해 승자와 패자가 구분된다. 이 과정에서 비교 우위를 차지하지 못한 사람들은 좌절을 경험하기 쉬운데, 비교 성향이 강할수록 좌절감은 더 크다. 따라서 한국 사회의 행복감이 낮은 이유는 한국 사람들이 다른 사람들과 비교하는 성향이 매우 높은 데에서 찾을 수 있다.

① 한국 사회는 인당 소득 수준이 비슷한 다른 나라와 비교했을 때 행복감의 수준이 상당히 낮다.

② 준거집단을 자기보다 우월한 사람들로 삼지 않는 나라라 하더라도 행복감이 높지 않은 나라가 있다.

③ 자신보다 우월한 사람들을 준거집단으로 삼는 경향이 한국보다 강해도 행복감은 더 높은 나라가 있다.

④ 한국보다 소득 수준이 높고 대학 입학을 위한 입시 경쟁이 매우 치열한 나라도 있다.

⑤ 행복감을 높이는 데에는 소득 수준 말고도 다양한 요인이 작용한다.

10 다음 문장을 논리적 순서대로 바르게 나열한 것은?

> (가) 심리학자 와이너는 부정적인 경험을 한 상황을 어떻게 해석하느냐에 따라 이러한 공포증이 생길 수도 있고 그렇지 않을 수도 있다고 한다.
> (나) 일반적인 사람들도 공포증을 유발하는 대상을 접하면서 부정적인 경험을 할 수 있지만 공포증으로까지 이어지는 경우는 드물다.
> (다) 부정적인 경험을 하더라도 상황을 가변적으로 해석하는 사람보다 고정적으로 해석하는 사람은 공포증이 생길 확률이 높다.
> (라) '공포증'이란 특정 대상에 대한 과도한 두려움으로 그 대상을 계속해서 피하게 되는 증세를 말한다.

① (가) – (나) – (다) – (라)

② (나) – (라) – (가) – (다)

③ (다) – (가) – (나) – (라)

④ (다) – (나) – (라) – (가)

⑤ (라) – (나) – (가) – (다)

※ 다음 글을 읽고 이어지는 질문에 답하시오. [11~12]

개인의 자아실현은 사회·문화적 환경의 영향에서 자유로울 수 없다. 정도의 차이는 있겠지만, 모든 사회는 개인의 자아실현을 쉽게 이룰 수 없게 하는 여러 장애 요인들을 안고 있다. 우리가 살고 있는 시대도 마찬가지이다. 그중에서도 모든 사람들에게 커다란 영향을 미치면서 그 전모가 쉽게 드러나지 않는 것이 있다. 그것은 바로 남성과 여성에 대한 편견, 그리고 그에 근거한 차별이라 할 수 있다. 이 오래된 편견은 사람들의 마음속에 고정관념으로 자리 잡고 있으면서 수많은 남성과 여성의 삶을 제약하고 자아실현을 방해하고 있다.

성에 대한 고정관념을 지닌 사회에서 태어난 사람은 태어나는 순간부터 성별에 따라 다른 대우를 받게 된다. 여자 아기에게는 분홍색, 남자 아기에게는 파란색을 주로 입히거나 아기의 성별에 따라 부모가 서로 다른 행동을 하는 것 등이 대표적인 예가 될 수 있다. 아기가 커 가면서 이러한 구별은 더욱 엄격해져서 아동은 성별에 따라 해도 되는 행동과 해서는 안 되는 행동의 내용이 다르다는 것을 알게 된다. 타고난 호기심으로 성별과 무관하게 새로운 행동을 탐색해 나가는 과정에서, 아동은 자신의 성별에 적합한 행동을 할 때 칭찬, 상, 은근한 미소 등으로 격려를 받는 반면, 부적합한 행동을 할 때에는 꾸중, 벌, 무관심 등의 제지를 당하면서 자신의 풍성한 잠재력의 한 부분을 일찍이 잠재워 버리게 된다.

아동이 이러한 성 역할과 성적 고정관념을 보상과 처벌, 그리고 일정한 역할 모델을 통하여 습득하면 이는 아동의 자아 개념의 중요한 일부분을 형성하게 된다. 그리고 이렇게 자아 개념이 형성되면, 그 이후에는 외부로부터의 보상과 처벌에 관계없이도 자아 개념에 부합하도록 행동함으로써 스스로 심리적 보상을 받게 된다. 이는 초기에 형성된 고정관념을 계속 유지·강화하는 역할을 하게 된다. 이렇게 되면, 아동은 자신이 가진 무한한 잠재력을 다 발휘할 기회를 갖지 못하고 성별에 따라 제한된 영역에서만 활동하고 그에 만족을 느끼는 것이 옳다고 생각하게 된다. 최근에는 이러한 장벽을 무너뜨려 모든 사람들이 좀 더 자유롭게 살 수 있게 하기 위한 노력이 다방면에서 이루어지고 있다. 그러한 노력의 하나로 심리학에서 제안한 것이 양성성(兩性性)이라는 개념이다. 이것은 모든 여성은 '여성답고' 모든 남성은 '남성다운' 것이 바람직하다고 여겼던 고정관념과는 달리, 모든 인간은 각자의 고유한 특성에 따라 지금까지 여성적이라고 규정되어 왔던 바람직한 특성과 남성적이라고 규정되어 왔던 바람직한 특성을 동시에 지닐 수 있다고 보는 것이다.

미래 사회는 어떤 모습이 될 것인가? 생활양식과 가족 구조에 급격한 변화가 올 것은 자명하다. 사람들이 지향하는 가치관에도 변화가 올 것이다. 이런 사회가 도래했을 때, 지금도 유지되고 있는 전통적 성 역할 규범은 골동품이 되고 말 것이다. 남녀 모두가 집에서도 업무를 볼 수 있게 되고 함께 자녀를 돌보고 키우게 됨으로써 '남자는 일터에, 여자는 가정에'라는 케케묵은 공식은 더 이상 성립하지 않게 될 것이다. 여성다움이나 남성다움을 넘어 모든 인간이 자신이 가지고 있는 고유한 특성에 따라 자아를 실현할 수 있는 사회를 기대해 본다.

11 다음 중 윗글의 내용으로 적절하지 않은 것은?

① 사회·문화적 환경의 영향 중 커다란 영향력을 미치면서도 전모가 쉽게 드러나지 않는 것은 성차별이다.

② 전통적 성 역할 규범이 여전히 생활양식과 가족 구조에 큰 영향을 끼칠 것이다.

③ 성 역할의 규범은 성에 대한 고정관념을 지닌 사회에서 더 뚜렷이 나타난다.

④ 아동의 자아 개념 형성에 성 역할과 성적 고정관념이 중요한 역할을 한다.

⑤ 성차별은 남성과 여성에 관한 오래된 고정관념에 근거한 것이다.

12 다음 중 윗글의 제목으로 가장 적절한 것은?

① 편견, 자아실현의 방해 요소

② 성(性), 인간의 행동의 결과

③ 미래 사회의 가치관 변화

④ 양성성, 남성다움과 여성다움을 넘어

⑤ 성적 고정관념의 장·단점

13 다음 글을 읽고 추론할 수 있는 내용으로 가장 적절한 것은?

EU는 1995년부터 철제 다리 덫으로 잡은 동물 모피의 수입을 금지하기로 했다. 모피가 이런 덫으로 잡은 동물의 것인지, 아니면 상대적으로 덜 잔혹한 방법으로 잡은 동물의 것인지 구별하는 것은 불가능하다. 그렇기 때문에 EU는 철제 다리 덫 사용을 금지하는 나라의 모피만 수입하기로 결정했다. 이런 수입 금지 조치에 대해 미국, 캐나다, 러시아는 WTO에 제소하겠다고 위협했다. 결국, EU는 WTO가 내릴 결정을 예상하여 철제 다리 덫으로 잡은 동물의 모피를 계속 수입하도록 허용했다.

또한, 1998년부터 EU는 화장품 실험에 동물을 이용하는 것을 금지했을 뿐만 아니라, 동물실험을 거친 화장품의 판매조차 금지하는 법령을 채택했다. 그러나 동물실험을 거친 화장품의 판매 금지는 WTO 규정 위반이 될 것이라는 유엔의 권고를 받았다. 결국 EU의 판매 금지는 실행되지 못했다.

한편, 그 외에도 EU는 성장 촉진 호르몬이 투여된 쇠고기의 판매 금지 조치를 시행하기도 했다. 동물복지를 옹호하는 단체들이 소의 건강에 미치는 영향을 우려해 호르몬 투여 금지를 요구했지만, EU가 쇠고기 판매를 금지한 것은 주로 사람의 건강에 대한 염려 때문이었다. 미국은 이러한 판매 금지 조치에 반대하며 EU를 WTO에 제소했고, 결국 WTO 분쟁패널로부터 호르몬 사용이 사람의 건강을 위협한다고 믿을 만한 충분한 과학적 근거가 없다는 판정을 이끌어 내는 데 성공했다. EU는 항소했다. 그러나 WTO의 상소 기구는 미국의 손을 들어 주었다. 그럼에도 불구하고 EU는 금지 조치를 철회하지 않았다. 이에 미국은 1억 1,600만 달러에 해당하는 EU의 농업 생산물에 100% 관세를 물리는 보복 조치를 발동했고, WTO는 이를 승인했다.

① EU는 환경의 문제를 통상 조건에서 최우선적으로 고려한다.
② WTO는 WTO 상소 기구의 결정에 불복하는 경우 적극적인 제재조치를 취한다.
③ WTO는 사람의 건강에 대한 위협을 방지하는 것보다 국가 간 통상의 자유를 더 존중한다.
④ WTO는 제품의 생산과정에서 동물의 권리를 침해한다는 이유로 해당 제품 수입을 금지하는 것을 허용하지 않는다.
⑤ WTO 규정에 의하면 각 국가는 타국의 환경, 보건, 사회 정책 등이 자국과 다르다는 이유로 타국의 특정 제품의 수입을 금지할 수 있다.

※ 다음 글을 읽고 이어지는 질문에 답하시오. [14~15]

황사로 날아오는 흙먼지 가운데 지름 $10\mu m$ 이하의 입자를 미세먼지라고 부른다. 미세먼지 중에는 사막의 흙먼지처럼 자연발생적인 것도 있지만 공장 매연, 자동차 배기가스 등 화학연료가 연소되면서 발생하는 입자도 있다. 미세먼지 가운데 $2.5\mu m$ 이하의 입자는 초미세먼지로 분류되는데, 초미세먼지는 호흡기에서 걸러낼 수 없기 때문에 폐포 속으로 침투해서 호흡기 질병과 심장질환 등을 일으킬 수 있으므로 특히 위험하다.

초미세먼지를 포함하는 황사의 심각성이 더욱 강조되는 이유는 황사가 단지 사막의 흙먼지뿐만 아니라 중국 북부의 공업지대를 지나면서 오염물질까지 함께 한반도로 실어 올 가능성이 있기 때문이다. 국립환경과학원 자료에 따르면 2009 ~ 2011년 28차례 발생한 황사 중 13차례(46.4%)는 중국 공업지대를 지나왔다. _____ 대체로 공업지대에서 배출되는 유해물질은 황사가 빠르게 이동하는 고도 3km 이상까지 올라가기는 어렵다고 한다. 국립환경과학원 환경연구관은 "일반적으로 중국 공업지대에서 나오는 유해물질은 황사가 없을 때도 한반도로 들어온다. 1km 이하의 상공을 통해 서서히 스며드는 것이다. 황사가 발생했을 때 주요 대기오염 물질인 이산화황이나 이산화질소 수치가 다른 시기와 비슷하거나 오히려 낮은 경우도 많다."라고 말했다. 실제로 황사로 인해 미세먼지 농도가 $1,044\mu g/m^3$에 달했던 지난 2월 23일에도 초미세먼지의 농도는 오히려 평소의 10% 수준에 그쳤다.

한편 국내에서 생성된 초미세먼지의 위험성도 만만치 않다. 일부 언론에서는 황사로 인해 유입되는 중국발 초미세먼지에 초점을 맞추지만, '국내발' 초미세먼지가 더 유해할 수 있다는 것이다. 2013년 정부 관계부처 합동 '미세먼지 종합대책'에 따르면, 중국에서 발원하는 초미세먼지가 대기오염에 미치는 영향은 30 ~ 50%로 추정된다. 나머지 대기오염의 원인인 국내 초미세먼지의 비중이 50 ~ 70%이다. 지난 1월 서울시 기후환경본부가 발표한 자료에서도 서울지역 초미세먼지 가운데 51% 정도가 국내에서 생성된 것으로 나타났다.

14 다음 중 윗글의 내용으로 적절하지 않은 것은?

① 초미세먼지는 황사로 날아오는 흙먼지의 일종으로 호흡기 질병과 심장질환 등의 원인이 된다.

② 2009 ~ 2011년 사이 우리나라에서 발생한 28차례의 황사 중 40% 이상이 중국 공업지대를 지나왔다.

③ 중국 공업지대에서 발생하는 유해물질은 황사가 발생하지 않았을 경우에도 한반도로 유입된다.

④ 황사가 발생했을 때 이산화황이나 이산화질소 등 대기오염 물질의 수치가 오히려 낮은 경우도 있다.

⑤ 최근 서울시가 발표한 자료에 따르면 서울지역의 초미세먼지 가운데 51%는 중국에서 유입된 것이다.

15 다음 중 윗글의 빈칸에 들어갈 내용으로 가장 적절한 것은?

① 중국의 공업지대를 경유한 미세먼지는 많은 대기 오염 물질을 함유하고 있다.

② 황사가 운반하는 유해물질이 국내 대기 오염의 주범이다.

③ 미세먼지로 인해 국민들의 건강이 위협받고 있다.

④ 다만 공업지대를 경유한 황사라고 해서 반드시 오염물질을 함유하는 것은 아니다.

⑤ 중국 공업지대에서 들어오는 미세먼지에 대응하기 위해 관련 대책이 필요하다.

화학에너지를 전기에너지로 변화시키는 것을 방전(放電)이라 하며, 또 다른 전원으로부터 전기에너지를 공급하여 화학에너지로 변화·축적하는 것을 충전(充電)이라 한다. 이와 같이 충전과 방전이 반복되는 전지를 축전지 또는 2차전지라고 한다. 우리가 알고 있는 건전지는 충전과 방전이 반복되지 않는 것이며, 이것은 1차전지의 하나이다. 축전지로는 1859년 프랑스의 플랑테가 발명한 납축전지가 가장 널리 사용되고 있으며, 그밖에 알칼리축전지가 있다.

납축전지는 양극에 과산화납(PbO_2), 음극에 해면상의 납(Pb)을 사용하고 비중이 1.2 ~ 1.3인 황산(H_2SO_4)에 넣은 것이다. 실제로는 극판면적의 증가를 위하여 많은 양극과 음극의 극판이 병렬로 연결되어 있으며, 또한 각 극판 사이에는 절연물(絕緣物)로 만든 격리판이 들어 있다. 충전된 상태에서 양극은 이산화납, 음극은 납이지만 방전을 계속하면 양극과 음극은 다 같이 황산납으로 되며, 동시에 물이 생기게 되므로 전해액의 비중이 저하한다. 또한 충전된 상태에서 양극은 다갈색, 음극은 납색으로, 방전을 계속하면 양극이 모두 회백색이 된다. 납축전지의 기전력은 약 2V이지만, 방전하는 사이에 서서히 저하하여 1.8V 정도까지 저하하면 다시 충전을 시켜야 한다.

납축전지는 크기와 관계없이 기전력은 같으나, 극판면적을 증가하여 전지의 조(槽)를 크게 하면 용량이 증가해서 많은 전류를 흐르게 할 수 있다. 충전은 전지의 양 단자에 전원의 양 단자를 연결하고 규정의 전류 값을 유지하면서 계속한다. 충전이 진행되는 데 따라 양극판은 다갈색으로, 음극판은 납색으로 변화하며, 충전전류를 흘리는 상태에서 전압이 2.7 ~ 2.8V로 높아진다. 그리고 전해액의 비중이 서서히 증가하여 1.26 정도로 되면 충전종료로 보아도 된다.

납축전지의 충·방전의 반복횟수는 많은 것에서는 1,000회 이상이 되며, 내용연수가 긴 것은 몇 년이나 된다. 납축전지의 효율은 충·방전할 때의 암페어시(Ah) 또는 와트시(Wh)의 비를 취하여, 각각 암페어시 효율, 와트시 효율이라고 한다. 전자는 대개 90%, 후자는 일반적으로 75%이다. 납축전지의 기전력은 주위온도가 변화해도 거의 변화하지 않는다고 볼 수 있으나, −30℃ 정도의 저온에서는 성능이 저하한다. 용도는 가솔린 자동차의 점화용 전원, 전기기관차·전동차·잠수함의 동력, 교통신호, 열차 내 전등용, 직류전원 등에 사용된다.

알칼리축전지는 2가지를 볼 수 있는데, 양극에 수산화니켈, 음극에 카드뮴, 전해액으로는 알칼리 용액을 사용한 것을 융너(Jungner)식 알칼리축전지라 하며, 음극에 철을 사용하고 다른 것은 융너식과 같은 것을 에디슨(Edison)식 알칼리축전지라 한다. 일반적으로 융너식 알칼리축전지가 널리 사용되고 있다.

알칼리축전지의 기전력은 약 1.2V인데, 방전 종료 시에는 1.1V로 된다. 암페어시 효율은 약 85%, 와트시 효율은 약 80%이다. 알칼리축전지는 진동에 견디며, 자기 방전이 적고 평균수명이 길어 7 ~ 25년 사용할 수 있으며, 또한 −20 ~ 45℃의 넓은 온도범위에서 사용할 수 있다. 알칼리축전지 중에서 극판에 니켈·카드뮴을 사용한 것은 극판의 제법에 소결법(고체의 가루를 적당한 형상으로 단단하게 만든 다음, 그 물질의 녹는 점에 가까운 온도로 가열하여 결합시키는 것)을 사용한 것이 있다.

① 융너식 알칼리축전지는 양극에 수산화니켈, 음극에 카드뮴을 사용한다.
② 납축전지는 방전을 계속하면 양극이 모두 회백색이 된다.
③ 납축전지는 1V 정도까지 저하하면 다시 충전을 시켜야 한다.
④ 납축전지의 효율은 암페어시 또는 와트시의 비를 취한다.
⑤ 납축전지는 −30℃ 정도의 저온에서는 성능이 저하한다.

17 다음 글을 통해 추론할 수 없는 것은?

공유와 경제가 합쳐진 공유경제는 다양한 맥락에서 정의되는 용어이지만, 공유경제라는 개념은 '소유권 (Ownership)'보다는 '접근권(Accessibility)'에 기반을 둔 경제모델을 의미한다. 전통경제에서는 생산을 담당 하는 기업들이 상품이나 서비스를 생산하기 위해서 원료, 부품, 장비 등을 사거나 인력을 고용했던 것과 달리, 공유경제에서는 기업뿐만 아니라 개인들도 자산이나 제품이 제공하는 서비스에 대한 접근권의 거래를 통해서 자원을 효율적으로 활용하여 가치를 창출할 수 있다. 소유권의 거래에 기반한 기존 자본주의 시장경제와는 다른 새로운 게임의 법칙이 대두한 것이다.

공유경제에서는 온라인 플랫폼이라는 조직화된 가상공간을 통해서 접근권의 거래가 이루어진다. 온라인 플 랫폼은 인터넷의 연결성을 기반으로 유휴자산(遊休資産)을 보유하거나 필요로 하는 수많은 소비자와 공급자 가 모여서 소통할 수 있는 기반이 된다. 다양한 선호를 가진 이용자들이 거래 상대를 찾는 작업을 사람이 일일이 처리하는 것은 불가능한 일인데, 공유경제 기업들은 고도의 알고리즘을 이용하여 검색, 매칭, 모니터 링 등의 거래 과정을 자동화하여 처리한다.

공유경제에서 거래되는 유휴자산의 종류는 자동차나 주택에 국한되지 않는다. 개인이나 기업들이 소유한 물 적·금전적·지적 자산에 대한 접근권을 온라인 플랫폼을 통해서 거래할 수만 있다면 거의 모든 자산의 거래 가 공유경제의 일환이 될 수 있다. 가구, 가전 등의 내구재, 사무실, 공연장, 운동장 등의 물리적 공간, 전문 가나 기술자의 지식, 개인들의 여유 시간이나 여유 자금 등이 모두 접근권 거래의 대상이 될 수 있다.

① 기존의 시장경제는 접근권(Accessibility)보다 소유권(Ownership)에 기반을 두었다.
② 공유경제의 등장에는 인터넷의 발달이 중요한 역할을 하였다.
③ 인터넷 등장 이전에는 이용자와 그에 맞는 거래 상대를 찾는 작업을 일일이 처리할 수 없었다.
④ 공유경제에서는 온라인 플랫폼을 통해 거의 모든 자산에 대한 접근권(Accessibility)을 거래할 수 있다.
⑤ 온라인 플랫폼을 통해 자신이 타던 자동차를 판매하여 소유권을 이전하는 것도 공유경제의 일환이 될 수 있다.

18 다음 글의 빈칸에 들어갈 단어로 가장 적절한 것은?

죄가 언론 보도의 주요 소재가 되고 있다. 그 이유는 언론이 범죄를 취잿감으로 찾아내기가 쉽고 편의에 따라 기사화할 수 있을 뿐만 아니라, 범죄 보도를 통하여 시청자의 관심을 끌 수 있기 때문이다. 이러한 보도는 범죄에 대한 국민의 알 권리를 충족시키는 공적 기능을 수행하기 때문에 사회적으로 용인되는 경향이 있다. 그러나 지나친 범죄 보도는 범죄자나 범죄 피의자의 초상권을 침해하여 법적·윤리적 문제를 일으키기도 한다.

일반적으로 초상권은 얼굴 및 기타 사회 통념상 특정인임을 식별할 수 있는 신체적 특징을 타인이 함부로 촬영하여 공표할 수 없다는 인격권과 이를 광고 등에 영리적으로 이용할 수 없다는 재산권을 포괄한다. 언론에 의한 초상권 침해의 유형으로는 본인의 동의를 구하지 않은 무단 촬영·보도, 승낙의 범위를 벗어난 촬영·보도, 몰래 카메라를 동원한 촬영·보도 등을 들 수 있다.

법원의 판결로 이어진 대표적인 사례로는 교내에서 불법으로 개인 지도를 하던 대학 교수를 현행범으로 체포하려는 현장을 방송 기자가 경찰과 동행하여 취재하던 중 초상권을 침해한 경우를 들 수 있다. 법원은 '원고의 동의를 구하지 않고, 연습실을 무단으로 출입하여 취재한 것은 원고의 사생활과 초상권을 침해하는 행위'라고 판시했다. 더불어 취재의 자유를 포함하는 언론의 자유는 다른 법익을 침해하지 않는 범위 내에서 인정되며, 비록 취재 당시 원고가 현행범으로 체포되는 상황이라 하더라도, 원고의 연습실과 같은 사적인 장소는 수사 관계자의 동의 없이는 출입이 금지되고, 이를 무시한 취재는 원칙적으로 불법이라고 판결했다.

이 사례는 법원이 언론의 자유와 초상권 침해의 갈등을 어떤 기준으로 판단하는지 보여 주고 있다. 또한 이 판결은 사적 공간에서의 취재 활동이 어디까지 허용되는가에 대한 법적 근거를 제시하고 있다. 언론 보도에 노출된 범죄 피의자는 경제적·직업적·가정적 불이익을 당할 뿐만 아니라, 인격이 심하게 훼손되거나 심지어는 생명을 버리기까지도 한다. 따라서 사회적 공기(公器)인 언론은 개인의 초상권을 존중하고 언론 윤리에 부합하는 범죄 보도가 될 수 있도록 신중을 기해야 한다. 범죄 보도가 초래하는 법적·윤리적 논란은 언론계 전체의 신뢰도에 치명적인 손상을 가져올 수도 있다. 이는 범죄가 언론에는 매혹적인 보도 소재이지만, 자칫 _____이/가 될 수도 있음을 의미한다.

① 시금석

② 부메랑

③ 아킬레스건

④ 악어의 눈물

⑤ 뜨거운 감자

19 다음은 에너지원별 판매단가 및 CO_2 배출량에 대한 자료이다. 이에 대한 설명으로 옳지 않은 것은?(단, 소수점 둘째 자리에서 반올림한다)

〈에너지원별 판매단가 및 CO_2 배출량〉

구분	판매단가(원/kWh)	CO_2 배출량(g-CO_2/kWh)
원자력	38.42	9
유연탄	38.56	968
증유	115.32	803
LPG	132.45	440

① LPG 판매단가는 원자력 판매단가의 3.4배이다.
② 유연탄의 CO_2 배출량은 원자력의 97.6배이다.
③ LPG는 CO_2 배출량이 두 번째로 낮다.
④ 원자력은 판매단가 대비 CO_2 배출량이 가장 낮다.
⑤ 판매단가가 두 번째로 높은 에너지원은 CO_2 배출량도 두 번째로 높다.

20 다음과 같이 일정한 규칙으로 수를 나열할 때, 빈칸에 들어갈 수로 옳은 것은?

	5	( )	9	11	13	8	17	5

① 14
② 12
③ 10
④ 8
⑤ 6

※ 다음은 연령별 국민연금 가입자 현황에 대한 자료이다. 이어지는 질문에 답하시오. [21~22]

<연령별 국민연금 가입자 현황>

(단위 : 명)

구분	사업장가입자	지역가입자	임의가입자	임의계속가입자	합계
30세 미만	2,520,056	1,354,303	9,444	–	–
30 ~ 39세	3,811,399	1,434,786	33,254	–	–
40 ~ 49세	4,093,968	1,874,997	106,191	–	–
50 ~ 59세	3,409,582	2,646,088	185,591	–	–
60세 이상	–	4	–	–	463,147
합계	–	7,310,178	–	463,143	–

※ '–'로 표시한 항목은 가입자 수가 명확하지 않은 경우임

21 다음 중 자료에 대한 설명으로 옳지 않은 것은?

① 전체 지역가입자 수는 전체 임의계속가입자 수의 15배 이상이다.

② 60세 이상을 제외한 전체 임의가입자에서 50대 가입자 수는 50% 이상을 차지한다.

③ 임의계속가입자를 제외하고 모든 가입자 집단에서 연령대가 증가할수록 가입자 수가 증가한다.

④ 30세 미만부터 40대까지 연령대별 가입자 수가 지역가입자 수가 임의가입자 수보다 더 많다.

⑤ 임의계속가입자를 제외하고 50대 가입자 수가 많은 순서대로 나열하면 사업장가입자 – 지역가입자 – 임의가입자 순서이다.

22 다음 중 전체 임의계속가입자 수의 25%가 50대라고 할 때, 50대 임의계속가입자 수는 몇 명인가?(단, 소수점 첫째 자리에서 반올림한다)

① 69,471명

② 92,629명

③ 115,786명

④ 138,943명

⑤ 162,100명

23 다음과 같이 일정한 규칙으로 수를 나열할 때, 빈칸에 들어갈 수로 옳은 것은?

45	40	80	75	150	( )	290	

① 200　　　　　　　　　　　　　② 170

③ 165　　　　　　　　　　　　　④ 155

⑤ 145

24 K카페는 평균 고객이 하루에 100명이다. 모든 고객은 음료를 테이크아웃 하거나 카페 내에서 음료를 마신다. 한 사람당 평균 6,400원을 소비하며, 카페 내에서 음료를 마시는 고객은 한 사람당 서비스 비용이 평균적으로 1,500원이 들고, 가게 유지비용은 하루에 53만 5천 원이 든다. 이 경우 하루에 수익이 발생할 수 있는 테이크아웃 고객은 최소 몇 명인가?

① 25명　　　　　　　　　　　　　② 28명

③ 31명　　　　　　　　　　　　　④ 34명

⑤ 37명

25 농도를 알 수 없는 설탕물 500g에 농도 3%의 설탕물 200g을 섞었더니 섞은 설탕물의 농도는 7%가 되었다. 처음 500g의 설탕물에 녹아있던 설탕은 몇 g인가?

① 40g　　　　　　　　　　　　　② 41g

③ 42g　　　　　　　　　　　　　④ 43g

⑤ 44g

26 다음은 라임사태 판매현황에 대한 자료이다. 이를 토대로 작성한 판매사별 판매액 그래프로 옳은 것은?(단, 모든 그래프의 단위는 '억 원'이다)

2019년 논란이 된 라임사태 관련 라임자산운용 상품은 총 4조 3천억 원 규모가 판매되었다고 알려졌다. 해당 상품 판매사 20여 곳 중 판매 비중이 큰 순서대로 판매사 4곳을 나열하면 D사, W사, S사, K사 순으로, 이 중 상위 3개사의 판매액 합계는 전체의 40%를 차지하는 것으로 나타났다. 더구나 최근 판매사 평가에서 해당 3개사의 펀드 판매실태가 불량한 것으로 알려져 각별한 주의가 필요할 것으로 판단된다.

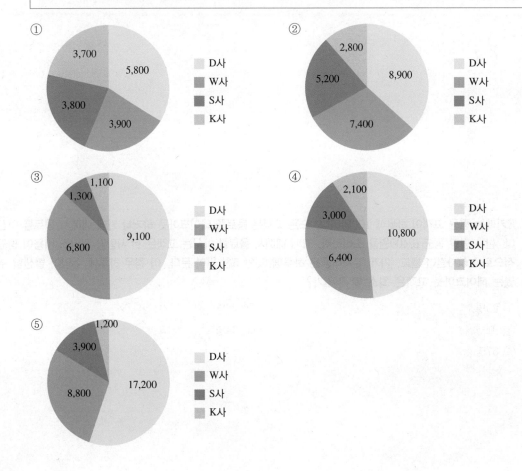

※ 다음은 의료보장별 심사실적에 대한 자료이다. 이어지는 질문에 답하시오. [27~28]

〈의료보장별 심사실적〉

(단위 : 천 건, 억 원)

구분		2023년 하반기		2024년 하반기	
		청구건수	진료비	청구건수	진료비
건강보험	입원	7,056	101,662	7,571	111,809
	외래	690,999	185,574	704,721	200,886
의료급여	입원	1,212	15,914	1,271	17,055
	외래	35,634	13,319	38,988	15,366
보훈	입원	35	728	17	418
	외래	1,865	1,250	1,370	940
자동차 보험	입원	466	4,984	479	5,159
	외래	6,508	2,528	7,280	3,036

27 2023년 하반기 대비 2024년 하반기 보훈분야의 전체 청구건수 감소율은?

① 21%　　　　　　　　　　② 23%

③ 25%　　　　　　　　　　④ 27%

⑤ 29%

28 2024년 하반기 입원 진료비 중 세 번째로 비싼 분야의 진료비는 2023년 하반기보다 얼마나 증가했는가?

① 175억 원　　　　　　　② 165억 원

③ 155억 원　　　　　　　④ 145억 원

⑤ 135억 원

29 다음은 2019년부터 2024년까지 8월마다 신규자영업자의 사업자금 규모를 조사한 자료이다. 빈칸 (가)에 들어갈 수치로 옳은 것은?

〈신규자영업자의 사업자금 규모〉

(단위 : %)

자금규모 연도	5백만 원 미만	5백만 원 이상 2천만 원 미만	2천만 원 이상 5천만 원 미만	5천만 원 이상 1억 원 미만	1억 원 이상 3억 원 미만	3억 원 이상
2019년	31.2	20.2	22.6	17.0	7.0	2.0
2020년	34.5	22.0	23.3	12.8	4.4	3.0
2021년	32.2	22.7	19.8	19.1	5.2	1.0
2022년	26.7	18.4	24.0	20.0	6.2	4.7
2023년	29.2	13.2	21.2	17.2	(가)	5.0
2024년	32.2	22.2	23.1	16.2	5.3	1.0

① 12.2
② 14.2
③ 16.2
④ 19.2
⑤ 24.2

30 다음은 연도별 평균 기온 추이를 나타낸 자료이다. 이에 대한 설명으로 옳지 않은 것은?(단, 각 계절의 날짜 수는 모두 같다고 가정한다)

〈연도별 평균 기온 추이〉

(단위 : ℃)

구분	2020년	2021년	2022년	2023년	2024년
연평균	13.3	12.9	12.5	12.4	12.4
봄	12.5	12.6	10.8	10.7	12.2
여름	23.7	23.3	24.9	24.0	24.7
가을	15.2	14.8	14.5	15.3	13.7
겨울	1.9	0.7	−0.4	−	−1.0

① 2024년 봄의 평균 기온은 2022년보다 1.4℃ 상승했다.
② 2024년에 가을 평균 기온이 전년 대비 감소한 정도는 여름 평균 기온이 전년 대비 상승한 정도를 초과한다.
③ 연평균 기온은 2023년까지 감소하는 추이를 보이고 있다.
④ 가을의 평균 기온은 계속해서 감소하고 있다.
⑤ 2023년 겨울의 평균 기온은 −0.4℃이다.

31 다음은 K공사 영업부에서 작년 분기별 영업 실적을 나타낸 그래프이다. 작년 전체 실적에서 1·2분기와 3·4분기가 각각 차지하는 비중을 바르게 나열한 것은?(단, 비중은 소수점 둘째 자리에서 반올림한다)

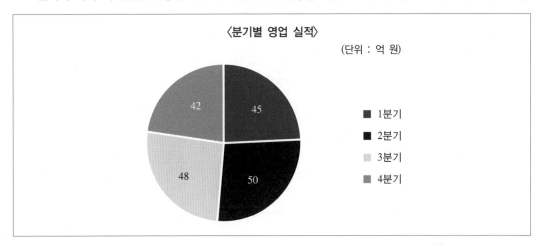

〈분기별 영업 실적〉

(단위 : 억 원)

- ■ 1분기
- ■ 2분기
- ▨ 3분기
- ■ 4분기

	1·2분기	3·4분기		1·2분기	3·4분기
①	46.8%	50.1%	②	48.6%	51.4%
③	50.0%	50.0%	④	50.1%	46.8%
⑤	51.4%	48.6%			

32 다음은 전통사찰 지정·등록 현황에 대한 자료이다. 이에 대한 설명으로 옳은 것은?

〈연도별 전통사찰 지정·등록 현황〉

(단위 : 개소)

구분	2016년	2017년	2018년	2019년	2020년	2021년	2022년	2023년	2024년
지정·등록	17	15	12	7	4	4	2	1	2

① 전통사찰로 지정·등록되는 수는 계속 감소하고 있다.

② 2016 ~ 2020년 전통사찰 지정·등록 수의 평균은 11개소이다.

③ 2018년과 2022년에 지정·등록된 전통사찰 수의 전년 대비 감소폭은 같다.

④ 제시된 자료를 통해 2024년 전통사찰 총 등록 현황을 파악할 수 있다.

⑤ 2018년에 전통사찰로 지정·등록된 수는 전년 대비 2배이다.

33 다음은 전산장비 A ~ F의 연간유지비와 전산장비 가격 대비 연간유지비 비율을 나타낸 자료이다. 이에 대한 설명으로 옳은 것은?(단, 전산장비 가격은 소수점 첫째 자리에서 반올림한다)

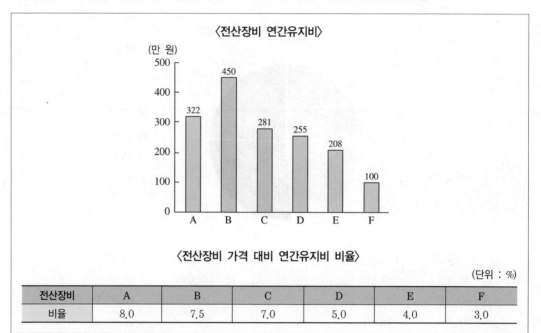

〈전산장비 연간유지비〉

(만 원)

〈전산장비 가격 대비 연간유지비 비율〉

(단위 : %)

전산장비	A	B	C	D	E	F
비율	8.0	7.5	7.0	5.0	4.0	3.0

① B의 연간유지비는 D의 연간유지비의 2배 이상이다.
② 가격이 가장 높은 전산장비는 A이다.
③ 가격이 가장 낮은 전산장비는 F이다.
④ C의 전산장비 가격은 E의 가격보다 높다.
⑤ A를 제외한 전산장비는 가격이 높을수록 연간유지비도 더 높다.

34 주머니 속에 빨간 구슬, 흰 구슬이 섞여 15개 들어 있다. 주머니에서 2개를 꺼내보고 다시 넣는 일을 여러 번 반복하였더니 5회에 1번꼴로 2개 모두 빨간 구슬이었을 때, 이 주머니에서 구슬을 하나 꺼낼 때 빨간 구슬일 확률은?

① $\dfrac{1}{15}$

② $\dfrac{4}{15}$

③ $\dfrac{7}{15}$

④ $\dfrac{11}{15}$

⑤ $\dfrac{13}{15}$

35 다음은 K섬유에 대한 SWOT 분석 자료이다. 이에 따른 대응 전략으로 적절한 것을 〈보기〉에서 모두 고르면?

• 첨단 신소재 관련 특허 다수 보유	• 신규 생산 설비 투자 미흡 • 브랜드의 인지도 부족
S 강점	**W 약점**
O 기회	**T 위협**
• 고기능성 제품에 대한 수요 증가 • 정부 주도의 문화 콘텐츠 사업지원	• 중저가 의류용 제품의 공급 과잉 • 저임금의 개발도상국과 경쟁 심화

보기

ㄱ. SO전략으로 첨단 신소재를 적용한 고기능성 제품을 개발한다.
ㄴ. ST전략으로 첨단 신소재 관련 특허를 개발도상국의 경쟁업체에 무상 이전한다.
ㄷ. WO전략으로 문화 콘텐츠와 디자인을 접목한 신규 브랜드 개발을 통해 적극적 마케팅을 실시한다.
ㄹ. WT전략으로 기존 설비에 대한 재투자를 통해 대량생산 체제로 전환한다.

① ㄱ, ㄷ   ② ㄱ, ㄹ
③ ㄴ, ㄷ   ④ ㄴ, ㄹ
⑤ ㄷ, ㄹ

36 K공사의 직원들은 산악회를 결성하여 정기적으로 등산을 하고 있다. 이번 산악회에는 A ~ H직원 중 5명이 참가한다고 할 때, 다음 중 〈조건〉에 따라 산악회에 참가하는 사람은?

조건

• B, C, F 중에서 두 명만이 참가한다.
• C, E, G 중에서 두 명만이 참가한다.
• D, E, F 중에서 두 명만이 참가한다.
• H가 참가하지 않으면 A도 참가하지 않는다.

① B   ② D
③ G   ④ H
⑤ 알 수 없음

※ 김대리는 사내 메신저의 보안을 위해 암호화 규칙을 만들어 동료들과 대화하기로 하였다. 이어지는 질문에 답하시오. [37~38]

〈암호화 규칙〉

- 한글 자음은 사전 순서에 따라 바로 뒤의 한글 자음으로 변환한다.
  예 ㄱ → ㄴ … ㅎ → ㄱ
- 쌍자음의 경우 자음 두 개로 풀어 표기한다.
  예 ㄲ → ㄴㄴ
- 한글 모음은 사전 순서에 따라 알파벳 a, b, c …으로 변환한다.
  예 ㅏ → a, ㅐ → b … ㅢ → t, ㅣ → u
- 겹받침의 경우 풀어 표기한다.
  예 맑다 → ㅂaㅁㄴㄹa
- 공백은 0으로 표현한다.

---

37 메신저를 통해 김대리가 오늘 점심 메뉴로 'ㄴuㅂㅋuㅊㅊuㄴb'를 먹자고 했을 때, 김대리가 말한 메뉴는?

① 김치김밥
② 김치찌개
③ 계란말이
④ 된장찌개
⑤ 부대찌개

38 김대리는 이번 주 금요일의 사내 워크숍에서 사용할 조별 구호를 '존중과 배려'로 결정하였고, 메신저를 통해 조원들에게 알리려고 한다. 다음 중 김대리가 전달할 구호를 암호화 규칙에 따라 바르게 변환한 것은?

① ㅊiㄷㅊuㅈㄴjㅅbㅁg
② ㅊiㄷㅊnㅈㄴjㅅbㅁg
③ ㅊiㄷㅊnㅈㄴj0ㅅbㅁg
④ ㅊiㄷㅊnㅈㄴia0ㅅbㅁg
⑤ ㅊiㄷㅊuㅈㄴia0ㅅbㅁg

39 다음은 기후변화협약의 국가군과 특정의무에 대한 자료이다. 이에 대한 설명으로 옳지 않은 것은?

<국가군과 특정의무>

구분	부속서 Ⅰ(Annex Ⅰ) 국가	부속서 Ⅱ(Annex Ⅱ) 국가	비부속서 Ⅰ(Non-Annex Ⅰ) 국가
국가	협약체결 당시 OECD 24개국, EU와 동구권 국가 등 40개국	Annex Ⅰ 국가에서 동구권 국가가 제외된 OECD 24개국 및 EU	우리나라 등
의무	온실가스 배출량을 1990년 수준으로 감축 노력, 강제성을 부여하지 않음	개발도상국에 재정지원 및 기술이전 의무를 가짐	국가 보고서 제출 등의 협약상 일반적 의무만 수행함
부속서 Ⅰ	오스트레일리아, 오스트리아, 벨라루스, 벨기에, 불가리아, 캐나다, 크로아티아, 덴마크, 에스토니아, 핀란드, 프랑스, 독일, 그리스, 헝가리, 아이슬란드, 아일랜드, 일본, 라트비아, 리투아니아, 룩셈부르크, 네덜란드, 뉴질랜드, 노르웨이, 폴란드, 포르투갈, 루마니아, 러시아, 슬로바키아, 슬로베니아, 스페인, 스웨덴, 터키, 우크라이나, 영국, 미국, 모나코, 리히텐슈타인 등		
부속서 Ⅱ	오스트레일리아, 오스트리아, 벨기에, 캐나다, 덴마크, 핀란드, 프랑스, 독일, 그리스, 아이슬란드, 아일랜드, 이탈리아, 일본, 룩셈부르크, 네덜란드, 뉴질랜드, 노르웨이, 포르투갈, 스페인, 스웨덴, 스위스, 영국, 미국 등		

① 우리나라는 비부속서 Ⅰ 국가에 속해 협약상 일반적 의무만 수행하면 된다.

② 아일랜드와 노르웨이는 개발도상국에 재정지원 및 기술이전 의무가 있다.

③ 리투아니아와 모나코는 온실가스 배출량을 1990년 수준으로 감축하도록 노력해야 한다.

④ 부속서 Ⅰ에 속하는 국가가 의무를 지키지 않을 시 그에 상응하는 벌금을 내야 한다.

⑤ 비부속서 Ⅰ 국가가 자발적으로 온실가스 배출량을 감축할 수 있다.

40 원형 테이블에 번호 순서대로 앉아 있는 다섯 명의 여자 1~5 사이에 다섯 명의 남자 A ~ E가 한 명씩 앉아야 한다. 다음 <조건>을 토대로 자리를 배치할 때 적절하지 않은 것은?

조건
• A는 짝수번호의 여자 옆에 앉아야 하고, 5 옆에는 앉을 수 없다.
• B는 짝수번호의 여자 옆에 앉을 수 없다.
• C가 3 옆에 앉으면 D는 1 옆에 앉는다.
• E는 3 옆에 앉을 수 없다.

① A는 1과 2 사이에 앉을 수 없다.

② D는 4와 5 사이에 앉을 수 없다.

③ C가 2과 3 사이에 앉으면 A는 반드시 3과 4 사이에 앉는다.

④ E가 1과 2 사이에 앉으면 C는 반드시 4와 5 사이에 앉는다.

⑤ E가 4와 5 사이에 앉으면 A는 반드시 2와 3 사이에 앉는다.

41 K공사에서는 직원들의 복리후생을 위해 이번 주말에 무료 요가강의를 제공할 계획이다. 자원관리과는 A사원, B사원, C주임, D대리, E대리, F과장으로, 총 6명이 있다. 요가강의에 참여할 직원들에 대한 정보가 다음과 같을 때, 이번 주말에 열리는 무료 요가강의에 참석할 자원관리과 직원들의 최대 인원은?

〈정보〉

- C주임과 D대리 중 한 명만 참석한다.
- B사원이 참석하면 D대리는 참석하지 않는다.
- C주임이 참석하면 A사원도 참석한다.
- D대리가 참석하면 E대리는 참석하지 않는다.
- E대리는 반드시 참석한다.

① 2명 ② 3명
③ 4명 ④ 5명
⑤ 6명

42 형준, 연재, 영호, 소정이는 언어영역, 수리영역, 외국어영역으로 구성된 시험을 보았다. 〈조건〉과 같은 결과가 나왔을 때, 다음 중 항상 참인 것은?

조건

ⓐ 형준이는 언어영역에서 1위이고, 수리영역에서는 연재보다 잘했다.
ⓑ 연재는 수리영역 4위가 아니다.
ⓒ 소정이는 외국어영역에서 형준이보다 못했다.
ⓓ 형준이는 외국어영역에서 영호와 연재에게만 뒤처졌다.
ⓔ 영호는 언어영역에서 4위를 했고, 수리영역은 연재보다 못했다.
ⓕ 동점자는 존재하지 않는다.
ⓖ 형준이는 수리영역에서 소정이보다 못했다.
ⓗ 소정이의 외국어영역 순위는 연재의 수리영역 순위에 1을 더한 것과 같다.
ⓘ 평소에 소정이의 언어영역 점수는 연재의 언어영역 점수보다 좋지 않은 편이었다.

① 언어영역 2위는 영호이다.
② 외국어영역 3위는 형준이다.
③ 영호는 세 과목에서 모두 4위이다.
④ 연재의 언어영역 순위에 1을 더한 값은 소정이의 외국어영역 순위와 같다.
⑤ 소정이는 영호보다 모든 과목에서 순위가 높다.

43 다음은 K공사가 공개한 부패공직자 사건 및 징계 현황이다. 이에 대한 설명으로 옳지 않은 것을 〈보기〉에서 모두 고르면?

〈부패공직자 사건 및 징계 현황〉

구분	부패행위 유형	부패금액	징계종류	처분일	고발 여부
1	이권개입 및 직위의 사적사용	23만 원	감봉 1월	2019.06.19.	미고발
2	직무관련자로부터 금품 및 향응 수수	75만 원	해임	2020.05.20.	미고발
3	직무관련자로부터 향응 수수	6만 원	견책	2021.12.22.	미고발
4	직무관련자로부터 금품 및 향응 수수	11만 원	감봉 1개월	2022.02.04.	미고발
5	직무관련자로부터 금품 수수	40만 원	경고 (무혐의 처분, 징계시효 말소)	2023.03.06.	미고발
6	직권남용(직위의 사적 이용)	–	해임	2023.05.24.	고발
7	직무관련자로부터 금품 수수	526만 원	해임	2023.09.17.	고발
8	직무관련자로부터 금품 수수 등	300만 원	해임	2024.05.18.	고발

조건

ㄱ. K공사에서 해당 사건의 부패금액이 일정 수준 이상인 경우에만 고발한 것으로 해석할 수 있다.

ㄴ. 해임당한 공직자들은 모두 고발되었다.

ㄷ. 직무관련자로부터 금품을 수수한 사건은 총 5건 있었다.

ㄹ. 동일한 부패행위 유형에 해당하더라도 다른 징계처분을 받을 수 있다.

① ㄱ, ㄴ
② ㄱ, ㄷ
③ ㄴ, ㄷ
④ ㄴ, ㄹ
⑤ ㄷ, ㄹ

44 K씨는 인터넷뱅킹 사이트에 가입하기 위해 가입절차에 따라 정보를 입력하는데, 패스워드 만드는 과정이 까다로워 계속 실패 중이다. 사이트 가입 시 패스워드 〈조건〉이 다음과 같을 때, 가장 적절한 패스워드는 무엇인가?

> **조건**
> • 패스워드는 7자리이다.
> • 영어 대문자와 소문자, 숫자, 특수기호를 적어도 하나씩 포함해야 한다.
> • 숫자 0은 다른 숫자와 연속해서 나열할 수 없다.
> • 영어 대문자는 다른 영어 대문자와 연속해서 나열할 수 없다.
> • 특수기호를 첫 번째로 사용할 수 없다.

① a?102CB
② 7!z0bT4
③ #38Yup0
④ ssng99&
⑤ 6LI◇234

45 다음 문제해결 절차에 따라 〈보기〉를 순서대로 바르게 나열한 것은?

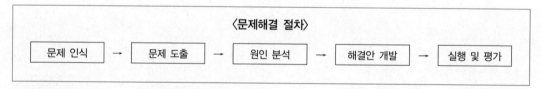

〈문제해결 절차〉

문제 인식 → 문제 도출 → 원인 분석 → 해결안 개발 → 실행 및 평가

> **보기**
> (가) 파악된 핵심 문제에 대한 분석을 통해 근본 원인을 도출한다.
> (나) 실행계획을 실제 상황에 적용하는 활동으로, 장애가 되는 문제의 원인들을 해결안을 사용하여 제거한다.
> (다) 해결해야 할 전체 문제를 파악하여 우선순위를 정하고, 선정 문제에 대한 목표를 명확히 한다.
> (라) 문제로부터 도출된 근본 원인을 효과적으로 해결할 수 있는 최적의 해결방안을 수립한다.
> (마) 선정된 문제를 분석하여 해결해야 할 것이 무엇인지를 명확히 한다.

① (가) – (나) – (다) – (라) – (마)
② (나) – (마) – (가) – (라) – (다)
③ (다) – (가) – (마) – (나) – (라)
④ (다) – (마) – (가) – (라) – (나)
⑤ (라) – (다) – (마) – (가) – (나)

46 다음은 자동차 외판원인 A ~ F의 판매실적 비교에 대한 정보이다. 이를 통해 추론한 내용으로 옳은 것은?

- A는 B보다 실적이 높다.
- C는 D보다 실적이 낮다.
- E는 F보다 실적이 낮지만, A보다는 높다.
- B는 D보다 실적이 높지만, E보다는 낮다.

① 실적이 가장 높은 외판원은 F이다.
② C의 실적은 꼴찌가 아니다.
③ B의 실적보다 낮은 외판원은 3명이다.
④ E의 실적이 가장 높다.
⑤ A의 실적이 C의 실적보다 낮다.

47 K공사에 근무하는 3명의 사원은 윤, 오, 박씨 성을 가졌다. 이 사원들은 A ~ C부서에 소속되어 근무 중이며, 각 부서 팀장의 성도 윤, 오, 박씨이다. 같은 성씨를 가진 사원과 팀장은 같은 부서에서 근무하지 않는다고 할 때, 다음 〈조건〉에 따라 같은 부서에 소속된 사원과 팀장의 성씨가 바르게 짝지어진 것은?

조건
- A부서의 팀장은 C부서 사원의 성씨와 같다.
- B부서의 사원은 윤씨가 아니며 팀장의 성씨가 윤씨인 부서에 배치되지 않았다.
- C부서의 사원은 오씨가 아니며 팀장의 성씨도 오씨가 아니다.

	부서	사원	팀장			부서	사원	팀장
①	A	오	윤		②	A	박	윤
③	A	오	박		④	B	오	박
⑤	C	박	윤					

※ 다음은 K은행의 Ü Card(위 카드)에 대한 자료이다. 이어지는 질문에 답하시오. [48~49]

<Ü Card(위 카드) 주요 혜택>

1) 전 가맹점 포인트 적립 서비스

전월 실적 50만 원 이상 이용 시 전 가맹점 적립 서비스 제공

(단, 카드 사용 등록일부터 익월 말일까지는 전월 실적 미달 시에도 정상 적립)

건별 이용금액	10만 원 미만	10만 원 이상		
업종	전 가맹점	전 가맹점	온라인	해외
적립률	0.7%	1.0%	1.2%	1.5%

※ 즉시결제 서비스 이용금액은 전 가맹점 2만 원 이상 이용 건에 한해 0.2% 적립

2) 보너스 캐시백

매년 1회 연간 이용금액에 따라 캐시백 서비스 제공

연간 이용금액	3천만 원 이상	5천만 원 이상	1억 원 이상
캐시백	5만 원	10만 원	20만 원

※ 매년 카드발급월 익월 15일(휴일인 경우 익영업일)에 카드 결제계좌로 입금

3) 바우처 서비스

매년 1회씩 제공되며, 하나의 혜택만 선택 가능(단, 해당 기간 내 미신청 시 혜택 소멸)

쇼핑	- 백화점상품권(15만 원)
	- 농촌사랑상품권(15만 원)
	- 면세점 선불카드 교환권(16만 원)
주유	- 주유권(15만 원)
외식	- 통합 외식이용권(18만 원)
	- 플래티넘 외식통합이용권(17만 원)
포인트	- K포인트(15만 점)
여가	- 영화관람권 8매＋통합 선불카드(8만 원)

※ 카드발급 초년도 1백만 원 이상, 2차년도 1천만 원 이상 이용 시 신청 가능(단, 연회비 정상 결제한 경우에 한함)
※ 바우처 신청 가능 기간 : 매년 카드발급월 익월 1일부터 12개월

4) 서비스 이용조건
  - 연간 이용금액 산정 기준일 : 매년 카드발급월 포함 12개월
  - 이용금액 산정은 승인 일자 기준으로 적용
  - 무이자 할부, 상품권, 기프트카드 및 대학등록금, 제세공과금(국세, 지방세, 우체국우편요금), 단기카드대출 (현금 서비스), 장기카드대출(카드론) 등의 이용금액은 적립 및 산정 기준에서 제외

48 N대리는 K은행의 '위 카드'를 2024년 9월 22일에 발급을 받았다. 발급받은 당일부터 카드사용 등록을 하고 연회비도 모두 지불했을 때, N대리가 이 카드를 사용하면서 받을 수 있는 혜택으로 옳지 않은 것은?

① N대리가 가맹점에서 12만 원을 사용했을 때, 적립된 포인트는 금액의 1%이다.

② 카드 발급 후 처음 1년 동안 200만 원을 사용했을 시, N대리는 바우처를 신청할 수 있다.

③ N대리는 자동차를 24개월 무이자할부로 결제하면 매달 포인트 적립이 된다.

④ N대리는 즉시결제 서비스로 10만 원을 온라인 결제했을 시 포인트 적립은 불가하다.

⑤ 카드 발급 후 1년간 N대리에게 4천만 원의 사용실적이 있을 시 2025년 10월 15일에 보너스 캐시백 5만 원을 받게 된다.

49 N대리의 11월 신용카드 사용내역서가 다음과 같을 때, 11월에 적립되는 포인트는 총 몇 점인가?(단, 카드를 사용한 곳은 모두 가맹점이다)

〈11월 신용카드 사용내역서〉

일자	가맹점명	사용금액	비고
2024-11-06	○○가구	200,000원	3개월 무이자 할부
2024-11-06	A햄버거 전문점	12,000원	–
2024-11-10	지방세	2,400원	–
2024-11-13	현금 서비스	70,000원	–
2024-11-13	C영화관	40,000원	–
2024-11-20	◇◇할인점	85,000원	–
2024-11-22	카드론(대출)	500,000원	–
2024-11-23	M커피	27,200원	즉시결제
2024-11-25	M커피	19,000원	즉시결제
2024-11-25	△△스시	100,000원	–
합계	–	1,055,600원	–

※ 비고가 '–'인 경우 일시불을 뜻함

① 2,013.4점   ② 2,025.4점

③ 2,034.4점   ④ 2,042.4점

⑤ 2,057.4점

50 A사원은 다음 사내규정에 따라 비품을 구매하려고 한다. 작년에 가을이 아닌 같은 계절에 가습기와 에어컨을 구매했다면, 다음 중 작년 구매 목록에 대한 설명으로 옳지 않은 것은?(단, 가습기는 10만 원 미만, 에어컨은 50만 원 이상이다)

〈사내규정〉

- 매년 10만 원 미만, 10만 원 이상, 30만 원 이상, 50만 원 이상의 비품으로 구분지어 구매 목록을 만든다.
- 매 계절마다 적어도 구매 목록 중 하나는 구매한다.
- 매년 최대 6번까지 구매할 수 있다.
- 한 계절에 같은 가격대의 구매 목록을 2번 이상 구매하지 않는다.
- 두 계절 연속으로 같은 가격대의 구매 목록을 구매하지 않는다.
- 50만 원 이상 구매 목록은 매년 2번 구매한다.
- 봄에 30만 원 이상 구매 목록을 구매한다.

---

① 가을에 30만 원 이상 구매 목록을 구매하였다.
② 여름에 10만 원 미만 구매 목록을 구매하였다.
③ 봄에 50만 원 이상 구매 목록을 구매하였다.
④ 겨울에 10만 원 이상 구매 목록을 구매하였다.
⑤ 여름에 50만 원 이상 구매 목록을 구매하였다.

| 02 | 철도법령

51 다음 중 한국철도공사법의 목적으로 옳은 것은?

① 한국철도공사의 경쟁력 향상

② 철도시설기반의 전문성 향상

③ 철도공사의 공익성·효율성 추구

④ 여객 및 화물의 유기적인 운송체계

⑤ 철도산업과 국민경제의 발전에 이바지함

52 다음은 철도산업발전기본법상 벌칙에 대한 설명이다. 빈칸 ㉠, ㉡에 들어갈 숫자의 합은 얼마인가?

철도산업발전기본법 제34조의 규정을 위반하여 국토교통부장관의 승인을 얻지 아니하고 특정 노선 및 역을 폐지하거나 철도서비스를 제한 또는 중지한 자는 _____㉠_____ 년 이하의 징역 또는 _____㉡_____ 만 원 이하의 벌금에 처한다.

① 2,002

② 2,003

③ 3,005

④ 5,002

⑤ 5,003

53 다음 중 철도산업발전기본법상 철도자산에 대한 설명으로 옳은 것은?

① 철도자산 중 기타자산은 운영자산과 시설자산을 포함한 자산이다.

② 국토교통부장관은 철도자산처리계획을 위원회의 심의를 거쳐 수립해야 한다.

③ 국토교통부장관은 현물출자받은 운영자산과 관련된 권리와 의무를 포괄하여 승계한다.

④ 철도청이 건설 중인 시설자산은 철도자산이 완공된 때에 철도시설관리자에게 귀속된다.

⑤ 철도청은 철도자산처리계획에 의하여 철도공사에 운영자산을 현물출자한다.

54 다음은 한국철도공사법의 일부이다. 빈칸에 들어갈 내용을 순서대로 바르게 나열한 것은?

> • 공사의 자본금은 22조 원으로 하고, 그 전부를 _____이/가 출자한다.
> • 자본금의 납입 시기와 방법은 _____이 정하는 바에 따른다.

① 철도청, 국토건설부장관
② 정부, 기획재정부장관
③ 한국철도공사, 대통령령
④ 시설관리자, 행정안전부장관
⑤ 국가철도공사, 산업통상자원부장관

55 다음 중 철도사업법상 철도운수종사자의 준수사항이 아닌 것은?

① 부당한 운임 또는 요금을 요구하는 행위
② 정당한 사유 없이 여객 또는 화물의 운송을 거부한 행위
③ 안전운행을 위한 철도운수종사자가 준수사항을 위반한 행위
④ 정당한 사유 없이 여객 또는 화물을 중도에서 내리게 하는 행위
⑤ 타인에게 자기의 성명 또는 상호를 사용하여 철도사업을 경영하게 한 행위

56 다음 중 한국철도공사법상 공사의 국유재산 전대에 관한 내용으로 옳지 않은 것은?

① 공사는 전대를 하려면 이후 국토교통부장관의 승인을 받아야 한다.
② 전대를 받은 자는 해당 재산에 건물이나 그 밖의 영구시설물을 축조하지 못한다.
③ 전대를 받은 자는 재산을 다른 사람에게 대부하거나 사용·수익하게 하지 못한다.
④ 공사는 사업을 효율적으로 수행하기 위해 필요하면 사용·수익을 허가받은 국유재산을 전대(轉貸)할 수 있다.
⑤ 전대 받은 자는 국토교통부장관이 공사의 사업 수행을 위해 필요하다고 인정하는 시설물의 축조는 할 수 있다.

57 다음 중 철도사업법령상 사업정지처분에 갈음하여 과징금 처분을 통지를 받은 철도사업자가 수납기관에 납부해야 하는 기간은?

① 7일 이내
② 10일 이내
③ 15일 이내
④ 20일 이내
⑤ 30일 이내

58 다음 중 철도산업발전기본법상 철도의 관리청은?

① 국가철도공단
② 한국철도공사
③ 국토교통부장관
④ 철도시설관리자
⑤ 고속철도건설공사

59 다음 중 철도사업법령상 국가가 소유·관리하는 철도시설에 대한 점용허가를 하고자 할 때, 정해진 시설물의 종류와 기간으로 옳은 것은?

① 철골조 건물의 축조를 목적으로 하는 경우 : 30년
② 건물 외 공작물의 축조를 목적으로 하는 경우 : 10년
③ 철근콘크리트조 건물의 축조를 목적으로 하는 경우 : 40년
④ 석조와 유사한 견고한 건물의 축조를 목적으로 하는 경우 : 50년
⑤ 철골조·철근콘크리트조·석조 외의 건물의 축조를 목적으로 하는 경우 : 30년

60 다음 중 철도산업발전기본법령상 선로배분지침의 포함 사항이 아닌 것은?

① 철도차량의 안전운행에 관한 사항
② 여객열차와 화물열차에 대한 선로용량의 배분
③ 선로의 유지보수·개량 및 건설을 위한 작업시간
④ 지역 간 열차와 지역 내 열차에 대한 선로용량의 배분
⑤ 그 밖에 철도차량의 효율적 활용을 위하여 필요한 사항

합격의공식
시대
에듀
www.sdedu.co.kr

2일 차
기출응용 모의고사

〈모의고사 안내〉

평가영역	문항 수	시험시간	모바일 OMR 답안채점/성적분석 서비스
[NCS] 의사소통능력＋수리능력＋문제해결능력 [철도법령] 철도 관련 법령	60문항	70분	

※ 수록 기준
  철도산업발전기본법 : 법률 제18693호(시행 22.7.5.), 철도산업발전기본법 시행령 : 대통령령 제32759호(시행 22.7.5.)
  한국철도공사법 : 법률 제15460호(시행 19.3.14.), 한국철도공사법 시행령 : 대통령령 제35228호(시행 25.1.31.)
  철도사업법 : 법률 제20702호(시행 25.1.21.), 철도사업법 시행령 : 대통령령 제33795호(시행 24.1.1.)

2일 차 기출응용 모의고사

문항 수	: 60문항
시험시간	: 70분

| 01 | 직업기초능력평가

01 다음 중 가장 적절한 경청 태도를 갖춘 사람은?

① A부장 : 상대의 말에서 자신의 생각에 들어맞는 단서들을 찾는다.

② B과장 : 상대방의 말을 들으면서 자신이 다음에 할 말을 준비한다.

③ C사원 : 대화 중 시간 간격이 있으면 상대가 다음에 무엇을 말할 것인가를 추측해본다.

④ D사원 : 대화가 너무 사적이거나 위협적일 때는 주제를 바꾸거나 농담을 해서 분위기를 푼다.

⑤ E대리 : 허리를 곧게 세우고 상대를 향해 앉는다.

02 다음 중 '외손뼉은 울릴 수 없다'라는 뜻으로 혼자서는 일을 이루지 못하거나, 맞서는 사람이 없으면 싸움이 되지 않음을 일컫는 사자성어는?

① 고식지계(姑息之計)
② 호사다마(好事多魔)
③ 이장폐천(以掌蔽天)
④ 고장난명(孤掌難鳴)
⑤ 곡학아세(曲學阿世)

03 다음 중 맞춤법이 옳지 않은 것은?

① 과녁에 화살을 맞추다.
② 오랜만에 친구를 만났다.
③ 그는 저기에 움츠리고 있었다.
④ 단언컨대 내 말이 맞다.
⑤ 저건 정말 희한하다.

04 다음 글의 내용으로 가장 적절한 것은?

> 감염에 대한 일반적인 반응은 열(熱)이 나는 것이다. 우리는 발열을 흔히 '질병의 증상'이라고만 생각한다. 아무런 기능도 없이 불가피하게 일어나는 수동적인 현상처럼 여긴다. 그러나 우리의 체온은 유전적으로 조절되는 것이며 아무렇게나 변하지 않는다. 병원체 중에는 우리의 몸보다 열에 더 예민한 것들도 있다. 체온을 높이면 그런 병원체들은 우리보다 먼저 죽게 되므로 발열 증상은 우리 몸이 병원체를 죽이기 위한 능동적인 행위가 되는 것이다.
>
> 또 다른 반응은 면역 체계를 가동시키는 것이다. 백혈구를 비롯한 우리의 세포들은 외부에서 침입한 병원체를 능동적으로 찾아내어 죽인다. 우리 몸은 침입한 병원체에 대항하는 항체를 형성하여 일단 치유된 뒤에는 다시 감염될 위험이 적어진다. 인플루엔자나 보통 감기 따위의 질병에 대한 우리의 저항력은 완전한 것이 아니어서 결국 다시 그 병에 걸릴 수도 있다. 어떤 질병에 대해서는 한 번의 감염으로 자극을 받아 생긴 항체가 평생 동안 그 질병에 대한 면역성을 준다. 바로 이것이 예방접종의 원리이다. 죽은 병원체를 접종함으로써 질병을 실제로 경험하지 않고 항체 생성을 자극하는 것이다.
>
> 일부 영리한 병원체들은 인간의 면역성에 굴복하지 않는다. 어떤 병원체는 우리의 항체가 인식하는 병원체의 분자구조, 즉 항원을 바꾸어 우리가 그 병원체를 알아보지 못하게 한다. 가령 인플루엔자는 항원을 변화시키기 때문에 이전에 인플루엔자에 걸렸던 사람이라도 새로이 나타난 다른 균종으로부터 안전할 수 없는 것이다. 인간의 가장 느린 방어 반응은 자연선택에 의한 반응이다. 어떤 질병이든지 남들보다 유전적으로 저항력이 더 많은 사람들이 있기 마련이다. 어떤 전염병이 한 집단에서 유행할 때 그 특정 병원체에 저항하는 유전자를 가진 사람들은 그렇지 못한 사람들에 비해 생존 가능성이 높다. 따라서 역사적으로 특정 병원체에 자주 노출되었던 인구 집단에는 그 병에 저항하는 유전자를 가진 개체의 비율이 높아질 수밖에 없다. 이와 같은 자연선택의 예로 아프리카 흑인에게서 자주 발견되는 겸상(鎌狀) 적혈구 유전자를 들 수 있다. 겸상 적혈구 유전자는 적혈구의 모양을 정상적인 도넛 모양에서 낫 모양으로 바꾸어서 빈혈을 일으키므로 생존에 불리함을 주지만, 말라리아에 대해서는 저항력을 가지게 한다.

① 발열 증상은 수동적인 현상이지만 감염병의 회복에 도움을 준다.
② 예방접종은 질병을 실제로 경험하게 하여 항체 생성을 자극한다.
③ 겸상 적혈구 유전자는 적혈구 모양을 도넛 모양으로 변화시켜 말라리아로부터 저항성을 가지게 한다.
④ 병원체의 항원이 바뀌면 이전에 형성된 항체가 존재하는 사람도 그 병원체가 일으키는 병에 걸릴 수 있다.
⑤ 어떤 질병이 유행한 적이 없는 집단에서는 그 질병에 저항력을 주는 유전자가 보존되는 방향으로 자연선택이 이루어졌다.

05 다음 글의 주장으로 가장 적절한 것은?

우리는 우리가 생각한 것을 말로 나타낸다. 또 다른 사람의 말을 듣고, 그 사람이 무슨 생각을 가지고 있는지를 짐작한다. 그러므로 생각과 말은 서로 떨어질 수 없는 깊은 관계를 가지고 있다.

그러면 말과 생각은 얼마만큼 깊은 관계를 가지고 있을까? 이 문제를 놓고 사람들은 오랫동안 여러 가지 생각을 하였다. 그 가운데 가장 두드러진 것이 두 가지 있다. 그 하나는 말과 생각이 서로 꼭 달라붙은 쌍둥이인데한 놈은 생각이 되어 속에 감추어져 있고 다른 한 놈은 말이 되어 사람 귀에 들리는 것이라는 생각이다. 다른하나는 생각이 큰 그릇이고 말은 생각 속에 들어가는 작은 그릇이어서 생각에는 말 이외에도 다른 것이 더있다는 생각이다.

이 두 가지 생각 가운데서 앞의 것은 조금만 깊이 생각해 보면 틀렸다는 것을 즉시 깨달을 수 있다. 우리가생각한 것은 거의 대부분 말로 나타낼 수 있지만, 가슴 속에 응어리진 어떤 생각이 분명히 있기는 한데 그것을 어떻게 말로 표현해야 할지 몰라 애태운 경험을 누구나 가지고 있을 것이다. 이것 한 가지만 보더라도말과 생각이 서로 안팎을 이루는 쌍둥이가 아님은 쉽게 판명된다.

인간의 생각이라는 것은 매우 넓고 큰 것이며 말이란 결국 생각의 일부분을 주워 담는 작은 그릇에 지나지않는다. 그러나 아무리 인간의 생각이 말보다 범위가 넓고 큰 것이라고 하여도 그것을 가능한 한 말로 바꾸어놓지 않으면 그 생각의 위대함이나 오묘함이 다른 사람에게 전달되지 않기 때문에 말의 신세를 지지 않을수가 없게 되어 있다. 그러니까 말을 통하지 않고는 생각을 전달할 수가 없는 것이다.

① 말은 생각의 폭을 확장시킨다.
② 말은 생각을 전달하기 위한 수단이다.
③ 생각은 말이 내면화된 쌍둥이와 같은 존재이다.
④ 말은 생각의 하위요소이다.
⑤ 말은 생각을 제한하는 틀이다.

06 다음 글의 빈칸에 들어갈 내용으로 가장 적절한 것은?

기분관리 이론은 사람들의 기분과 선택 행동의 관계에 대해 설명하기 위한 이론이다. 이 이론의 핵심은 사람들이 현재의 기분을 최적 상태로 유지하려고 한다는 것이다. 따라서 기분관리 이론은 흥분 수준이 최적 상태보다 높을 때는 사람들이 이를 낮출 수 있는 수단을 선택한다고 예측한다. 반면에 흥분 수준이 낮을 때는 이를 회복시킬 수 있는 수단을 선택한다고 예측한다. 예를 들어, 음악 선택의 상황에서 전자의 경우에는 차분한 음악을 선택하고 후자의 경우에는 흥겨운 음악을 선택한다는 것이다. 기분조정 이론은 기분관리 이론이 현재 시점에만 초점을 맞추고 있다는 점을 지적하고 이를 보완하고자 한다. 기분조정 이론을 음악 선택의 상황에 적용하면, '_____'라고 예측할 수 있다.
연구자 A는 음악 선택 상황을 통해 기분조정 이론을 검증하기 위한 실험을 했다. 그는 실험 참가자들을 두 집단으로 나누고 집단 1에게는 한 시간 후 재미있는 놀이를 하게 된다고 말했고, 집단 2에게는 한 시간 후 심각한 과제를 하게 된다고 말했다. 집단 1은 최적 상태 수준에서 즐거워했고, 집단 2는 최적 상태 수준을 벗어날 정도로 기분이 가라앉았다. 이때 연구자 A는 참가자들에게 기다리는 동안 음악을 선택하게 했다. 그랬더니 집단 1은 다소 즐거운 음악을 선택한 반면, 집단 2는 과도하게 흥겨운 음악을 선택했다. 그런데 30분이 지나고 각 집단이 기대하는 일을 하게 될 시간이 다가오자 두 집단 사이에는 뚜렷한 차이가 나타났다. 집단 1의 선택에는 큰 변화가 없었으나, 집단 2는 기분을 가라앉히는 차분한 음악을 선택하는 쪽으로 변하는 경향을 보인 것이다. 이러한 선택의 변화는 기분조정 이론을 뒷받침하는 것으로 간주되었다.

① 사람들은 현재의 기분을 지속하는 데 도움이 되는 음악을 선택한다.
② 사람들은 다음에 올 상황을 고려해 흥분을 유발할 수 있는 음악을 선택한다.
③ 사람들은 다음에 올 상황에 맞추어 현재의 기분을 조정하는 음악을 선택한다.
④ 사람들은 현재의 기분과는 상관없이 자신이 평소 선호하는 음악을 선택한다.
⑤ 사람들은 현재의 기분이 즐거운 경우에는 그것을 조정하기 위해 그와 반대되는 기분을 자아내는 음악을 선택한다.

07 다음 글이 비판의 대상으로 삼는 주장으로 가장 적절한 것은?

경제 문제는 대개 해결이 가능하다. 대부분의 경제 문제에는 몇 개의 해결책이 있다. 그러나 모든 해결책은 누군가가 상당한 손실을 반드시 감수해야 한다는 특징을 갖고 있다. 하지만 누구도 이 손실을 자발적으로 감수하고자 하지 않으며, 우리의 정치제도는 누구에게도 이 짐을 짊어지라고 강요할 수 없다. 우리의 정치적·경제적 구조로는 실질적으로 제로섬(Zero-sum)적인 요소를 지니는 경제 문제에 전혀 대처할 수 없기 때문이다. 대개의 경제적 해결책은 대규모의 제로섬적인 요소를 갖기 때문에 큰 손실을 수반한다. 모든 제로섬 게임에는 승자가 있다면 반드시 패자가 있으며, 패자가 존재해야만 승자가 존재할 수 있다. 경제적 이득이 경제적 손실을 초과할 수도 있지만, 손실의 주체에게 손실의 의미란 상당한 크기의 경제적 이득을 부정할 수 있을 만큼 매우 중요하다. 어떤 해결책으로 인해 평균적으로 사회는 더 잘살게 될 수도 있지만, 이 평균이 훨씬 더 잘살게 된 수많은 사람과 훨씬 더 못살게 된 수많은 사람을 감춘다. 만약 당신이 더 못살게 된 사람 중 하나라면 내 수입이 줄어든 것보다 다른 누군가의 수입이 더 많이 늘었다고 해서 위안을 얻지는 않을 것이다. 결국 우리는 우리 자신의 수입을 보호하기 위해 경제적 변화가 일어나는 것을 막거나 혹은 사회가 우리에게 손해를 입히는 공공정책이 강제로 시행되는 것을 막기 위해 싸울 것이다.

① 빈부격차를 해소하는 것만큼 중요한 정책은 없다.
② 사회의 총생산량이 많아지게 하는 정책이 좋은 정책이다.
③ 경제문제에서 모두가 만족하는 해결책은 존재하지 않는다.
④ 경제적 변화에 대응하는 정치제도의 기능에는 한계가 존재한다.
⑤ 경제정책의 효율성을 높이는 방법은 일관성을 유지하는 것이다.

08 다음 글의 빈칸에 들어갈 내용으로 가장 적절한 것은?

과거, 민화를 그린 사람들은 정식으로 화업을 전문으로 하는 사람이 아니었다. 대부분 타고난 그림 재주를 밑천으로 그림을 그려 가게에 팔거나 필요로 하는 사람에게 그려주고 그 대가로 생계를 유지했던 사람들이었던 것이다. 그들은 민중의 수요를 충족시키기 위해 정형화된 내용과 상투적 양식의 그림을 반복적으로 그렸다. 민화는 당초부터 세련된 예술미 창조를 목표로 하는 그림이 아니었다. 단지 이 세상을 살아가는 데 필요한 진경(珍景)의 염원과 장식 욕구를 충족할 수만 있으면 그것으로 족한 그림이었던 것이다. 그래서 표현 기법이 비록 유치하고, 상투적이라 해도 화가나 감상자(수요자) 모두에게 큰 문제가 되지 않았던 것이다. _____ 다시 말해 민화는 필력보다 소재와 그것에 담긴 뜻이 더 중요한 그림이었던 것이다. 문인 사대부들이 독점 향유해 온 소재까지도 서민들은 자기 식으로 해석, 번안하고 그 속에 현실적 욕망을 담아 생활 속에 향유했다. 민화에 담은 주된 내용은 세상에 태어나 죽을 때까지 많은 자손을 거느리고 부귀를 누리면서 편히 오래 사는 것이었다.

① '어떤 기법을 쓰느냐.'에 따라 민화는 색채가 화려하거나 단조로울 수 있다.
② '어떤 기법을 쓰느냐.'보다 '무엇을 어떤 생각으로 그리느냐.'를 중시하는 것이 민화였다.
③ '어떤 기법을 쓰느냐.'보다 '감상자가 작품에 만족을 하는지.'를 중시하는 것이 민화였다.
④ '어떤 기법을 쓰느냐.'에 따라 세련된 그림이 나올 수도 있고, 투박한 그림이 나올 수 있다.
⑤ '어떤 기법을 쓰느냐.'와 '무엇을 어떤 생각으로 그리느냐.'를 모두 중시하는 것이 민화였다.

09 다음 문단을 논리적인 순서대로 바르게 나열한 것은?

(가) '빅뱅 이전에 아무 일도 없었다.'라는 말을 달리 해석하는 방법도 있다. 그것은 바로 빅뱅 이전에는 시간도 없었다고 해석하는 것이다. 그 경우 '빅뱅 이전'이라는 개념 자체가 성립하지 않으므로 그 이전에 아무 일도 없었던 것은 당연하다. 그렇게 해석한다면 빅뱅이 일어난 이유도 설명할 수 있게 된다. 즉, 빅뱅은 '0년'을 나타내는 것이다. 시간의 시작은 빅뱅의 시작으로 정의되기 때문에 우주가 그 이전이든 이후이든 왜 탄생했느냐고 묻는 것은 이치에 닿지 않는다.

(나) 단지 지금 설명할 수 없다는 뜻이 아니라 설명 자체가 있을 수 없다는 뜻이다. 어떻게 설명이 가능하겠는가? 수도관이 터진 이유는 그 전에 닥쳐온 추위로 설명할 수 있다. 공룡이 멸종한 이유는 그 전에 지구와 운석이 충돌했을 가능성으로 설명하면 된다. 바꿔 말해서, 우리는 한 사건을 설명하기 위해 그 사건 이전에 일어났던 사건에서 원인을 찾는다. 그러나 빅뱅의 경우에는 그 이전에 아무것도 없었으므로 어떠한 설명도 찾을 수 없는 것이다.

(다) 그런데 이런 식으로 사고하려면, 아무 일도 일어나지 않고 시간만 존재하는 것을 상상할 수 있어야 한다. 그것은 곧 시간을 일종의 그릇처럼 상상하고 그 그릇 안에 담긴 것과 무관하게 여긴다는 뜻이다. 시간을 이렇게 본다면 변화는 일어날 수 없다. 여기서 변화는 시간의 경과가 아니라 사물의 변화를 가리킨다. 이런 전제 하에서 우리가 마주하는 문제는 이것이다. 어떤 변화가 생겨나기도 전에 영겁의 시간이 있었다면, 왜 우주가 탄생하게 되었는지를 설명할 수 없다.

(라) 우주론자들에 따르면 우주는 빅뱅으로부터 시작되었다고 한다. 빅뱅이란 엄청난 에너지를 가진 아주 작은 우주가 폭발하듯 갑자기 생겨난 사건을 말한다. 그게 사실이라면 빅뱅 이전에는 무엇이 있었느냐는 질문이 나오는 게 당연하다. 아마 아무것도 없었을 것이다. 하지만 빅뱅 이전에 아무것도 없었다는 말은 무슨 뜻일까? 영겁의 시간 동안 단지 진공이었다는 뜻이다. 움직이는 것도, 변화하는 것도 없었다는 뜻이다.

① (가) – (나) – (다) – (라)
② (가) – (다) – (나) – (라)
③ (라) – (가) – (나) – (다)
④ (라) – (나) – (가) – (다)
⑤ (라) – (다) – (나) – (가)

10 다음 글의 빈칸에 들어갈 내용으로 가장 적절한 것은?

탁월함은 어떻게 습득되는가, 그것을 가르칠 수 있는가? 이 물음에 대하여 아리스토텔레스는 지성의 탁월함은 가르칠 수 있지만, 성품의 탁월함은 비이성적인 것이어서 가르칠 수 없고, 훈련을 통해서 얻을 수 있다고 대답한다.

그는 좋은 성품을 얻는 것을 기술을 습득하는 것에 비유한다. 그에 따르면, 리라(Lyra)를 켬으로써 리라를 켜는 법을 배우고 말을 탐으로써 말을 타는 법을 배운다. 어떤 기술을 얻고자 할 때 처음에는 교사의 지시대로 행동한다. 그리고 반복 연습을 통하여 그 행동이 점점 더 하기 쉽게 되고 마침내 제2의 천성이 된다. 이와 마찬가지로 어린아이는 어떤 상황에서 어떻게 행동해야 진실되고 관대하며 예의를 차리게 되는지 일일이 배워야 한다. 훈련과 반복을 통하여 그런 행위들을 연마하다 보면 그것들을 점점 더 쉽게 하게 되고, 결국에는 스스로 판단할 수 있게 된다.

그는 올바른 훈련이란 강제가 아니고 그 자체가 즐거움이 되어야 한다고 지적한다. 또한 그렇게 훈련받은 사람은 일을 바르게 처리하는 것을 즐기게 되고, 일을 바르게 처리하고 싶어하게 되며, 올바른 일을 하는 것을 어려워하지 않게 된다. 이처럼 성품의 탁월함이란 사람들이 '하는 것'만이 아니라 사람들이 '하고 싶어 하는 것'과도 관련된다. 그리고 한두 번 관대한 행동을 한 것으로는 충분하지 않으며, 늘 관대한 행동을 하고 그런 행동에 감정적으로 끌리는 성향을 갖고 있어야 비로소 관대함에 관하여 성품의 탁월함을 갖고 있다고 할 수 있다.

다음과 같은 예를 통해 아리스토텔레스의 견해를 생각해 보자. 갑돌이는 성품이 곧고 자신감이 충만하다. 그가 한 모임에 참석하였는데, 거기서 다수의 사람들이 옳지 않은 행동을 한다고 생각했을 때, 그는 다수의 행동에 대하여 비판의 목소리를 낼 것이며 그렇게 하는 데에 별 어려움을 느끼지 않을 것이다. 한편, 수줍어하고 우유부단한 병식이도 한 모임에 참석하였는데, 그 역시 다수의 행동이 잘못되었다는 판단을 했다고 하자. 이런 경우에 병식이는 일어나서 다수의 행동이 잘못되었다고 말할 수 있겠지만, 그렇게 하려면 엄청난 의지를 발휘해야 할 것이고 자신과 힘든 싸움도 해야 할 것이다. 그런데도 병식이가 그렇게 행동했다면 우리는 병식이가 용기있게 행동하였다고 칭찬할 것이다. 그러나 아리스토텔레스가 보기에 성품의 탁월함을 가진 사람은 갑돌이다. 왜냐하면, _____ 우리가 어떠한 사람을 존경할 것인가가 아니라, 우리 아이를 어떤 사람으로 키우고 싶은가라는 질문을 받는다면 우리는 아리스토텔레스의 견해에 가까워질 것이다. 왜냐하면 우리는 우리 아이들을 갑돌이와 같은 사람으로 키우고 싶어 할 것이기 때문이다.

① 그는 내적인 갈등이 없이 옳은 일을 하기 때문이다.
② 그는 옳은 일을 하는 천성을 타고났기 때문이다.
③ 그는 주체적 판단에 따라 옳은 일을 하기 때문이다.
④ 그는 자신이 옳다는 확신을 가지고 옳은 일을 하기 때문이다.
⑤ 그는 다른 사람들의 칭찬을 의식하지 않고 옳은 일을 하기 때문이다.

11 다음 글의 가설을 강화하는 사례로 적절하지 않은 것을 〈보기〉에서 모두 고르면?

성염색체만이 개체의 성(性)을 결정하는 요소는 아니다. 일부 파충류의 경우에는 알이 부화되는 동안의 주변 온도에 의해 개체의 성이 결정된다. 예를 들어, 낮은 온도에서는 일부 종은 수컷으로만 발달하고, 일부 종은 암컷으로만 발달한다. 또한, 어떤 종에서는 낮은 온도와 높은 온도에서 모든 개체가 암컷으로만 발달하는 경우도 있다. 그 사이의 온도에서는 특정 온도에 가까워질수록 수컷으로 발달하는 개체의 비율이 증가하다가 결국 그 특정 온도에 이르러서는 모든 개체가 수컷으로 발달하기도 한다. 다음은 온도와 성 결정 간의 상관관계를 설명하기 위해 제시된 가설이다.

〈가설〉

파충류의 성 결정은 B물질을 필요로 한다. B물질은 단백질 '가'에 의해 A물질로, 단백질 '나'에 의해 C물질로 바뀐다. 이때 A물질과 C물질의 비율은 단백질 '가'와 단백질 '나'의 비율과 동일하다. 파충류의 알은 단백질 '가'와 '나' 모두를 가지고 있지만 온도에 따라 각각의 양이 달라진다. 암컷을 생산하는 온도에서 배양된 알에서는 A물질의 농도가 더 높고, 수컷을 생산하는 온도에서 배양된 알에서는 C물질의 농도가 더 높다. 온도의 차에 의해 알의 내부에 A물질과 C물질의 상대적 농도 차이가 발생하고, 이것이 파충류의 성을 결정하는 것이다.

보기

ㄱ. 수컷만 생산하는 온도에서 부화되고 있는 알은 단백질 '가'보다 훨씬 많은 양의 단백질 '나'를 가지고 있다.
ㄴ. B물질의 농도는 수컷만 생산하는 온도에서 부화되고 있는 알보다 암컷만 생산하는 온도에서 부화되고 있는 알에서 더 높다.
ㄷ. 수컷만 생산하는 온도에서 부화되고 있는 알에 고농도의 A물질을 투여하여 C물질보다 그 농도를 높였더니 암컷이 생산되었다.

① ㄱ
② ㄴ
③ ㄷ
④ ㄱ, ㄷ
⑤ ㄴ, ㄷ

우리나라의 지명은 역사적으로 많은 우여곡절을 겪으면서 변천해왔다. 그러나 자세히 관찰하면 우리나라 지명만이 갖는 특징이 있는데, 이는 우리 지명의 대부분이 지형, 기후, 정치, 군사 등에서 유래되었다는 점이다.

우리나라의 지명에는 山(산), 谷(곡), 峴(현), 川(천), 新(신), 大(대), 松(송) 등의 한자가 들어 있는 것이 많다. 이 중 山(산), 谷(곡), 峴(현), 川(천) 등은 산악 지형이 대부분인 한반도의 산과 골짜기를 넘는 고개, 그 사이를 굽이치는 하천을 반영한 것이다. 그런가 하면 新(신), 大(대) 등은 인구 증가와 개척·간척에 따라 형성된 새로운 마을과 관련되는 지명이며, 松(송)은 어딜 가나 흔한 나무가 소나무였으므로 이를 반영한 것이다. 그 다음으로 上(상), 內(내), 南(남), 東(동), 下(하) 등의 한자와 石(석), 岩(암), 水(수), 浦(포), 井(정), 村(촌), 長(장), 龍(용), 月(월) 등의 한자가 지명에 많이 들어 있다. 이러한 한자들은 마을의 위치나 방위를 뜻하는 것으로서, 우리 민족이 전통적으로 남(南), 동(東) 방향을 선호했다는 증거이다. 또한 큰 바위(石, 岩)가 이정표 역할을 했으며, 물(水, 井)을 중심으로 생활했다는 것을 반영하고 있다. 한편, 평지나 큰 들이 있는 곳에는 坪(평), 平(평), 野(야), 原(원) 등의 한자가 많이 쓰였는데, 가평, 청평, 양평, 부평, 수원, 철원, 남원 등이 그 예이다.

한자로 된 지명은 보통 우리말 지명의 차음(借音)과 차훈(借訓)을 따랐기 때문에 어느 정도는 원래의 뜻을 유추할 수 있었다. 그런데 우리말 지명을 한자어로 바꿀 때 잘못 바꾸면 그 의미가 매우 동떨어지게 된다. 특히 일제 강점기 때는 우리말 지명의 뜻을 제대로 몰랐던 일제에 의해 잘못 바뀐 지명이 많다. 그 사례를 들어 보면, 경기도 안산시의 고잔동은 원래 우리말로 '곶 안'이라는 뜻이었다. 우리말 의미를 제대로 살렸다면 한자 지명이 곶내(串內)나 갑내(岬內)가 되었어야 하나, 일제에 의해 고잔(古棧)으로 바뀌었다. 한편 서울의 삼각지도 이와 같은 사례에 해당한다. 이곳의 원래 지명은 새벌(억새 벌판)인데, 경기 방언으로 새뿔이라고 불렸다. 이를 새(세)를 삼(三)으로, 뿔(벌)을 각(角)으로 해석하여 삼각지로 바꾼 것이다. 이렇게 잘못 바뀐 지명은 전국에 분포되어 있다. 현재 우리가 이 '고잔(古棧)'과 '삼각지(三角地)'에서 원래의 의미를 찾아내기란 결코 쉽지 않다.

조선 시대에는 촌락의 특수한 기능이 지명에 반영되는 경우가 많았는데, 특히 교통 및 방어와 관련된 촌락이 그러하였다. 하천 교통이 발달한 곳에는 도진취락(渡津聚落)이 발달했는데, 이러한 촌락의 지명에는 ~도(渡), ~진(津), ~포(浦) 등의 한자가 들어간다. 한편, 주요 역로를 따라서는 역원취락(驛院聚落)이 발달했다. 역은 공문서의 전달과 관리의 내왕(來往), 관물(官物)의 수송 등을 주로 담당했고, 원은 관리나 일반 여행자에게 숙박 편의를 제공했다. 따라서 역(驛)~, ~원(院) 등의 한자가 들어가는 지명은 _____ 곳이다.

해방 후 국토 공간의 변화에 따라 지명에도 큰 변화가 있었다. 국토 개발에 따라 새로운 지명이 생겨났는가 하면, 고유의 지명이 소멸하거나 변질하기도 했다. 서울의 경우 인구 증가로 인해 새로운 동(洞)이 만들어지면서 공항동, 본동과 같은 낯선 지명이 생겨났다. 반면에 굴레방다리, 말죽거리, 장승배기, 모래내, 뚝섬과 같은 고유 지명은 행정 구역 명칭으로 채택되지 않은 채 잊혀 가고 있다.

12 다음 중 윗글의 내용을 잘못 이해하고 있는 사람은?

① A : 서울 율현동(栗峴洞)의 지명은 마을이 위치한 고개 지형에서 유래되었군.

② B : 강원도의 원주시(原州市)는 주로 넓은 평지로 이루어져 있겠군.

③ C : 서울의 삼각지(三角紙)는 뿔 모양의 지형에서 유래된 지명이군.

④ D : 서울의 노량진동(露梁津洞)은 조선 시대 하천 교통의 요지였겠군.

⑤ E : 서울 공항동(空港洞) 지명의 역사는 안산 고잔동(古棧洞) 지명의 역사보다 짧겠군.

13 다음 중 윗글의 빈칸에 들어갈 내용으로 가장 적절한 것은?

① 과거에 경치가 뛰어났던

② 과거에 상공업이 발달했던

③ 과거에 왕이 자주 행차했던

④ 과거에 육상 교통이 발달했던

⑤ 과거에 해상 교통이 발달했던

※ 다음 글을 읽고 이어지는 질문에 답하시오. [14~15]

"기업들은 근로자를 학벌이나 연공서열이 아닌 직무능력과 성과로 평가해야 한다." K공사 박이사장은 제4차 포용적 성장 포럼에서 발제자로 나서 '일자리 창출과 포용적 성장'이라는 주제로 발표하며 "능력 중심의 사회를 만들어야 한다."라고 강조했다. 박이사장은 "우리나라는 첫 직장을 어디서 출발하는지가 굉장히 중요하다."라며 "대기업에서 시작하면 쭉 대기업에 있고 중소기업이나 비정규직으로 출발하면 벗어나기 어려워, 대기업에 가기 위해 젊은 청년들이 대학 졸업까지 미룬 채 몇 년씩 취업준비를 한다."라고 지적했다. 중소기업에서 비정규직으로 출발해도 학벌이 아닌 능력으로 평가받는 시스템이 갖춰져 있다면 자연스럽게 대기업 정규직이 될 수 있는 사회적 문화와 제도적 보장이 이뤄질 수 있을 텐데 그렇지 못하다는 것이다. 청년실업 문제를 해결하기 위해서는 일자리 미스매칭 문제가 해결돼야 하고 그를 위해 능력 중심의 평가가 필요하다는 것이 박이사장의 견해이다. 박이사장은 "미국은 맥도널드 최고경영자(CEO)가 매장 파트타이머 출신인 경우도 있지만 우리나라는 처음에 잘못 들어가면 발 빼고 못 간다."라며 "능력 중심의 임금체계 구축과 성과평가가 이뤄진다면 변화가 가능할 것"이라고 강조했다. 박이사장은 제대로 성과평가제도를 실현하기 위해서는 성과연봉제의 도입이 필요하다고 강조했다. 그는 "지금도 성과평가제가 있기는 하지만 근로자의 성과가 연봉, 승진과 제대로 연동이 안 되다 보니 부실한 측면이 많았다."라며 "성과평가가 승진, 연봉과 연결되어야 근로자들도 제대로 따져보고 항의도 하면서 제대로 된 성과평가제가 구축될 수 있을 것"이라고 설명했다. 규제완화를 하면 일자리가 늘어날지 여부에 대해 박이사장은 유럽과 미국의 예를 들며 경험적으로 증명된 부분이지만 한국에도 적용될 수 있을지는 좀 더 살펴봐야 한다는 입장이었다. 박이사장은 "세계경제가 1980년대 불황으로 유럽과 미국 모두 경제가 어려웠다가 다시 살아났는데 미국과 유럽의 일자리를 비교해 보면 미국은 늘어났는데 유럽은 늘지 않았다."라며 그 이유로 "유럽과 달리 미국이 해고하기 쉬워 사람을 많이 썼기 때문이었다."라고 설명했다.

14 다음 중 윗글을 읽고 직원들이 나눈 대화로 적절하지 않은 것은?

① 김대리 : 기업들이 근로자들을 학벌로 평가하는 것이 부당하다고 생각했었어.
　 유대리 : 맞아. 이제는 사원들을 학벌이 아닌 직무능력으로 평가할 시대야.
② 강과장 : 그러고 보니 우리 대학 출신들이 이부장님 밑에 많지 않습니까?
　 이부장 : 강과장님, 저는 사원들을 그렇게 학벌로 줄 세우지 않을 생각입니다.
③ 박차장 : 우리나라는 첫 직장이 어디냐가 아주 중요한 문제죠.
　 강대리 : 첫 직장의 규모가 영세하면 그대로 가는 경우가 대부분이다 보니….
④ 김과장 : 능력 중심의 임금체계 구축과 성과평가제도가 도입되면 어떨까요?
　 이대리 : 성과평가제도는 다소 불합리한 제도라 반발이 거셀 것 같습니다.
⑤ 차사원 : 일자리를 늘리기 위해 우리도 규제완화를 빨리 실시해야 합니다.
　 정사원 : 규제완화가 어느 정도 경험적으로 증명된 것은 사실이지만, 우리나라에 적용하기에는 아직 시간이 필요할 것으로 보입니다.

15 다음 중 윗글의 제목으로 가장 적절한 것은?

① 성과평가제도란 무엇인가?

② 능력중심의 사회, 규제완화가 해답

③ 미국 맥도날드 CEO, 알고 보니 파트타이머 출신

④ 세계경제 불황기, 미국과 유럽의 차이점은?

⑤ 첫 직장 비정규직이면 점프하기 어려운 현실 … 능력 중심 평가 확산을

16 다음 글의 내용으로 가장 적절한 것은?

> 보름달 중에 가장 크게 보이는 보름달을 슈퍼문이라고 한다. 이때 보름달이 크게 보이는 이유는 달이 평소보다 지구에 가까이 있기 때문이다. 슈퍼문이 되려면 보름달이 되는 시점과 달이 지구에 가장 가까워지는 시점이 일치하여야 한다. 달의 공전 궤도가 완벽한 원이라면 지구에서 달까지의 거리가 항상 똑같을 것이다. 하지만 실제로는 타원 궤도여서 달이 지구에 가까워지거나 멀어지는 현상이 생긴다. 유독 달만 그런 것은 아니고 태양계의 모든 행성이 태양을 중심으로 타원 궤도로 돈다. 이것이 바로 그 유명한 케플러의 행성운동 제1법칙이다.
> 지구와 달의 평균 거리는 약 38만 km인 반면 슈퍼문일 때는 그 거리가 35만 7,000km 정도로 가까워진다. 달의 반지름은 약 1,737km이므로, 지구와 달의 거리가 평균 정도일 때 지구에서 보름달을 바라보는 시각도*는 0.52도 정도인 반면, 슈퍼문일 때는 시각도가 0.56도로 커진다. 반대로 보름달이 가장 작게 보일 때, 다시 말해 보름달이 지구에서 제일 멀 때는 그 거리가 약 40만 km여서 보름달을 보는 시각도가 0.49도로 작아진다. 밀물과 썰물이 생기는 원인은 지구에 작용하는 달과 태양의 중력 때문인데, 달이 태양보다는 지구에 훨씬 더 가깝기 때문에 더 큰 영향을 미친다. 달이 지구에 가까워지면 평소 달이 지구를 당기는 힘보다 더 강하게 지구를 당긴다. 그리고 달의 중력이 더 강하게 작용하면 달을 향한 쪽의 해수면은 평상시보다 더 높아진다. 실제 우리나라에서도 슈퍼문일 때 제주도 등 해안가에 바닷물이 평소보다 더 높게 밀려 들어와서 일부 지역이 침수 피해를 겪기도 했다.
> 한편 달의 중력 때문에 높아진 해수면이 지구와 함께 자전을 하다보면 지구의 자전을 방해하게 된다. 일종의 브레이크가 걸리는 셈이다. 이 때문에 지구의 자전 속도가 느려지게 되고 그 결과 하루의 길이에 미세하게 차이가 생긴다. 실제 연구 결과에 따르면 100만 년에 17초 정도씩 길어지는 효과가 생긴다고 한다.
> *시각도 : 물체의 양끝에서 눈의 결합점을 향하여 그은 두 선이 이루는 각을 의미함

① 지구에서 태양까지의 거리는 1년 동안 항상 일정하다.

② 해수면의 높이는 지구와 달의 거리와 관계가 없다.

③ 달이 지구에서 멀어지면 궤도에서 벗어나지 않기 위해 평소보다 더 강하게 지구를 잡아당긴다.

④ 지구와 달의 거리가 36만 km 정도인 경우, 지구에서 보름달을 바라보는 시각도는 0.49도보다 크다.

⑤ 달의 중력 때문에 지구가 자전하는 속도는 점점 빨라지고 있다.

아도르노는 문화산업론을 통해서 대중문화의 이데올로기를 비판하였다. 그는 지배 관계를 은폐하거나 정당화하는 허위의식을 이데올로기로 보고, 대중문화를 지배 계급의 이데올로기를 전파하는 대중 조작 수단으로, 대중을 이에 기만당하는 문화적 바보로 평가하였다. 또한 그는 대중문화 산물의 내용과 형식이 표준화·도식화되어 더 이상 예술인 척할 필요조차 없게 되었다고 주장했다.

그러나 그의 이론은 구체적 비평 방법론의 결여와 대중문화에 대한 극단적 부정이라는 한계를 보여 주었고, 이후의 연구는 대중문화 텍스트의 의미화 방식을 규명하거나 대중문화의 새로운 가능성을 찾는 두 방향으로 발전하였다. 전자는 알튀세를 수용한 스크린 학파이며 후자는 수용자로 초점을 전환한 피스크이다.

초기 스크린 학파는 주체가 이데올로기 효과로 구성된다는 알튀세의 관점에서 허위의식으로서의 이데올로기 개념을 비판하고 어떻게 특정 이데올로기가 대중문화 텍스트를 통해 주체 구성에 관여하는지를 분석했다. 이들은 이데올로기를 개인들이 자신의 물질적 상황을 해석하고 경험하는 개념틀로 규정하고, 그것이 개인을 자율적 행위자로 오인하게 하여 지배적 가치를 스스로 내면화하는 주체로 만든다고 했다. 특히 그들은 텍스트의 특정 형식이나 장치를 통해 대중문화 텍스트의 관점을 자명한 진리와 동일시하게 하는 이데올로기 효과를 분석했다. 그러나 그 분석은 텍스트의 지배적 의미가 수용되는 기제의 해명에 집중되어, 텍스트가 규정하는 의미에 반하는 수용자의 다양한 해석 가능성은 충분히 설명하지 못했다.

이 맥락에서 피스크의 수용자 중심적 대중문화 연구가 등장한다. 그는 수용자의 의미 생산을 강조하여 정치 미학에서 대중 미학으로 초점을 전환했다. 그는 대중을 사회적 이해관계에 따라 다양한 주체 위치에서 유동하는 행위자로 본다. 상업적으로 제작된 대중문화 텍스트는 그 자체로 대중문화가 아니라 그것을 이루는 자원일 뿐이며, 그 자원의 소비 과정에서 대중이 자신의 이해에 따라 새로운 의미와 저항적·도피적 쾌락을 생산할 때 비로소 대중문화가 완성된다. 피스크는 지배적·교섭적·대항적 해석의 구분을 통해 대안적 의미 해석 가능성을 시사했던 홀을 비판하면서, 그조차 텍스트의 지배적 의미를 그대로 수용하는 선호된 해석을 인정했다고 지적한다. 그 대신 그는 텍스트가 규정한 의미를 벗어나는 대중들의 게릴라 전술을 강조했던 드 세르토에 의거하여, 대중문화는 제공된 자원을 활용하는 과정에서 그 힘에 복종하지 않는 약자의 창조성을 특징으로 한다고 주장한다.

피스크는 대중문화를 판별하는 대중의 행위를 아도르노식의 미학적 판별과 구별한다. 텍스트 자체의 특질에 집중하는 미학적 판별과 달리, 대중적 판별은 일상에서의 적절성과 기호학적 생산성, 소비 양식의 유연성을 중시한다. 대중문화 텍스트는 대중들 각자의 상황에 적절하게 기능하는, 다양한 의미 생산 가능성이 중요하다. 따라서 텍스트의 구조에서 텍스트를 읽어 내는 실천 행위로, "무엇을 읽고 있는가?"에서 "어떻게 읽고 있는가?"로 문제의식을 전환해야 한다는 것이다. 피스크는 대중문화가 일상의 진보적 변화를 위한 것이지만, 이를 토대로 해서 이후의 급진적 정치 변혁도 가능해진다고 주장한다.

그러나 피스크는 대중적 쾌락의 가치를 지나치게 높이 평가하고 사회적 생산 체계를 간과했다는 비판을 받았다. 켈러에 따르면, 수용자 중심주의는 일면적인 텍스트 결정주의를 극복했지만 대중적 쾌락과 대중문화를 찬양하는 문화적 대중주의로 전락했다.

17 다음 중 윗글을 읽고 이해한 내용으로 가장 적절한 것은?

① 아도르노는 대중문화 산물에 대한 질적 가치 판단을 통해 그것이 예술로서의 지위를 가지지 않는다고 간주했다.

② 알튀세의 이데올로기론을 수용한 대중문화 연구는 텍스트가 수용자에게 미치는 일면적 규정을 강조하는 시각을 지양하였다.

③ 피스크는 대중문화의 긍정적 의미가 대중 스스로 자신의 문화 자원을 직접 만들어 낸다는 점에 있다고 생각했다.

④ 홀은 텍스트의 내적 의미가 선호된 해석을 가능하게 한다고 주장함으로써 수용자 중심적 연구의 관점을 보여 주었다.

⑤ 정치 미학에서 대중 미학으로의 발전은 대중문화를 이른바 게릴라 전술로 보는 시각을 극복할 수 있었다.

18 다음 중 윗글을 토대로 할 때, 〈보기〉에 대한 각 입장의 평가로 적절하지 않은 것은?

보기

큰 인기를 얻었던 뮤직 비디오 〈Open Your Heart〉에서 마돈나는 쇼무대에서 춤추는 스트립 댄서 역할로 등장하였다. 그러나 그녀는 유혹적인 춤을 추는 대신에 카메라를 정면으로 응시하며 힘이 넘치는 춤을 추면서 남성의 훔쳐보는 시선을 조롱한다. 이 비디오는 몇몇 남성에게는 관음증적 쾌락의 대상으로, 소녀 팬들에게는 자신의 섹슈얼리티를 적극적으로 표출하는 강한 여성의 이미지로, 일부 사람들에게는 여성 신체를 상품화하는 성차별적 이미지로 받아들여졌다.

① 아도르노는 마돈나의 뮤직 비디오에서 수용자가 얻는 쾌락이 현실의 문제를 회피하게 만드는 기만적인 즐거움이라고 설명했을 것이다.

② 초기 스크린 학파는 마돈나의 뮤직 비디오에서 텍스트의 형식이 다층적인 기호학적 의미를 생산한다는 점을 높게 평가했을 것이다.

③ 피스크는 모순적 이미지들로 구성된 마돈나의 뮤직 비디오가 서로 다른 사회적 위치에 있는 수용자들에게 다른 의미로 해석된 점에 주목했을 것이다.

④ 피스크는 마돈나의 뮤직 비디오가 갖는 의의를 수용자가 대중문화 자원의 지배적 이데올로기로부터 벗어날 수 있는 가능성에서 찾았을 것이다.

⑤ 켈러는 마돈나의 뮤직 비디오에서 수용자들이 느끼는 쾌락이 대중문화에 대한 경험과 문화 산업의 기획에 의해 만들어진 결과라고 분석했을 것이다.

19 다음과 같이 일정한 규칙으로 수를 나열할 때, 빈칸에 들어갈 수로 옳은 것은?

1	3	5	6	9	( )	13	12	17	

① 9   ② 10
③ 11   ④ 12
⑤ 15

20 다음은 연령대별 골다공증 진료현황에 대한 자료이다. 이에 대한 설명으로 옳지 않은 것은?(단, 소수점 첫째 자리에서 반올림한다)

〈연령대별 골다공증 진료현황〉

(단위 : 명)

구분	전체	9세 이하	10대	20대	30대	40대	50대	60대	70대	80대 이상
합계	855,975	44	181	1,666	6,548	21,654	155,029	294,553	275,719	100,581
남성	53,741	21	96	305	1,000	2,747	7,677	12,504	20,780	8,611
여성	802,234	23	85	1,361	5,548	18,907	147,352	282,049	254,939	91,970

① 골다공증 발병이 항상 진료로 이어진다면 여성의 발병률이 남성의 발병률보다 높다.
② 전체 진료인원 중 40대 이하가 차지하는 비율은 약 3.5%이다.
③ 전체 진료인원 중 골다공증 진료인원이 가장 많은 연령은 60대로, 그 비율은 약 34.4%이다.
④ 연령별 골다공증 진료인원이 많은 순서는 남성과 여성 모두 같다.
⑤ 전체 진료인원 중 80대 이상이 차지하는 비율은 약 11.8%이다.

21 가로, 세로의 길이가 각각 30cm, 20cm인 직사각형이 있다. 가로의 길이를 줄여서 직사각형의 넓이를 $\frac{1}{3}$ 이하로 줄이고자 할 때, 몇 cm 이상 줄여야 하는가?

① 5cm   ② 10cm

③ 15cm   ④ 20cm

⑤ 25cm

22 다음은 A ~ E국의 경제 및 사회 지표 자료이다. 이에 대한 설명으로 옳지 않은 것은?

〈5개국의 경제 및 사회 지표〉

구분	1인당 GDP(달러)	경제성장률(%)	수출(백만 달러)	수입(백만 달러)	총인구(백만 명)
A국	27,214	2.6	526,757	436,499	50.6
B국	32,477	0.5	624,787	648,315	126.6
C국	55,837	2.4	1,504,580	2,315,300	321.8
D국	25,832	3.2	277,423	304,315	46.1
E국	56,328	2.3	188,445	208,414	24.0

※ (총GDP)=(1인당 GDP)×(총인구)

① 경제성장률이 가장 큰 국가가 총GDP는 가장 작다.
② 총GDP가 가장 큰 국가의 총GDP는 가장 작은 국가의 총GDP보다 10배 이상 더 크다.
③ A ~ E국의 수출과 수입 규모의 순위는 일치한다.
④ A국이 E국보다 총GDP가 더 크다.
⑤ 1인당 GDP에 따른 순위와 총GDP에 따른 순위는 서로 일치한다.

※ 다음은 인구 고령화 추이를 나타낸 자료이다. 이어지는 질문에 답하시오. [23~25]

〈인구 고령화 추이〉

(단위 : %)

구분	2004년	2009년	2014년	2019년	2024년
노인부양비	5.2	7.0	11.3	15.6	22.1
고령화지수	19.7	27.6	43.1	69.9	107.1

※ [노인부양비(%)]=(65세 이상 인구)÷(15~64세 인구)×100
※ [고령화지수(%)]=(65세 이상 인구)÷(0~14세 인구)×100

23 2004년 0~14세 인구가 50,000명이었을 때, 2004년 65세 이상 인구는 몇 명인가?

① 8,650명
② 8,750명
③ 9,850명
④ 9,950명
⑤ 10,650명

24 2024년 고령화지수는 2019년 대비 몇 % 증가하였는가?(단, 소수점 첫째 자리에서 반올림한다)

① 45%
② 49%
③ 53%
④ 57%
⑤ 61%

25 다음 중 자료에 대한 〈보기〉의 설명 중 옳은 것을 모두 고르면?

> **보기**
> ㉠ 노인부양비 추이는 5년 단위로 계속 증가하고 있다.
> ㉡ 고령화지수 추이는 5년 단위로 같은 비율로 증가하고 있다.
> ㉢ 2014년의 2009년 대비 노인부양비 증가폭은 4.3%p이다.
> ㉣ 5년 단위의 고령화지수 증가폭은 2024년의 2019년 대비 증가폭이 가장 크다.

① ㉠, ㉡
② ㉠, ㉢
③ ㉠, ㉡, ㉢
④ ㉠, ㉢, ㉣
⑤ ㉠, ㉡, ㉢, ㉣

26 다음은 당해 연도 방송사별 연간 방송시간과 편성 비율자료이다. 이에 대한 설명으로 옳지 않은 것을 〈보기〉에서 모두 고르면?

〈연간 방송시간〉

(단위 : 시간)

구분	보도시간	교양시간	오락시간
A 방송사	2,343	3,707	1,274
B 방송사	791	3,456	2,988
C 방송사	1,584	2,520	3,243
D 방송사	1,586	2,498	3,310

보기

ㄱ. 4개 방송사의 총 연간 방송시간은 교양시간, 오락시간, 보도시간의 순이다.
ㄴ. A 방송사의 연간 방송시간 중 보도시간 비율은 D 방송사의 교양시간 비율보다 높다.
ㄷ. 각 방송사의 연간 방송시간 중 보도시간 비율이 가장 높은 방송사는 A이다.
ㄹ. 4개 방송사의 총 연간 방송시간 중 오락시간 비율은 40% 이상이다.

① ㄱ, ㄴ   ② ㄱ, ㄷ
③ ㄴ, ㄷ   ④ ㄴ, ㄹ
⑤ ㄷ, ㄹ

27 밭을 가는 데 갑이 혼자하면 12일, 을이 혼자하면 10일이 걸린다고 한다. 일주일 안으로 밭을 다 갈기 위해 둘이 같이 며칠을 일하다가 을이 아파 나머지는 갑이 혼자 했더니 딱 일주일 만에 밭을 다 갈았다. 둘이 같이 일한 날은 며칠인가?(단, 조금이라도 일을 한 경우, 그 날은 일을 한 것으로 간주한다)

① 2일   ② 3일
③ 4일   ④ 5일
⑤ 6일

28 다음은 경기 일부 지역의 2023 ～ 2024년 월별 미세먼지 도시오염도 현황을 나타낸 자료이다. 자료에 대한 해석으로 옳지 않은 것은?(단, 소수점 첫째 자리에서 반올림한다)

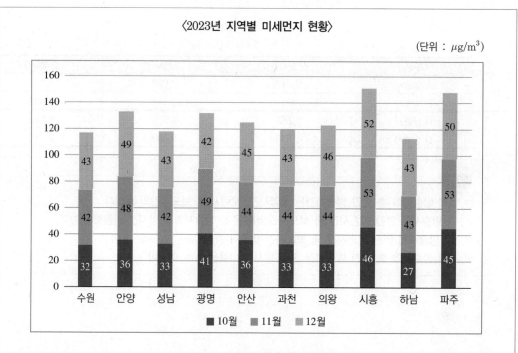

〈2023년 지역별 미세먼지 현황〉

(단위 : μg/m³)

〈2024년 지역별 미세먼지 현황〉

(단위 : μg/m³)

구분	1월	2월	3월
수원	44	42	47
안양	49	46	52
성남	44	43	47
광명	50	47	52
안산	49	44	46
과천	45	43	48
의왕	47	43	46
시흥	54	47	52
하남	46	43	45
파주	48	43	50

① 2023년 10 ～ 12월까지 미세먼지 농도의 합이 150μg/m³ 이상인 지역은 한 곳이다.

② 2024년 1월 미세먼지 농도의 전월 대비 증감률이 0%인 지역의 2024년 2월 농도는 45μg/m³ 이상이다.

③ 2024년 1월 대비 2월에 미세먼지 현황이 좋아진 지역은 모두 3월에 다시 나빠졌다.

④ 2023년 10월부터 2024년 3월까지 각 지역마다 미세먼지 농도가 가장 높은 달이 3월인 지역은 네 곳 이하이다.

⑤ 2023년 10월의 미세먼지 농도가 35μg/m³ 미만인 지역의 2024년 2월 미세먼지 농도의 평균은 약 43μg/m³이다.

29 다음은 2024년 국가별 재외동포 인원 현황에 대한 자료이다. 이에 대한 설명으로 옳은 것은?(단, 소수점 둘째 자리에서 반올림한다)

<2024년 재외동포 현황>

(단위 : 명)

구분	시민권자	영주권자	일반 체류자
중국	2,160,712	342	300,332
홍콩	6,949	342	11,678
인도	22	0	11,251
이란	3	1	243
일본	736,326	543	88,108
라오스	8	0	3,042
몽골	32	0	2,132
미얀마	18	0	3,842
네팔	3	0	769
싱가포르	2,781	312	18,313
대만	773	331	4,406
태국	205	0	19,995
터키	0	0	2,951
베트남	0	0	172,684
캐나다	187,390	1,324	53,036
덴마크	8,747	324	710
프랑스	8,961	6,541	13,665
루마니아	61	1	305
러시아	163,560	351	6,022
스위스	2,082	341	1,513

※ (재외동포 수)=(시민권자)+(영주권자)+(일반 체류자)

① 영주권자가 없는 국가의 일반 체류자 수의 합은 중국의 일반 체류자의 수보다 크다.
② 일본의 일반 체류자 대비 시민권자 비율은 800%가 넘는다.
③ 영주권자가 시민권자의 절반보다 많은 국가는 재외동포의 수가 3만 명 이상이다.
④ 재외동포 수가 가장 많은 국가는 시민권자, 영주권자, 일반 체류자의 인원도 각각 1순위이다.
⑤ 일반 체류자보다 시민권자가 많은 국가의 영주권자 수는 국가마다 300명 이상이다.

30 다음은 1년 동안 K병원을 찾은 당뇨병 환자에 대한 자료이다. 이에 대한 설명으로 옳지 않은 것은?

〈당뇨병 환자 수〉

(단위 : 명)

나이 \ 당뇨병	경증		중증	
	여성	남성	여성	남성
50세 미만	9	13	8	10
50세 이상	10	18	8	24

① 여성 환자 중 중증 환자의 비율은 45% 이상이다.
② 경증 환자 중 남성 환자의 비율은 중증 환자 중 남자 환자의 비율보다 높다.
③ 50세 이상 환자 수는 50세 미만 환자 수의 1.5배이다.
④ 중증 여성 환자의 비율은 전체 당뇨병 환자의 16%이다.
⑤ 50세 미만 남성 중 경증 환자 비율은 50세 이상 여성 중 경증 환자 비율보다 높다.

31 다음 중 자료에 대한 설명으로 옳지 않은 것은?(단, 증감률은 전년 대비 수치이다)

〈천연가스 생산 · 내수 · 수출 현황〉

(단위 : TOE, %)

구분		2020년	2021년	2022년	2023년	2024년
생산	생산량	4,086,308	3,826,682	3,512,926	4,271,741	4,657,094
	증감률	6.4	−6.4	−8.2	21.6	9.0
내수	생산량	1,219,335	1,154,483	1,394,000	1,465,426	1,474,637
	증감률	4.7	−5.3	20.7	5.1	0.6
수출	생산량	2,847,138	2,683,965	2,148,862	2,772,107	3,151,708
	증감률	7.5	−5.7	−19.9	29.0	13.7

① 2020년에는 전년 대비 생산, 내수, 수출이 모두 증가했다.
② 내수가 가장 큰 폭으로 증가한 해에는 생산과 수출이 모두 감소했다.
③ 수출이 증가했던 해는 생산과 내수도 증가했다.
④ 생산이 증가한 해에도 내수나 수출이 감소한 해가 있다.
⑤ 수출이 가장 큰 폭으로 증가한 해에는 생산도 가장 큰 폭으로 증가했다.

32 다음은 K헬스장의 2024년 4분기 프로그램 회원 수와 2025년 1월 예상 회원 수에 대한 자료이다. 〈조건〉을 토대로 방정식 $2a+b=c+d$가 성립할 때, b에 해당하는 회원 수는 몇 명인가?

〈K헬스장 운동 프로그램 회원 현황〉

(단위 : 명)

구분	2024년 10월	2024년 11월	2024년 12월	2025년 1월
요가	50	a	b	
G.X	90	98	c	
필라테스	106	110	126	d

조건
- 2024년 11월 요가 회원은 전월 대비 20% 증가했다.
- 2024년 4분기 필라테스 총 회원 수는 G.X 총 회원 수보다 37명이 더 많다.
- 2025년 1월 필라테스의 예상 회원 수는 2024년 4분기 필라테스의 월 평균 회원 수일 것이다.

① 110명
② 111명
③ 112명
④ 113명
⑤ 114명

33 다음은 자영업자들이 일을 그만두려는 이유에 대한 설문조사 자료이다. 빈칸 ㉠에 들어갈 수치로 옳은 것은?

〈연도별 자영업자들이 일을 그만두려는 이유〉

(단위 : %)

구분	더 나은 업종으로의 전환	보다 적성에 맞는 다른 일을 위해	임금근로로 취업을 위해	전망이 없거나, 사업부진	개인적인 사유	기타
2018년	14.9	6.7	4.8	44.9	24.3	4.4
2019년	10.5	㉠	3.6	47.3	23.9	6.5
2020년	14.4	7.1	2.3	48.5	26.6	1.1
2021년	14.1	6.3	4.8	38.3	35.8	0.7
2022년	8.3	7.5	6.0	38.5	34.5	5.2
2023년	8.2	6.7	5.6	41.8	31.4	6.3
2024년	12.0	7.9	9.0	51.6	16.0	3.5

① 8.2
② 8.9
③ 9.2
④ 9.4
⑤ 9.8

34 다음은 출발지 – 목적지 간 거리와 B씨가 이용하는 차종의 연비를 제시한 자료이다. 휘발유 · 경유의 분기별 리터당 공급가를 나타낸 그래프를 참고했을 때, 경유로 거래처를 순회한다면 10만 원의 예산으로 주행할 수 있는 최대 주행 가능 거리는 총 몇 km인가?

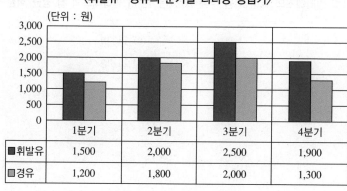

〈출발지 – 목적지 간 거리와 차종별 연비〉

출발지 – 목적지	거리(km)	차종	연비(km/L)
본사 – A사	25	001	20
A사 – B사	30	002	15
B사 – C사	25	003	15
C사 – D사	40	004	10
D사 – E사	30	005	10
E사 – F사	50	006	25

〈휘발유 · 경유의 분기별 리터당 공급가〉

(단위 : 원)

	1분기	2분기	3분기	4분기
■ 휘발유	1,500	2,000	2,500	1,900
▨ 경유	1,200	1,800	2,000	1,300

① 1,210km

② 1,220km

③ 1,230km

④ 1,240km

⑤ 1,250km

35 다음은 K사의 신입사원 선발조건이다. 〈보기〉의 지원자 중 최고득점자와 최저득점자를 바르게 연결한 것은?

〈K사 신입사원 선발조건〉

• 다음과 같은 항목에 따른 점수를 합산하여 최종점수(100점 만점)을 산정하여 점수가 가장 높은 지원자 2명을 신입사원으로 선발한다.

– 학위점수(30점 만점)

학위	학사	석사	박사
점수(점)	18	25	30

– 어학능력점수(20점 만점)

어학시험점수 (300점 만점)	50점 미만	50점 이상 ~ 150점 미만	150점 이상 ~ 220점 미만	220점 이상
점수(점)	8	14	17	20

– 면접점수(20점 만점)

총 인턴근무 기간	미흡	보통	우수
점수(점)	18	24	30

– 실무경험점수(20점 만점)

총 인턴근무 기간	4개월 미만	4개월 이상 ~ 8개월 미만	8개월 이상 ~ 12개월 미만	12개월 이상
점수(점)	12	16	18	20

보기

지원자	학위점수	어학시험점수(점)	면접점수	총 인턴근무 기간
A	학사	228	우수	8개월
B	석사	204	보통	11개월
C	학사	198	보통	9개월
D	박사	124	미흡	3개월

	최고득점자	최저득점자
①	A	B
②	A	D
③	B	C
④	B	D
⑤	C	D

36 다음 규칙을 토대로 판단할 때, 〈보기〉에서 적절한 것을 모두 고르면?

〈규칙〉

• △△배 씨름대회는 아래와 같은 대진표에 따라 진행되며, 11명의 참가자는 추첨을 통해 동일한 확률로 A부터 K까지의 자리 중에서 하나를 배정받아 대회에 참가한다.

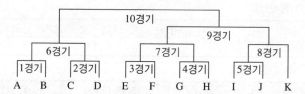

• 대회는 첫째 날에 1경기부터 시작되어 10경기까지 순서대로 매일 하루에 한 경기씩 쉬는 날 없이 진행되며, 매 경기에서는 무승부 없이 승자와 패자가 가려진다.
• 각 경기를 거듭할 때마다 패자는 제외시키면서 승자끼리 겨루어 최후에 남은 두 참가자 간에 우승을 가리는 승자 진출전 방식으로 대회를 진행한다.

보기

ㄱ. 이틀 연속 경기를 하지 않으면서 최소한의 경기로 우승할 수 있는 자리는 총 5개이다.
ㄴ. 첫 번째 경기에 승리한 경우 두 번째 경기 전까지 3일 이상을 경기 없이 쉴 수 있는 자리에 배정될 확률은 50% 미만이다.
ㄷ. 총 4번의 경기를 치러야 우승할 수 있는 자리에 배정될 확률이 총 3번의 경기를 치르고 우승할 수 있는 자리에 배정될 확률보다 높다.

① ㄱ
② ㄴ
③ ㄷ
④ ㄱ, ㄷ
⑤ ㄴ, ㄷ

37 A씨의 회사에서 신제품을 개발하여 중국시장에 진출하고자 한다. A씨의 상사가 3C 분석 결과를 건네며, 사업 계획에 반영하고 향후 해결해야 할 회사의 전략 과제가 무엇인지 정리하여 보고하라는 지시를 내렸다. 다음 중 회사에서 해결해야 할 전략 과제로 적절하지 않은 것은?

고객(Customer)	경쟁사(Competitor)	자사(Company)
• 중국시장은 매년 10% 성장 • 20~30대 젊은 층이 중심 • 온라인 구매가 약 80% 이상 • 인간공학 지향	• 중국기업들의 압도적인 시장점유 • 중국기업들 간의 치열한 가격경쟁 • A/S 및 사후관리 취약 • 생산 및 유통망 노하우 보유	• 국내시장 점유율 1위 • A/S 등 고객서비스 부문 우수 • 해외 판매망 취약 • 온라인 구매시스템 미흡(보안, 편의 등) • 높은 생산원가 구조 • 높은 기술개발력

① 중국시장의 판매유통망 구축
② 온라인 구매시스템 강화
③ 고객서비스 부문 강화
④ 원가 절감을 통한 가격 경쟁력 강화
⑤ 인간공학을 기반으로 한 제품 개발 강화

38 다음 〈조건〉이 모두 참이라고 할 때, 〈보기〉에서 항상 참인 것을 모두 고르면?

조건
• A, B, C, D 중 한 명의 근무지는 서울이다.
• A, B, C, D는 각기 다른 한 도시에서 근무한다.
• 갑, 을, 병 각각의 두 진술 중 하나는 참이고 다른 하나는 거짓이다.
• 갑은 "A의 근무지는 광주이다."와 "D의 근무지는 서울이다."라고 진술했다.
• 을은 "B의 근무지는 광주이다."와 "C의 근무지는 세종이다."라고 진술했다.
• 병은 "C의 근무지는 광주이다."와 "D의 근무지는 부산이다."라고 진술했다.

보기
ㄱ. A의 근무지는 광주이다.
ㄴ. B의 근무지는 서울이다.
ㄷ. C의 근무지는 세종이다.

① ㄱ
② ㄷ
③ ㄱ, ㄴ
④ ㄴ, ㄷ
⑤ ㄱ, ㄴ, ㄷ

39 다음은 문제의 유형에 대한 설명이다. 사례를 참고할 때, ㉠~㉢을 바르게 분류한 것은?

> 업무 수행 과정 중 발생한 문제를 효과적으로 해결하기 위해서는 문제의 유형을 파악하는 것이 우선시되어야
> 하며, 이러한 문제의 유형은 발생형 문제, 탐색형 문제, 설정형 문제의 세 가지로 분류할 수 있다.

> 〈사례〉
> ㉠ 지속되는 경기 악화에 따라 새로운 신약 개발에 사용되는 원료 중 일부의 단가가 상승할 것으로 예상되어
> 다른 공급처를 물색할 필요성이 대두되고 있다.
> ㉡ 새로운 신약 개발과정 중에서의 임상시험 중 임상시험자의 다수가 부작용을 보이고 있어 신약 개발이 전
> 면 중단되었다.
> ㉢ 현재는 신약 개발이 주 업무인 제약회사이지만, 매년 새로운 감염병이 발생하고 있는 현 실정에 진단키트
> 개발도 추진한다면 회사의 성장가능성은 더 커질 것으로 보고 있다.

	발생형 문제	탐색형 문제	설정형 문제
①	㉠	㉡	㉢
②	㉠	㉢	㉡
③	㉡	㉠	㉢
④	㉡	㉢	㉠
⑤	㉢	㉡	㉠

40 A~E를 포함한 여덟 명의 직원이 사내 체육대회에서 달리기 경기를 하였다. 경기 결과에 대한 정보가 다음 〈조건〉과 같을 때, 항상 옳은 것은?

> **조건**
> • A와 D는 연속으로 들어왔으나, C와 D는 연속으로 들어오지 않았다.
> • A와 B 사이에 3명이 있다.
> • B는 일등도, 꼴찌도 아니다.
> • E는 4등 또는 5등이고, D는 7등이다.
> • 5명을 제외한 3명 중에 꼴찌는 없다.

① C가 3등이다.　　　　　　　　　② A가 C보다 늦게 들어왔다.

③ E가 C보다 일찍 들어왔다.　　　　④ B가 E보다 늦게 들어왔다.

⑤ D가 E보다 일찍 들어왔다.

41 K공사는 워크숍에서 팀을 나눠 배드민턴 게임을 하기로 했다. 배드민턴 규칙은 실제 복식 경기방식을 따르기로 하고, 전략팀 직원 A, B와 총무팀 직원 C, D가 먼저 대결을 한다고 할 때, 다음과 같은 경기상황에 이어질 서브 방향 및 선수 위치로 가능한 것은?

〈배드민턴 복식 경기방식〉

• 점수를 획득한 팀이 서브권을 갖는다. 다만, 서브권이 상대팀으로 넘어가기 전까지는 팀 내에서 같은 선수가 연속해서 서브권을 갖는다.
• 서브하는 팀은 자신의 팀 점수가 0이거나 짝수인 경우는 우측에서, 점수가 홀수인 경우는 좌측에서 서브한다.
• 서브하는 선수로부터 코트의 대각선 위치에 선 선수가 서브를 받는다.
• 서브를 받는 팀은 자신의 팀으로 서브권이 넘어오기 전까지는 팀 내에서 선수끼리 서로 코트 위치를 바꾸지 않는다.
※ 좌측, 우측은 각 팀이 네트를 바라보고 인식하는 좌, 우임

〈경기상황〉

• 전략팀(A·B), 총무팀(C·D) 간 복식 경기 진행
• 3 : 3 동점 상황에서 A가 C에 서브하고 전략팀(A·B)이 1점 득점

점수	서브 방향 및 선수 위치	득점한 팀
3 : 3	D C / A B (A→C)	전략팀

①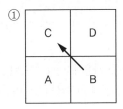

②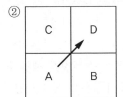

③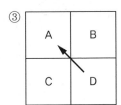

④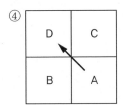

⑤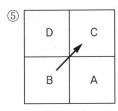

42 다음은 2024년 국가기록원의 비공개기록물 공개 재분류 사업 결과 및 현황이다. 이에 대한 설명으로 옳지 않은 것은?

〈비공개기록물 공개 재분류 사업 결과〉

(단위 : 건)

구분	합계	재분류 결과			
		공개			비공개
		소계	전부공개	부분공개	
합계	2,702,653	1,298,570	169,646	1,128,924	1,404,083
30년 경과 비공개기록물	1,199,421	1,079,690	33,012	1,046,678	119,731
30년 미경과 비공개기록물	1,503,232	218,880	136,634	82,246	1,284,352

〈30년 경과 비공개기록물 중 비공개로 재분류된 기록물의 비공개 사유별 현황〉

(단위 : 건)

합계	비공개 사유						
	법령상 비밀	국방 등 국익침해	국민의 생명 등 공익침해	재판 관련 정보	공정한 업무 수행 지장	개인 사생활 침해	특정인의 이익침해
119,731	619	313	54,329	18,091	24	46,298	57

① 2024년 '비공개기록물 공개 재분류 사업' 대상 전체 기록물 중 절반 이상이 다시 비공개로 재분류되었다.

② 30년 경과 비공개기록물 중 전부공개로 재분류된 기록물 건수가 30년 경과 비공개기록물 중 '개인 사생활 침해' 사유에 해당하여 비공개로 재분류된 기록물 건수보다 적다.

③ 30년 경과 비공개기록물 중 공개로 재분류된 기록물의 비율이 30년 미경과 비공개기록물 중 비공개로 재분류된 기록물의 비율보다 낮다.

④ 재분류 건수가 많은 것부터 순서대로 나열하면 30년 경과 비공개기록물은 부분공개, 비공개, 전부공개 순서이고 30년 미경과 비공개기록물은 비공개, 전부공개, 부분공개 순서이다.

⑤ 30년 경과 비공개기록물 중 '국민의 생명 등 공익침해'와 '개인 사생활 침해' 사유에 해당하여 비공개로 재분류된 기록물 건수의 합은 2024년 '비공개기록물 공개 재분류 사업' 대상 전체 기록물의 5% 이하이다.

43 다음 〈조건〉을 토대로 할 때, A~C 세 명이 가지고 있는 동전에 대한 설명 중 항상 참인 것은?

> **조건**
> • 세 명의 동전은 모두 20개이다.
> • A는 가장 많은 개수의 동전을 가지고 있으며, 가장 많은 개수의 동전을 가진 사람은 두 명 이상일 수 있다.
> • C의 동전을 모두 모으면 600원이다.
> • 두 명은 같은 개수의 동전을 가지고 있다.
> • 동전은 10원, 50원, 100원, 500원 중 하나이다.

① A에게 모든 종류의 동전이 있다면 A는 최소 690원을 가지고 있다.
② A는 최대 8,500원을 가지고 있다.
③ B와 C가 같은 개수의 동전을 가진다면 각각 4개 이상의 동전을 가진다.
④ B는 반드시 100원짜리를 가지고 있다.
⑤ A, B, C의 돈을 모두 모으면 최소 740원이다.

44 K공사 사내식당의 요리사인 철수와 설거지 담당인 병태가 있다. 요리에 사용되는 접시는 하나의 탑처럼 순서대로 쌓여 있다. 철수는 접시가 필요할 경우 이 접시탑의 맨 위에 있는 접시부터 하나씩 사용한다. 병태는 자신이 설거지한 깨끗한 접시를 해당 탑의 맨 위에 하나씩 쌓는다. 철수와 병태가 (가)~(라) 작업을 차례대로 수행하였다면 철수가 (라) 작업을 완료한 이후 접시탑의 맨 위에 있는 접시는?

> (가) 병태가 시간 순서대로 접시 A, B, C, D를 접시탑에 쌓는다.
> (나) 철수가 접시 한 개를 사용한다.
> (다) 병태가 시간 순서대로 접시 E, F를 접시탑에 쌓는다.
> (라) 철수가 접시 세 개를 순차적으로 사용한다.

① A
② B
③ C
④ D
⑤ E

45 어느 회사에서는 신입사원 채용을 위해 A ~ N직원 중 면접위원을 선발하고자 한다. 면접위원의 구성 조건을 참고할 때, 다음 중 적절하지 않은 것은?

〈면접위원 구성 조건〉

- 면접관은 총 6명으로 구성한다.
- 이사 이상의 직급으로 50% 이상 구성해야 한다.
- 인사팀을 제외한 모든 부서는 두 명 이상 선출할 수 없고, 인사팀은 반드시 두 명 이상을 포함한다.
- 모든 면접위원의 입사 후 경력은 3년 이상으로 한다.

직원	직급	부서	입사 후 경력
A	대리	인사팀	2년
B	과장	경영지원팀	5년
C	이사	인사팀	8년
D	과장	인사팀	3년
E	사원	홍보팀	6개월
F	과장	홍보팀	2년
G	이사	고객지원팀	13년
H	사원	경영지원	5개월
I	이사	고객지원팀	2년
J	과장	영업팀	4년
K	대리	홍보팀	4년
L	사원	홍보팀	2년
M	과장	개발팀	3년
N	이사	개발팀	8년

① L사원은 면접위원으로 선출될 수 없다.
② N이사는 반드시 면접위원으로 선출된다.
③ B과장이 면접위원으로 선출됐다면 K대리도 선출된다.
④ 과장은 두 명 이상 선출되었다.
⑤ 모든 부서에서 면접위원이 선출될 수는 없다.

※ K카페를 운영 중인 갑은 직원들의 출근 확인 코드를 다음 규칙에 따라 정하였다. 이어지는 질문에 답하시오.
 [46~47]

〈규칙〉

• 아래의 규칙 1 ~ 4는 이름과 생년월일을 기준으로 한다.
 1. 첫 번째 글자의 초성은 두 번째 글자의 초성 자리로, 두 번째 글자의 초성은 세 번째 글자의 초성 자리로, …, 마지막 글자의 초성은 첫 번째 글자의 초성 자리로 치환한다. → 강하늘=낭가흘
 2. 각 글자의 종성은 1의 규칙을 반대 방향으로 적용하여 옮긴다(종성이 없는 경우 종성의 빈자리가 이동한다). → 강하늘=가할능
 3. 생년월일에서 연도의 끝 두 자리를 곱하여 이름 앞에 쓴다. → 1993년생 강하늘=27강하늘
 4. 생년월일에서 월일에 해당하는 네 자리 숫자는 각각 1=a, 2=b, 3=c, 4=d, 5=e, 6=f, 7=g, 8=h, 9=i, 0=j로 치환하여 이름 뒤에 쓴다. → 08월 01일생 강하늘=강하늘jhja

46 1980년대생인 직원 B의 출근 확인 코드가 '64강형욱jabc'이라면 직원 B의 이름과 생년월일은?

① 강영훅, 1988년 1월 23일생

② 학영궁, 1980년 1월 23일생

③ 학영궁, 1988년 1월 23일생

④ 악경홍, 1980년 1월 23일생

⑤ 악경홍, 1988년 1월 23일생

47 다음 중 출근 확인 코드가 바르게 연결되지 않은 직원은?

① 2011년 03월 05일생, 최민건 → 1귄친머jcje

② 1998년 05월 11일생, 김사랑 → 72리강삼jeaa

③ 1985년 07월 26일생, 심이담 → 40디심암jgbf

④ 1992년 11월 01일생, 송하윤 → 18오산훙aaaj

⑤ 1996년 12월 20일생, 오하율 → 54오알휴abbj

48 K씨는 로봇청소기를 합리적으로 구매하기 위해 모델별로 성능을 비교·분석하였다. 다음 〈보기〉에 따라 K씨가 선택할 로봇청소기 모델은?

〈로봇청소기 모델별 성능 분석표〉

모델	청소 성능		주행 성능			소음 방지	자동 복귀	안전성	내구성	경제성
	바닥	카펫	자율주행 성능	문턱 넘김	추락 방지					
A	★★★	★	★★	★★	★★	★★★	★★★	★★★	★★★	★★
B	★★	★★★	★★★	★★★	★	★★★	★★	★★★	★★★	★★
C	★★★	★★★	★★★	★	★★★	★★★	★★★	★★★	★★★	★
D	★★	★★	★★★	★★	★	★★	★★	★★★	★★	★★
E	★★★	★★★	★★	★★★	★★	★★★	★★	★★★	★★★	★★★

※ ★★★ : 적합, ★★ : 보통, ★ : 미흡

보기

K씨 : 로봇청소기는 내구성과 안전성이 1순위이고 집에 카펫은 없으니 바닥에 대한 청소 성능이 2순위야. 글을 쓰는 아내를 위해서 소음도 중요하겠지, 문턱이나 추락할 만한 공간은 없으니 자율주행성능만 좋은 것으로 살펴보면 되겠네. 나머지 기준은 크게 신경 안 써도 될 것 같아.

① A모델
② B모델
③ C모델
④ D모델
⑤ E모델

49 A건설은 K공사의 건설사업과 관련한 입찰부정 의혹사건으로 감사원의 집중감사를 받았다. 감사원에서는 이 사건에 연루된 윤부장, 이과장, 김대리, 박대리 및 입찰담당자 강주임을 조사하여 최종적으로 다음과 같은 결론을 내렸다. 이를 토대로 입찰부정에 실제로 가담한 사람을 모두 고르면?

• 입찰부정에 가담한 사람은 정확히 두 명이다.
• 이과장과 김대리는 함께 가담했거나 혹은 가담하지 않았다.
• 윤부장이 가담하지 않았다면 이과장과 입찰담당자 강주임도 가담하지 않았다.
• 박대리가 가담하지 않았다면 김대리도 가담하지 않았다.
• 박대리가 가담하였다면 입찰담당자 강주임도 분명히 가담하였다.

① 윤부장, 이과장
② 이과장, 김대리
③ 김대리, 박대리
④ 윤부장, 강주임
⑤ 이과장, 박대리

50 다음 자료와 〈조건〉을 토대로 철수, 영희, 민수, 철호가 상품을 구입한 쇼핑몰을 순서대로 바르게 나열한 것은?

〈이용약관의 주요 내용〉

쇼핑몰	주문 취소	환불	배송비	포인트 적립
A	주문 후 7일 이내 취소 가능	10% 환불수수료, 송금수수료 차감	무료	구입 금액의 3%
B	주문 후 10일 이내 취소 가능	환불수수료, 송금수수료 차감	20만 원 이상 무료	구입 금액의 5%
C	주문 후 7일 이내 취소 가능	환불수수료, 송금수수료 차감	1회 이용 시 1만 원	없음
D	주문 후 당일에만 취소 가능	환불수수료, 송금수수료 차감	5만 원 이상 무료	없음
E	취소 불가능	고객 귀책 사유에 의한 환불 시에만 10% 환불수수료	1만 원 이상 무료	구입 금액의 10%
F	취소 불가능	원칙적으로 환불 불가능 (사업자 귀책 사유일 때만 환불 가능)	100g당 2,500원	없음

조건

- 철수는 부모님의 선물로 등산 용품을 구입하였는데, 판매자의 업무 착오로 배송이 지연되어 판매자에게 전화로 환불을 요구하였다. 판매자는 판매금액 그대로를 통장에 입금해 주었고 구입 시 발생한 포인트도 유지하여 주었다.
- 영희는 옷을 구매할 때 배송비를 고려하여 한 가지씩 여러 번에 나누어 구매하기보다는 가능한 한 한꺼번에 주문하곤 하였다.
- 인터넷 사이트에서 영화티켓을 20,000원에 구매한 민수는 다음 날 같은 티켓을 18,000원에 파는 사이트를 발견하고 전날 구매한 티켓을 취소하려 했지만 취소가 되지 않아 곤란을 겪은 적이 있다.
- 가방을 10만 원에 구매한 철호는 도착한 물건의 디자인이 마음에 들지 않아 환불 및 송금수수료와 배송비를 감수하는 손해를 보면서도 환불할 수밖에 없었다.

	철수	영희	민수	철호
①	E	B	C	D
②	E	C	B	D
③	E	D	F	C
④	F	C	E	B
⑤	F	E	D	B

51 다음 중 한국철도공사법상 한국철도공사가 아닌 자가 한국철도공사와 유사한 명칭을 사용한 경우 부과할 수 있는 과태료는?

① 500만 원   ② 1,000만 원

③ 2,000만 원   ④ 3,000만 원

⑤ 5,000만 원

52 다음 중 철도사업법령상 민자철도사업자에 대한 과징금을 2분의 1의 범위에서 감액할 수 없는 경우는?

① 과징금을 체납하고 있는 위반자의 경우

② 위반행위가 오류로 인한 것으로 인정된 경우

③ 위반행위가 사소한 부주의에 의한 것으로 인정된 경우

④ 위반행위의 동기와 그 결과를 고려할 때 과징금을 줄일 필요가 인정된 경우

⑤ 위반행위자가 위반행위를 바로 정정하여 철도사업법 위반상태를 해소한 경우

53 다음 중 철도산업발전기본법령에서 철도자산의 관리업무를 민간위탁하고자 할 때 계약에 포함되지 않는 것은?

① 위탁대가의 지급에 관한 사항

② 위탁계약기간의 수정에 관한 사항

③ 위탁대상시설의 재위탁에 관한 사항

④ 위탁대상 철도자산의 관리에 관한 사항

⑤ 위탁업무에 대한 관리 및 감독에 관한 사항

54 다음 중 철도사업법령상 국토교통부장관이 여객운임의 상한을 지정할 때 고려해야 할 내용이 아닌 것은?

① 원가수준   ② 물가상승률

③ 철도차량의 유형   ④ 철도이용수요

⑤ 다른 교통수단과의 형평성

55 다음 중 한국철도공사법의 내용으로 옳지 않은 것은?

① 한국철도공사는 법인으로 한다.

② 국가가 공사에 출자를 할 때에는 국유재산법에 따른다.

③ 국가는 철도산업발전기본법에 따른 운영자산을 공사에 현물로 출자한다.

④ 공사가 아닌 자는 한국철도공사 또는 이와 유사한 명칭을 사용하지 못한다.

⑤ 공사의 임직원은 그 직무상 알게 된 비밀을 누설하거나 도용하여서는 아니 된다.

56 다음 중 철도사업법상 국토교통부장관이 철도사업자의 면허를 취소해야 하는 경우는?

① 철도사업의 면허기준에 미달하게 된 경우

② 면허받은 사항을 정당한 사유 없이 시행하지 아니한 경우

③ 거짓이나 그 밖의 부정한 방법으로 철도사업의 면허를 받은 경우

④ 고의 또는 중대한 과실에 의해 다수의 사상자(死傷者)가 발생한 경우

⑤ 국토교통부장관이 지정한 날 또는 기간에 운송을 시작하지 아니한 경우

57 다음 철도산업발전기본법상 거짓이나 그 밖의 부정한 방법으로 철도시설 사용료에 따른 허가를 받은 자에 대한 벌칙은?

① 3년 이하의 징역 또는 5천만 원 이하의 벌금

② 2년 이하의 징역 또는 3천만 원 이하의 벌금

③ 1년 이하의 징역 또는 1천만 원 이하의 벌금

④ 1년 이하의 징역 또는 500만 원 이하의 벌금

⑤ 1천만 원 이하의 과태료

58 다음 중 철도산업발전기본법상 공익서비스 제공에 따른 보상계약의 내용이 아닌 것은?

① 계약기간 및 계약기간의 수정·갱신과 계약의 해지에 관한 사항

② 원인제공자와 철도운영자가 필요하다고 합의하는 사항

③ 철도운영자가 제공하는 철도서비스의 기준과 내용에 관한 사항

④ 철도운영자가 국가의 특수목적사업을 수행함으로써 발생되는 비용

⑤ 공익서비스 제공과 관련하여 원인제공자가 부담하여야 하는 보상내용

59 다음 중 한국철도공사법상 국토교통부장관이 한국철도공사의 업무와 관련하여 지도·감독할 사항이 아닌 것은?

① 철도사업계획의 이행에 관한 사항

② 철도서비스 품질 개선에 관한 사항

③ 연도별 사업계획 및 예산에 관한 사항

④ 역시설의 개발 및 운영사업에 관한 사항

⑤ 철도시설·철도차량·열차운행 등 철도의 안전을 확보하기 위한 사항

60 다음은 철도사업법령상 사업계획 변경을 제한할 수 있는 철도사고의 기준이다. 빈칸에 들어갈 내용을 순서대로 바르게 나열한 것은?

사업계획의 변경을 신청한 날이 포함된 연도의 직전 연도의 열차운행거리 _____ km당 철도사고(철도사업자 또는 그 소속 종사자의 고의 또는 과실에 의한 철도사고)로 인한 사망자 수 또는 철도사고의 발생횟수가 최근(직전연도를 제외) 5년간 평균보다 _____ 이상 증가한 경우를 말한다.

---

① 5만, 10분의 1

② 10만, 10분의 1

③ 10만, 10분의 2

④ 100만, 10분의 1

⑤ 100만, 10분의 2

3일 차
기출응용 모의고사

〈모의고사 안내〉

평가영역	문항 수	시험시간	모바일 OMR 답안채점/성적분석 서비스
[NCS] 의사소통능력＋수리능력＋문제해결능력 [철도법령] 철도 관련 법령	60문항	70분	

※ 수록 기준
　철도산업발전기본법 : 법률 제18693호(시행 22.7.5.), 철도산업발전기본법 시행령 : 대통령령 제32759호(시행 22.7.5.)
　한국철도공사법 : 법률 제15460호(시행 19.3.14.), 한국철도공사법 시행령 : 대통령령 제35228호(시행 25.1.31.)
　철도사업법 : 법률 제20702호(시행 25.1.21.), 철도사업법 시행령 : 대통령령 제33795호(시행 24.1.1.)

3일 차 기출응용 모의고사

| 01 | 직업기초능력평가

01 다음 글의 주제로 가장 적절한 것은?

> 소액주주의 권익을 보호하고, 기업 경영의 투명성을 높여 궁극적으로 자본시장에서 기업의 자금 조달을 원활히 함으로써 기업의 중장기적인 가치를 제고해 나가기 위해 집단 소송제 도입이 필요하다.
> 즉, 집단 소송제의 도입은 국민 경제뿐만 아니라 기업 스스로의 가치 제고를 위해서도 바람직한 것이다. 현재 집단 소송제를 시행하고 있는 미국의 경우 전 세계적으로 자본시장이 가장 발달되었으며 시장의 투명성과 공정성이 높아 기업들이 높은 투자가치를 인정받고 있다.

① 집단 소송제는 시장에 의한 기업 지배 구조 개선을 가능하게 한다.
② 집단 소송제를 도입할 경우 경영의 투명성을 높여 결국 기업에 이득이 된다.
③ 기업의 투명성과 공정성은 집단 소송제의 시행 유무에 따라 판단된다.
④ 제도를 도입함으로써 제기되는 부작용은 미국의 경험과 사례로 방지할 수 있다.
⑤ 선진국 계열에 올라서기 위해서 집단 소송제를 시행해야 한다.

02 다음 〈보기〉 중 바람직한 경청의 자세를 가진 사람을 모두 고르면?

> **보기**
> 갑 : 자신의 잘못에 대해 상사가 나무라자 고개를 숙이고 바닥만 응시하다가 상사의 말이 다 끝나자 잘못하였다고 말하였다.
> 을 : 후배가 자신의 생각에 반대하는 의견을 말하자 다리를 꼬고 앉아 후배를 말하는 내내 계속하여 쳐다봤다.
> 병 : 바쁘게 일하는 나머지 동료직원이 다가와 도움을 요청한 소리를 제대로 듣지 못해 동료직원에게 상체를 기울여 다시 말해 줄 것을 요청하였다.

① 갑
② 을
③ 병
④ 갑, 을
⑤ 갑, 병

03 다음 중 글의 내용으로 적절하지 않은 것은?

> 최근 거론되고 있는 건 전자 파놉티콘(Panopticon)이다. 각종 전자 감시 기술은 프라이버시에 근본적인 위협으로 대두되고 있다. '감시'는 거대한 성장 산업으로 비약적인 발전을 거듭하고 있다. 2003년 7월 '노동자 감시 근절을 위한 연대모임'이 조사한 바에 따르면, 한국에서 전체 사업장의 90%가 한 가지 이상의 방법으로 노동자 감시를 하고 있는 것으로 밝혀졌다. "24시간 감시에 숨이 막힌다."라는 말까지 나오고 있다.
>
> 최근 러시아에서는 공무원들의 근무 태만을 감시하기 위해 공무원들에게 감지기를 부착시켜 놓고 인공위성 추적 시스템을 도입하는 방안을 둘러싸고 논란이 벌어지고 있다. 전자 감시 기술은 인간의 신체 속까지 파고들어갈 만반의 준비를 갖추고 있다. 어린아이의 몸에 감시 장치를 내장하면 아이의 안전을 염려할 필요는 없겠지만, 그게 과연 좋기만 한 것인지, 또한 그 기술이 다른 좋지 않은 목적에 사용될 위험은 없는 것인지 따져볼 일이다. 감시를 위한 것이 아니라 하더라도 전자 기술에 의한 정보의 집적은 언제든 개인의 프라이버시를 위협할 수 있다.

① 전자 기술의 발전이 순기능만을 가지는 것은 아니다.

② 전자 감시 기술의 발달은 필연적이므로 프라이버시를 위협할 수도 있다.

③ 감시를 당하는 사람은 언제나 감시당하고 있다는 생각 때문에 자기 검열을 강화하게 될 것이다.

④ 전자 기술 사용의 일상화는 의도하지 않은 프라이버시 침해를 야기할 수도 있다.

⑤ 직장은 개인의 생활공간이라기보다 공공장소로 보아야 하므로 프라이버시의 보호를 바라는 것은 지나친 요구이다.

04 다음 중 문서적인 의사소통에 대한 설명으로 적절하지 않은 것은?

① 업무지시 메모, 업무보고서 작성 등이 있다.

② 문서적인 의사소통은 정확하지 않을 수 있다.

③ 언어적인 의사소통보다 권위감이 있다.

④ 언어적인 의사소통에 비해 유동성이 크다.

⑤ 언어적인 의사소통보다 전달성이 높고 보존성이 크다.

05 다음 글을 읽고 알 수 있는 내용으로 적절하지 않은 것은?

우리는 매일의 날씨를 직접 체감하며 살아간다. 어제는 더웠기 때문에 오늘은 옷을 얇게 입고, 저녁에 비가 내리기 시작했기 때문에 다음날 가방에 우산을 챙기기도 한다. 즉, 과거의 날씨를 체험했기 때문에 오늘과 내일의 날씨를 준비하며 살아갈 수 있는 것이다. 이 때문에 19세기 중반부터 전 세계의 기상 관측소와 선박, 부표에서 온도를 측정해왔고, 이를 통해 지난 160년 동안의 온도 변화를 알아낼 수 있었다. 또한 수천 년 동안의 역사 기록물을 통하여 기후와 관련된 정보를 파악함은 물론, 위성 체계가 갖춰진 1979년 이후부터는 지상 위 인간의 시야를 벗어나 대류권, 성층권에서도 지구의 기후 변화를 감시할 수 있게 되었다.

그렇다면 기록 이전의 기후를 알 수 있는 방법은 무엇일까? 인류는 '기후 대리지표'라고 불리는 바다의 퇴적물이나 산호, 빙하, 나무 등에 나타난 반응을 토대로 과거 기후를 추측하고 있다. 이러한 기후 대리지표를 분석하기 위해서는 물리학, 화학, 생물학 등 기초과학을 필요로 한다.

바다의 퇴적물은 1억 7,000만 년 이상 된 해저가 없어 최대 1억 5,000만 년 전까지의 기후가 산출된다. 특히 고요한 바닷가의 물에서 어떠한 방해 없이 쌓인 퇴적물은 대륙에서만 발견되며 1억 7,000만 년을 넘는 과거의 기후를 알 수 있는데, 퇴적물에 포함된 플랑크톤 껍질에 당시의 기후 변화가 담겨 있다.

'얼음 기둥'은 극지방에 쌓인 눈이 얼음으로 변하고, 또 다시 눈이 쌓여 얼음이 되는 과정을 수십만 년 동안 반복해 만들어진 빙하를 막대기 모양으로 시추한 것을 의미한다. 남극 대륙의 빙하 기둥에서는 약 80만 년 전, 그린란드 빙하에서는 12만 5,000년 전 기후를 알 수 있으며, 산악 빙하의 경우에는 최대 1만 년 전까지의 기후 정보를 담고 있다.

한편, 위와 같은 퇴적물이나 빙하 기둥 안에 있는 산소동위원소를 이용하여 과거 온도를 알 수도 있다. 빙하의 물 분자는 가벼운 산소로 구성되는 비율이 높고 빙하기에는 바닷물에 무거운 산소 비율이 높아지기 때문에, 온도가 낮은 물에서 무거운 산소는 가벼운 산소보다 탄산칼슘에 더 많이 녹아 들어간다. 이를 이용해 퇴적물의 플랑크톤 껍질 속 탄산칼슘의 산소동위원소 비율로 과거 바닷물 온도를 알 수 있는 것이다. 또한 빙하를 만드는 눈의 경우 기온이 높아질수록 무거운 산소 비율이 높아지는 것을 이용해 과거 온도를 추정하기도 한다.

① 빙하를 만드는 눈은 기온이 높아질수록 무거운 산소에 비해 가벼운 산소 비율이 낮아진다.
② 기후 대리지표를 통하여 인류가 기록하기 전의 기후도 알 수 있게 되었다.
③ 대륙의 퇴적물을 이용하면 바다의 퇴적물로는 알 수 없는 과거의 기후 변화를 알 수 있다.
④ 얼음 기둥으로 가장 오래 전 기후를 알기 위해서는 산악 빙하나 그린란드 빙하보다는 남극 대륙의 빙하를 시추해야 한다.
⑤ 19세기 후반부터 세계 각지에서 온도를 측정하기 시작해 1979년 이후부터는 전 세계가 기후 변화를 감시하게 되었다.

06 다음 (가) ~ (마) 중 〈보기〉의 문장이 들어갈 위치로 가장 적절한 곳은?

유럽, 특히 영국에서 가장 사랑받는 음료인 홍차의 기원은 16세기 중엽 중국에서 시작된 것으로 전해지고 있다. (가) 본래 홍차보다 덜 발효된 우롱차가 중국에서 만들어져 유럽으로 수출되기 시작했고, 그중에서도 강하게 발효된 우롱차가 환영을 받으면서 홍차가 탄생하게 되었다는 것이다. 중국인들이 녹차와 우롱차의 차이를 설명하는 과정에서 쓴 영어 'Black Tea'가 홍차의 어원이 되었다는 것이 가장 강력한 가설로 꼽히고 있다. (나) 홍차는 1662년 찰스 2세가 포르투갈 출신의 캐서린 왕비와 결혼하면서 영국에 전해지게 되는데, 18세기 초에 영국은 홍차의 최대 소비국가가 된다. (다) 영국에서의 홍차 수요가 급증함과 동시에 홍차의 가격이 치솟아 무역적자가 심화되자, 영국 정부는 자국 내에서 직접 차를 키울 수는 없을까 고민하지만 별다른 방법을 찾지 못했고, 홍차의 고급화는 점점 가속화됐다. (라) 하지만 영국의 탐험가인 로버트 브루스 소령이 아삼 지방에서 차나무의 존재를 발견하면서 홍차산업의 혁명이 도래하는데, 아삼 지방에서 발견한 차는 찻잎의 크기가 중국종의 3배쯤이며 열대기후에 강하고, 홍차로 가공했을 때 중국차보다 뛰어난 맛을 냈다. 그러나 아이러니하게도 아삼 홍차는 3대 홍차에 꼽히지 않는데 이는 19세기 영국인들이 지닌 차에 대한 인식 때문이다. (마) 당시 중국차에 대한 동경과 환상을 지녔던 영국인들은 식민지에서 자생한 차나무가 중국의 차나무보다 우월할 것이라고 믿지 못했기에 아삼차를 서민적인 차로 취급한 것이었다.

보기

이처럼 홍차가 귀한 취급을 받았던 이유는 중국이 차의 수출국이란 유리한 입지를 지키기 위하여 차의 종자, 묘목의 수출 등을 엄중하게 통제함과 동시에 차의 기술이나 제조법을 극단적으로 지켰기 때문이다.

① (가)
② (나)
③ (다)
④ (라)
⑤ (마)

07 다음 글을 뒷받침하는 사례로 적절하지 않은 것은?

러시아 형식주의자인 야콥슨은 문학을 '일상 언어에 가해진 조직적인 폭력'이라 말한다. 즉 문학은 일상 언어를 변형하여 강도 있게 하며 일상적인 말로부터 계획적으로 일탈한다는 것이다. 낯설게 하기는 문학 언어를 일상 언어와 구별시켜 주는 근본이다. 우리는 일상 언어를 사용하고 있으나 그 상투성으로 인해 우리의 의식은 고여 있는 물처럼 새롭게 생성되지 못하고 스테레오 타입으로 고정되고 자동화된다. 광고 카피에서 기존의 식상한 표현을 벗어나 놀라움을 주기 위해선 도식적인 공식, 즉 법칙을 파괴하는 창조적 행위가 수반되어야 하는데 그것이 바로 문학에서 말한 이것과 같은 의미이다.

① 난 샐러드를 마신다! – ○○유업의 요구르트 광고
② 이젠, 빛으로 요리하세요! – ○○전자의 전자레인지 광고
③ 차도 이 맛을 안다. – ○○정유의 기름 광고
④ 우리는 젊음의 모든 것을 사랑한다. – ○○그룹의 기업 광고
⑤ 피부가 먹을 수 있게 양보하세요! – ○○그룹의 화장품 광고

08 다음 〈보기〉 중 경청에 대한 설명으로 적절하지 않은 것을 모두 고르면?

> **보기**
> ㄱ. 상대방의 성격상 지나친 경청은 부담스러워할 수 있으므로, 최대한 거리를 두며 듣는다.
> ㄴ. 경청을 통해 상대방의 메시지와 감정이 더욱 효과적으로 전달될 수 있다.
> ㄷ. 상대의 말에 대한 경청은 상대에게 본능적 안도감을 제공한다.
> ㄹ. 경청을 하는 사람은 상대의 말에 무의식적 믿음을 갖게 된다.

① ㄱ   ② ㄴ
③ ㄱ, ㄷ   ④ ㄱ, ㄹ
⑤ ㄴ, ㄷ, ㄹ

09 A씨 부부는 대화를 하다 보면 사소한 다툼으로 이어지곤 한다. A씨의 아내는 A씨가 자신의 이야기를 제대로 들어주지 않기 때문이라고 생각한다. 다음 사례에 나타난 A씨의 경청을 방해하는 습관은 무엇인가?

> A씨의 아내가 남편에게 직장에서 업무 실수로 상사에게 혼난 일을 이야기하자 A씨는 "항상 일을 진행하면서 꼼꼼하게 확인하라고 했잖아요. 당신이 일을 처리하는 방법이 잘못됐어요. 다음부터는 일을 하기 전에 미리 계획을 세우고 체크리스트를 작성해 보세요."라고 이야기했다. A씨의 아내는 이런 대답을 듣자고 이야기한 것이 아니라며 더 이상 이야기하고 싶지 않다고 말하며 밖으로 나가 버렸다.

① 짐작하기   ② 걸러내기
③ 판단하기   ④ 조언하기
⑤ 옳아야만 하기

10 다음 글의 빈칸에 들어갈 내용으로 가장 적절한 것은?

현대 의학에서는 노화를 생명체가 가지는 어쩔 수 없는 노쇠 현상이라는 생각에서 벗어나 하나의 질병으로 인식하게 되었다. 노화가 운명이라면 순응할 수밖에 없지만, 만약 질병이라면 이에 대처할 가능성이 열리게 된다. 아직 노화의 정확한 원인은 모르지만 노화에 대처할 수 있는 여러 가능성을 찾아내게 되었는데, 그 이론들을 요약하면 다음과 같다.

첫째, 인간의 생체를 기계에 비유하는 소모설이 있다. 기계를 오래 쓰면 부품이 마모되고 접합부가 낡아서 고장이 잦아지는 것과 같이 인간도 세월의 흐름에 부대끼다 보면 아무래도 여기저기가 낡고 삐걱대기 마련인데, 이게 노화라는 것이다. 생체를 너무 오래, 그리고 험하게 쓰면 가동률이 떨어져서 늙어버리고 결국은 죽게 된다는 것이 이 주장의 요지인데, 이는 _____ 을 완전히 무시하고 있다.

둘째, 생체는 태어날 때 이미 어느 정도의 한계 에너지를 가지고 있다는 생체 에너지설이 있다. 곤충이나 파충류들의 경우, 겨울잠을 자는 동안에는 대사율을 극소화하여 생명을 연장하지만, 실제로 활동을 시작하면 고작 며칠 또는 길어야 몇 달 후에는 생명이 소진되어 죽는 종류가 많다는 점이 이 가설을 뒷받침해 준다. 그러나 인간의 경우에는 예외가 많아서 확실하지 않은 가설일 뿐이다.

셋째, DNA 에러설이다. 우리 몸의 세포는 끊임없이 분열한다. 세포가 분열할 때마다 DNA 역시 복제되는데, DNA의 염기쌍은 염색체마다 적게는 5천만 개에서 많게는 2억 5천만 개쯤 존재한다. 물론 DNA 합성 효소의 에러 발생률은 1천만 분의 1 정도로 낮은 데다가 프루프 리딩(Proof Reading)이라고 하여 복제 상의 에러 발생을 다시 확인하여 고치는 기능도 갖고 있지만, 워낙 많은 숫자를 복제하다 보니 어쩔 수 없이 에러가 생기게 마련이라는 것이다. 사람이 나이를 먹으면 먹을수록 세포 분열 횟수도 늘어나고, 그만큼 DNA에 에러가 많이 축적되므로 결국은 그 스트레스를 이기지 못하고 세포가 죽게 되며, 그만큼의 수명이 줄어든다는 것이다. 또한, 이런 DNA 에러들은 담배나 석면, 탄 음식 등에 섞여 있는 발암물질, 각종 공해물질, 방사선 등 외부의 해로운 물질에 많이 노출되면 훨씬 늘어나게 되는데, 이런 유해 물질에 되도록 적게 노출되면 그만큼의 DNA 에러를 줄일 수 있어서 수명을 연장할 수 있다는 것이다. 담배를 끊고, 맑은 공기를 마시고, 생식을 하면 건강해져 노화를 지연시킬 수 있다는 말은 이 가설에 근거를 둔 이야기이다.

넷째, 유해한 산소가 체내의 단백질을 산화시켜서 세포에 치명적인 영향을 준다는 유해산소설이 있다. 인간은 호흡으로 들이마신 산소를 가지고 음식을 산화시켜 에너지를 만들어 내는데, 그 과정에서 불가피하게 유독물질인 유해산소가 발생하여 우리 몸에 손상을 입히게 된다. 다행히 인체는 유해산소를 처리할 수 있는 능력이 있지만, 체내의 방어능력으로는 처리하지 못할 정도의 과다한 유해산소가 발생한다면 문제는 심각해진다. 공해물질, 담배, 과도한 약물, 화학 처리가 된 가공식품 등의 이물질이 들어가면 유해산소가 더 많이 발생한다. 이물질이 들어오면 인간의 몸은 이를 처리하기 위해 장기간 가동을 하게 되고, 어쩔 수 없이 대사 과정의 부산물인 유해산소도 필요 이상으로 생성된다. 또한, 식물성보다는 동물성 음식을 섭취할 때, 그리고 과식을 하거나 스트레스를 많이 받을 때에도 에너지를 많이 발산하기 때문에 유해산소의 양이 그만큼 늘어난다는 것이다. 이 경우, 유해산소의 양을 줄일 수 있다면 노화를 방지할 수 있다.

이 밖에 신진대사 과정에서 생긴 유해 물질이 체외로 배설되지 않고 축적되어 세포 기능을 쇠퇴시켜 노화를 일으킨다는 유해 물질 축적설, 유기체마다 각각의 DNA에 얼마나 오래 살 것인가를 결정하는 유전 부호가 있어 프로그래밍이 된 세포 분열 횟수만큼 분열하고 나면 유기체는 기능이 쇠퇴하고 결국 죽는다는 DNA 프로그램 가설 등 다양한 노화 가설이 있다.

① 생체는 유전자를 생성해 낸다는 것
② 생체의 기능이 서서히 노화된다는 것
③ 생체는 돌연변이를 일으켜 진화한다는 것
④ 생체는 기계와 달리 재생 능력이 있다는 것
⑤ 생체에는 노화를 억제하는 호르몬이 있다는 것

11 다음 중 글의 내용으로 적절하지 않은 것은?

> 종종 독버섯이나 복어 등을 먹고 사망했다는 소식을 접한다. 그럼에도 우리는 흔히 천연물은 안전하다고 생
> 각한다. 자연에 존재하는 독성분이 천연화합물이라는 것을 쉽게 인지하지 못하는 것이다. 이처럼 외부에 존
> 재하는 물질 외에 우리 몸 안에도 여러 천연화합물이 있는데, 부신에서 생성되는 아드레날린이라는 호르몬이
> 그 예이다.
> 아드레날린은 1895년 폴란드의 시불스키(Napoleon Cybulski)가 처음으로 순수하게 분리했고, 1897년 미
> 국 존스홉킨스 대학의 아벨(John Jacob Abel)이 그 화학 조성을 밝혔다.
> 처음에는 동물의 부신에서 추출한 아드레날린을 판매하였으나 1906년, 합성 아드레날린이 시판되고부터 현
> 재는 모두 합성 제품이 사용되고 있다.
> 우리가 경계하거나 위험한 상황에 처하면 가슴이 두근거리면서 심박과 순환하는 혈액의 양이 늘어나게 되는
> 데, 이는 아드레날린 때문이다. 아드레날린은 뇌의 신경 자극을 받은 부신에서 생성되어 혈액으로 들어가 빠
> 르게 수용체를 활성화시킨다. 이처럼 아드레날린은 위험을 경계하고 그에 대응해야 함을 알리는 호르몬으로
> '경계, 탈출의 호르몬'이라고도 불린다. 또한 아드레날린은 심장마비, 과민성 쇼크, 심한 천식, 알레르기 등에
> 처방되고 있으며, 안구 수술 전 안압 저하를 위한 안약으로 쓰이는 등 의학에서 널리 쓰이고 있다.
> 그러나 아드레날린은 우리 몸에서 생산되는 천연화합물임에도 독성이 매우 커 LD50(50%가 생존 또는 사망
> 하는 양)이 체중 킬로그램당 4mg이다. 이처럼 아드레날린은 생명을 구하는 약인 동시에 심장이 약한 사람이나
> 환자에게는 치명적인 독이 된다. 그러므로 모든 천연화합물이 무독하거나 무해하다는 생각은 버려야 한다.

① 아드레날린은 우리 몸속에 존재한다.
② 우리가 놀랄 때 가슴이 두근거리는 것은 아드레날린 때문이다.
③ 현재는 합성 아드레날린을 사용하고 있다.
④ 천연 아드레날린은 합성 아드레날린과는 다른 물질이다.
⑤ 독버섯 등에 포함된 독성분은 천연화합물이다.

12 다음 글에 대한 추론으로 가장 적절한 것은?

> 파스타(Pasta)는 밀가루와 물을 주재료로 하여 만든 반죽을 소금물에 넣고 삶아 만드는 이탈리아 요리를 총칭하는데, 파스타 요리의 가장 중요한 재료인 면을 의미하기도 한다.
>
> 파스타는 350여 가지가 넘는 다양한 종류가 있는데, 형태에 따라 크게 롱(Long) 파스타와 쇼트(Short) 파스타로 나눌 수 있다. 롱 파스타의 예로는 가늘고 기다란 원통형인 스파게티, 넓적하고 얇은 면 형태인 라자냐를 들 수 있고, 쇼트 파스타로는 속이 빈 원통형인 마카로니, 나선 모양인 푸실리를 예로 들 수 있다.
>
> 역사를 살펴보면, 기원전 1세기경에 고대 로마시대의 이탈리아 지역에서 라자냐를 먹었다는 기록이 전해진다. 이후 9 ~ 11세기에는 이탈리아 남부의 시칠리아에서 아랍인들로부터 제조 방법을 전수받아 건파스타(Dried Pasta)의 생산이 처음으로 이루어졌다고 한다. 건파스타는 밀가루에 물만 섞은 반죽으로 만든 면을 말린 것인데, 이는 시칠리아에서 재배된 듀럼(Durum) 밀이 곰팡이나 해충에 취약해 장기 보관이 어려웠기 때문에 저장기간을 늘리고 수송을 쉽게 하기 위함이었다.
>
> 듀럼 밀은 주로 파스타를 만들 때 사용하는 특수한 품종으로 일반 밀과 여러 가지 측면에서 차이가 난다. 일반 밀이 강수량이 많고 온화한 기후에서 잘 자라는 반면, 듀럼 밀은 주로 지중해 지역과 같이 건조하고 더운 기후에서 잘 자란다. 또한 일반 밀로 만든 하얀 분말 형태의 고운 밀가루는 이스트를 넣어 발효시킨 빵과 같은 제품들에 주로 사용되고, 듀럼 밀을 거칠게 갈아 만든 황색의 세몰라 가루는 파스타를 만드는 데 적합하다.

① 속이 빈 원통형인 마카로니는 롱 파스타의 한 종류이다.
② 건파스타 제조 방법은 시칠리아인들로부터 아랍인들에게 최초로 전수되었다.
③ 이탈리아 지역에서는 기원전부터 롱 파스타를 먹은 것으로 보인다.
④ 파스타를 만드는 데 사용하는 세몰라 가루는 곱게 갈아 만든 흰색의 가루이다.
⑤ 듀럼 밀은 곰팡이나 해충에 강해 건파스타의 주재료로 적합하다.

13 다음 중 밑줄 친 단어의 맞춤법이 옳은 것은?

① 그는 손가락으로 북쪽을 <u>가르켰다</u>.
② <u>뚝배기</u>에 담겨 나와서 시간이 지나도 식지 않았다.
③ 열심히 하는 것은 좋은데 <u>촛점</u>이 틀렸다.
④ 몸이 너무 약해서 보약을 <u>다려</u> 먹어야겠다.
⑤ 벽을 가득 덮고 있는 <u>덩쿨</u> 덕에 여름 분위기가 난다.

※ 다음 글을 읽고 이어지는 질문에 답하시오. [14~15]

인지 부조화는 한 개인이 가지는 둘 이상의 사고, 태도, 신념, 의견 등이 서로 일치하지 않거나 상반될 때 생겨나는 심리적인 긴장 상태를 의미한다. 인지 부조화는 불편함을 유발하기 때문에 사람들은 이것을 감소시키려고 한다. 인지 부조화를 감소시키는 방법은 서로 모순 관계에 있어서 양립할 수 없는 인지들 가운데 하나 이상의 인지가 갖는 내용을 바꾸어 양립할 수 있게 만들거나, 서로 모순되는 인지들 간의 차이를 좁힐 수 있는 새로운 인지를 추가하여 부조화된 인지 상태를 조화된 상태로 전환하는 것이다.

그런데 실제로 부조화를 감소시키는 행동은 비합리적인 면이 있다. 그 이유는 그러한 행동들이 사람들로 하여금 중요한 사실을 배우지 못하게 하고 자신들의 문제에 대해서 실제적인 해결책을 찾지 못하도록 할 수 있기 때문이다. 부조화를 감소시키려는 행동은 자기방어적인 행동이고, 부조화를 감소시킴으로써 우리는 자신의 긍정적인 이미지, 즉 자신이 선하고 현명하며 상당히 가치 있는 인물이라는 긍정적인 측면의 이미지를 유지하게 된다. 비록 자기방어적인 행동이 유용한 것으로 생각될 수 있지만, 이러한 행동은 부정적인 결과를 초래할 수 있다.

한 실험에서 연구자는 인종차별 문제에 대해서 확고한 입장을 보이는 사람들을 선정하였다. 일부는 차별에 찬성하였고, 다른 일부는 차별에 반대하였다. 선정된 사람들에게 인종차별에 대한 찬성과 반대 의견이 실린 글을 모두 읽게 하였는데, 어떤 글은 지극히 논리적이고 그럴듯하였고, 다른 글은 터무니없고 억지스러운 것이었다. 실험에서는 참여자들이 과연 어느 글을 기억할 것인지에 관심이 있었다. 인지 부조화 이론에 따르면, 사람들은 현명한 사람을 자기 편, 우매한 사람을 다른 편이라 생각할 때 마음이 편안해질 것이다. 그렇다면 이 실험에서 인지 부조화 이론은 다음과 같은 ㉠ 결과를 예측할 수 있다.

14 다음 중 윗글의 내용으로 가장 적절한 것은?

① 사람들은 인지 부조화가 일어날 경우 이것을 무시하고 방치하려는 경향이 있다.
② 부조화를 감소시키는 행동은 합리적인 면과 비합리적인 면이 함께 나타난다.
③ 부조화를 감소시키는 행동의 비합리적인 면 때문에 문제에 대한 본질적인 해결책을 찾지 못할 수 있다.
④ 부조화를 감소시키는 자기방어적인 행동은 사람들에게 긍정적인 결과를 가져온다.
⑤ 부조화의 감소는 사람들로 하여금 자신의 긍정적인 이미지를 유지할 수 있게 하고, 부정적인 이미지를 감소시킨다.

15 다음 중 윗글에 밑줄 친 ㉠에 해당하는 내용으로 가장 적절한 것은?

① 참여자들은 자신의 의견과 동일한 주장을 하는 모든 글과 자신의 의견과 반대되는 주장을 하는 모든 글을 기억한다.
② 참여자들은 자신의 의견과 동일한 주장을 하는 모든 글과 자신의 의견과 반대되는 주장을 하는 모든 글을 기억하지 못한다.
③ 참여자들은 자신의 의견과 동일한 주장을 하는 형편없는 글과 자신의 의견과 반대되는 주장을 하는 형편없는 글을 기억한다.
④ 참여자들은 자신의 의견과 동일한 주장을 하는 논리적인 글과 자신의 의견과 반대되는 주장을 하는 형편없는 글을 기억한다.
⑤ 참여자들은 자신의 의견과 동일한 주장을 하는 형편없는 글과 자신의 의견과 반대되는 주장을 하는 논리적인 글을 기억한다.

16 다음 글의 주장에 대한 반박으로 가장 적절한 것은?

> 우리 마을 사람들의 대부분은 산에 있는 밭이나 과수원에서 일한다. 그런데 마을 사람들이 밭이나 과수원에 갈 때 주로 이용하는 도로의 통행을 가로막는 울타리가 설치되었다. 그 도로는 산의 밭이나 과수원까지 차량이 통행할 수 있는 유일한 길이었다. 이러한 도로가 사유지 보호라는 명목으로 막혀서 땅 주인과 마을 사람들 간의 갈등이 심해지고 있다.
>
> 마을 사람들의 항의에 대해서 땅 주인은 자신의 사유 재산이 훼손되는 것을 더 이상 간과할 수 없어 통행을 막았다고 주장한다. 그 도로는 사유 재산이므로 독점적이고 배타적인 사용 권리가 있어서 도로 통행을 막은 것이 정당하다는 것이다.
>
> 마을 사람들은 그 도로가 10년 가까이 공공으로 사용되어 왔는데 사유 재산이라는 이유로 갑자기 통행을 금지하는 것은 부당하다고 주장하고 있다. 도로가 막히면 밭이나 과수원에서 농사를 짓는 데 불편함이 크고 수확물을 차에 싣고 내려올 수도 없는 등의 피해를 입게 되는데, 개인의 권리 행사 때문에 이러한 피해를 입는 것은 부당하다는 것이다.
>
> 사유 재산에 대한 개인의 권리가 보장받는 것도 중요하지만, 그로 인해 다수가 피해를 입게 된다면 사익보다 공익을 우선시하여 개인의 권리가 제한되어야 한다고 생각한다. 만일 개인의 권리가 공익을 위해 제한되지 않으면 이번 일처럼 개인과 다수 간의 갈등이 발생할 수밖에 없다.
>
> 땅 주인은 사유 재산의 독점적이고 배타적인 사용을 주장하기에 앞서 마을 사람들이 생업의 곤란으로 겪는 어려움을 염두에 두어야 한다. 공익을 우선시하는 태도로 조속히 문제 해결을 위해 노력해야 할 것이다.

① 땅 주인은 개인의 권리 추구에 앞서 마을 사람들과 함께 더불어 살아가는 법을 배워야 한다.
② 마을 사람들과 땅 주인의 갈등은 민주주의의 다수결의 원칙에 따라 해결해야 한다.
③ 공익으로 인해 침해된 땅 주인의 사익은 적절한 보상을 통해 해결될 수 있다.
④ 땅 주인의 권리 행사로 발생하는 피해가 법적으로 증명되어야만 땅 주인의 권리를 제한할 수 있다.
⑤ 해당 도로는 10년 가까이 공공으로 사용되었기 때문에 사유 재산으로 인정받을 수 없다.

17 다음 글의 제목으로 가장 적절한 것은?

> 많은 경제학자는 제도의 발달이 경제 성장의 중요한 원인이라고 생각해 왔다. 예를 들어 재산권 제도가 발달하면 투자나 혁신에 대한 보상이 잘 이루어져 경제 성장에 도움이 된다는 것이다. 그러나 이를 입증하기는 쉽지 않다. 제도의 발달 수준과 소득 수준 사이에 상관관계가 있다 하더라도, 제도는 경제 성장에 영향을 줄 수 있지만 경제 성장으로부터 영향을 받을 수도 있으므로 그 인과관계를 판단하기 어렵기 때문이다.

① 경제 성장과 소득 수준　　　　　　② 경제 성장과 제도 발달
③ 소득 수준과 제도 발달　　　　　　④ 소득 수준과 투자 수준
⑤ 제도 발달과 투자 수준

18 다음 글의 빈칸에 들어갈 내용으로 가장 적절한 것은?

소독이란 물체의 표면 및 그 내부에 있는 병원균을 죽여 전파력 또는 감염력을 없애는 것이다. 이때, 소독의 가장 안전한 형태로는 멸균이 있다. 멸균이란 대상으로 하는 물체의 표면 또는 그 내부에 분포하는 모든 세균을 완전히 죽여 무균의 상태로 만드는 조작으로, 살아있는 세포뿐만 아니라 포자, 박테리아, 바이러스 등을 완전히 파괴하거나 제거하는 것이다.

물리적 멸균법은 열, 햇빛, 자외선, 초단파 따위를 이용하여 균을 죽여 없애는 방법이다. 열(Heat)에 의한 멸균에는 건열 방식과 습열 방식이 있는데, 건열 방식은 소각과 건식오븐을 사용하여 멸균하는 방식이다. 건열 방식이 활용되는 예로는 미생물 실험실에서 사용하는 많은 종류의 기구를 물 없이 멸균하는 것이 있다. 이는 습열 방식을 활용했을 때 유리를 포함하는 기구가 파손되거나 금속 재질로 이루어진 기구가 습기에 의해 부식할 가능성을 보완한 방법이다. 그러나 건열 멸균법은 습열 방식에 비해 멸균 속도가 느리고 효율이 떨어지며, 열에 약한 플라스틱이나 고무제품은 대상물의 변성이 이루어져 사용할 수 없다. 예를 들어 많은 세균의 내생포자는 습열 멸균 온도 조건(121℃)에서는 5분 이내에 사멸되나, 건열 멸균법을 활용할 경우 이보다 더 높은 온도(160℃)에서도 약 2시간 정도가 지나야 사멸되는 양상을 나타낸다. 반면, 습열 방식은 바이러스, 세균, 진균 등의 미생물들을 손쉽게 사멸시킨다. 습열은 효소 및 구조단백질 등의 필수 단백질의 변성을 유발하고, 핵산을 분해하며 세포막을 파괴하여 미생물을 사멸시킨다. 끓는 물에 약 10분간 노출하면 대개의 영양세포나 진핵포자를 충분히 죽일 수 있으나, 100℃의 끓는 물에서는 세균의 내생포자를 사멸시키지는 못한다. 따라서 물을 끓여서 하는 열처리는 _____ 멸균을 시키기 위해서는 100℃가 넘는 온도(일반적으로 121℃)에서 압력(약 1.1kg/cm^2)을 가해 주는 고압증기멸균기를 이용한다. 고압증기멸균기는 물을 끓여 증기를 발생시키고 발생한 증기와 압력에 의해 멸균을 시키는 장치이다. 고압증기멸균기 내부가 적정 온도와 압력(121℃, 약 1.1kg/cm^2)에 이를 때까지 뜨거운 포화 증기를 계속 유입시킨다. 해당 온도에서 포화 증기는 15분 이내에 모든 영양세포와 내생포자를 사멸시킨다. 고압증기멸균기에 의해 사멸되는 미생물은 고압에 의해서라기보다는 고압하에서 수증기가 얻을 수 있는 높은 온도에 의해 사멸되는 것이다.

① 더 많은 세균을 사멸시킬 수 있다.
② 멸균 과정에서 더 많은 비용이 소요된다.
③ 멸균 과정에서 더 많은 시간이 소요된다.
④ 소독을 시킬 수는 있으나, 멸균을 시킬 수는 없다.
⑤ 멸균을 시킬 수는 있으나, 소독을 시킬 수는 없다.

※ 다음은 K국의 교통사고 사상자 2,500명 대해 조사한 자료이다. 이어지는 질문에 답하시오. [19~20]

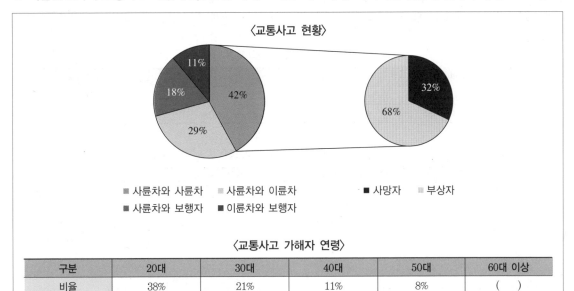

〈교통사고 현황〉

■ 사륜차와 사륜차   ■ 사륜차와 이륜차   ■ 사망자   ■ 부상자
■ 사륜차와 보행자   ■ 이륜차와 보행자

〈교통사고 가해자 연령〉

구분	20대	30대	40대	50대	60대 이상
비율	38%	21%	11%	8%	( )

※ 교통사고 가해자 연령 비율의 합은 100%임
※ 사상자 수와 가해자 수는 같음

19 다음 중 자료에 대한 설명으로 옳지 않은 것은?

① 교통사고 가해자 연령에서 60대 이상의 비율은 30대보다 높다.

② 사륜차와 사륜차 교통사고 사망사건 가해자가 모두 20대라고 할 때, 20대 가해 건수의 35% 이상을 차지한다.

③ 이륜차와 관련된 교통사고의 가해자 연령대가 모두 30대 이하라고 할 때, 30대 이하 가해 건수의 70% 이상을 차지한다.

④ 보행자와 관련된 교통사고의 40%가 사망사건이라고 할 때, 보행자 관련 사망 건수는 사륜차와 사륜차의 교통사고 건수보다 적다.

⑤ 사륜차와 이륜차 교통사고 사망자와 부상자의 비율이 사륜차와 사륜차 교통사고 사망자와 부상자 비율의 반대라고 할 때, 사륜차와 이륜차 교통사고 사망자 수가 사륜차와 사륜차 교통사고 사망자 수보다 많다.

20 이륜차 또는 보행자에 대한 교통사고 중 가해자 20%가 20대라고 할 때, 이 인원이 20대 가해자에서 차지하는 비율은 얼마인가?(단, 비율은 소수점 첫째 자리에서 버림한다)

① 10%   ② 15%

③ 20%   ④ 25%

⑤ 30%

21 K기업에서 직원들에게 자기계발 교육비용을 일부 지원하기로 하였다. 총무인사팀에 A~E직원이 다음 자료와 같이 교육프로그램을 신청하였을 때, 기업에서 직원들에게 지원하는 총교육비는 얼마인가?

〈자기계발 수강료 및 지원 금액〉

구분	영어회화	컴퓨터 활용능력	세무회계
수강료	7만 원	5만 원	6만 원
지원 금액 비율	50%	40%	80%

〈신청한 교육프로그램〉

구분	영어회화	컴퓨터 활용능력	세무회계
A	○		○
B	○	○	○
C		○	
D	○		
E		○	

① 307,000원 ② 308,000원

③ 309,000원 ④ 310,000원

⑤ 321,000원

22 K회사는 사옥 옥상 정원에 있는 가로 644cm, 세로 476cm인 직사각형 모양의 뜰 가장자리에 조명을 설치하려고 한다. 네 모퉁이에는 반드시 조명을 설치하고, 일정한 간격으로 조명을 추가 배열하려고 할 때, 필요한 조명의 최소 개수는?(단, 조명의 크기는 고려하지 않는다)

① 68개 ② 72개

③ 76개 ④ 80개

⑤ 84개

23 K씨는 생일을 맞아 주말에 가족과 외식을 하려고 한다. 레스토랑별 통신사 할인 혜택과 예상금액이 다음과 같을 때, K씨의 가족이 가장 저렴하게 식사할 수 있는 방법과 가격이 바르게 짝지어진 것은?(단, 십 원 단위 미만은 절사한다)

<표>

⟨통신사별 멤버십 혜택⟩

구분	A통신사	B통신사	C통신사
A레스토랑	10만 원 이상 결제 시 5,000원 할인	15% 할인	1,000원당 100원 할인
B레스토랑	재방문 시 8,000원 상당의 음료쿠폰 제공 (당일 사용 불가)	20% 할인	10만 원 이상 결제 시 10만 원 초과금의 30% 할인
C레스토랑	1,000원당 150원 할인	5만 원 이상 결제 시 5만 원 초과금의 10% 할인	30% 할인

⟨레스토랑별 예상금액⟩

구분	A레스토랑	B레스토랑	C레스토랑
예상금액(원)	143,300	165,000	174,500

	레스토랑	통신사	가격
①	A레스토랑	A통신사	120,380원
②	A레스토랑	B통신사	121,800원
③	B레스토랑	C통신사	132,000원
④	C레스토랑	B통신사	122,150원
⑤	C레스토랑	C통신사	135,270원

24 K회사 영업팀에 근무하는 A사원은 거래처 주변 공영주차장에 주차한 뒤 업무를 보려고 한다. 공영주차장의 주차요금은 처음 30분까지 3,000원이고, 30분을 초과하면 1분당 60원의 추가요금이 부과된다. A사원이 가진 돈이 18,000원이라면, A사원이 최대로 주차할 수 있는 시간은 몇 분인가?

① 220분
② 240분
③ 260분
④ 280분
⑤ 300분

25 다음은 지역별 인구 및 인구밀도에 대한 자료이다. 이에 대한 설명으로 옳은 것을 〈보기〉에서 모두 고르면? (단, 면적은 소수점 첫째 자리, 비율은 소수점 셋째 자리에서 반올림한다)

〈지역별 인구 및 인구밀도〉

(단위 : 천 명, 명/km²)

구분	2022년		2023년		2024년	
	인구	인구밀도	인구	인구밀도	인구	인구밀도
서울	10,032	16,574	10,036	16,582	10,039	16,593
부산	3,498	4,566	3,471	4,531	3,446	4,493
대구	2,457	2,779	2,444	2,764	2,431	2,750
인천	2,629	2,602	2,645	2,576	2,661	2,586

$$※ \ (면적) = \frac{(인구)}{(인구밀도)}$$

보기

ㄱ. 2022 ~ 2023년 감소한 인구가 2023년 전체 인구에서 차지하는 비율은 부산보다 대구가 더 크다.
ㄴ. 2022년 인천의 면적은 1,000km²보다 넓다.
ㄷ. 2024년 부산의 면적은 2024년 대구의 면적보다 넓다.

① ㄱ

② ㄴ

③ ㄱ, ㄴ

④ ㄴ, ㄷ

⑤ ㄱ, ㄴ, ㄷ

26 다음은 K중식당의 주문 내역에 대한 자료이다. 이를 참고할 때, 짜장면 1그릇의 가격은 얼마인가?

• K중식당의 테이블별 주문 내역과 그 총액은 아래 자료와 같다.
• 각 테이블에서는 음식을 주문 내역별로 1그릇씩 주문하였다.

테이블	주문 내역	총액
1	짜장면, 탕수육	17,000원
2	짬뽕, 깐풍기	20,000원
3	짜장면, 볶음밥	14,000원
4	짬뽕, 탕수육	18,000원
5	볶음밥, 깐풍기	21,000원

① 4,000원

② 5,000원

③ 6,000원

④ 7,000원

⑤ 8,000원

※ 다음은 K기업 지원자들의 영역별 시험 점수 상위 5명에 대한 자료이다. 이어지는 질문에 답하시오(단, 과목별로 동점자는 없었으며, 점수는 1점 단위이다). [27~28]

〈영역별 시험 점수〉

(단위 : 점)

순위	언어		수리		인성	
	이름	점수	이름	점수	이름	점수
1	하정은	94	신민경	91	양현아	97
2	성수민	93	하정은	90	박지호	95
3	김진원	90	성수민	88	황아영	90
4	양현아	88	황아영	82	신민경	88
5	황아영	85	양현아	76	하정은	84

27 성수민이 황아영보다 높은 총점을 기록하기 위해서는 인성 영역에서 몇 점 이상이어야 하는가?

① 75점　　　　　　　　　　　② 76점
③ 77점　　　　　　　　　　　④ 78점
⑤ 81점

28 다음 중 자료에 대한 설명으로 적절하지 않은 것은?

① 언어와 수리 영역 점수의 합이 가장 높은 지원자는 하정은이다.
② 양현아는 하정은의 총점의 95% 이상을 획득했다.
③ 신민경이 획득할 수 있는 총점의 최댓값은 263점이다.
④ K기업 시험 합격 최저점이 총점 기준 251점이라면 김진원은 불합격이다.
⑤ 박지호보다 김진원의 총점이 더 높다.

29 다음은 블로그 이용자와 트위터 이용자를 대상으로 진행한 설문조사 결과이다. 이를 변환한 그래프로 옳은 것을 〈보기〉에서 모두 고르면?

〈블로그 이용자와 트위터 이용자 대상 설문조사 결과〉

(단위 : %)

구분		블로그 이용자	트위터 이용자
성별	남자	53.4	53.2
	여자	46.6	46.8
연령	15 ~ 19세	11.6	13.1
	20 ~ 29세	23.3	47.9
	30 ~ 39세	27.4	29.5
	40 ~ 49세	25.0	8.4
	50 ~ 59세	12.7	1.1
교육수준	중졸 이하	2.0	1.6
	고졸	23.4	14.7
	대졸	66.1	74.4
	대학원 이상	8.5	9.3
소득수준	상	5.5	3.6
	중	74.2	75.0
	하	20.3	21.4

※ 15세 이상 ~ 60세 미만의 1,000명의 블로그 이용자와 2,000명의 트위터 이용자를 대상으로 하여 동일 시점에 각각 독립적으로 조사하였으며 무응답과 응답자의 중복은 없음

 보기

ㄱ. 트위터와 블로그의 성별 이용자 수

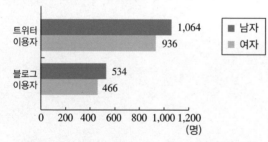

ㄴ. 교육수준별 트위터 이용자 대비 블로그 이용자 비율

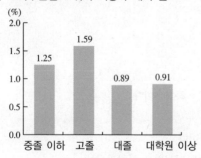

ㄷ. 블로그 이용자와 트위터 이용자의 소득수준별 구성비

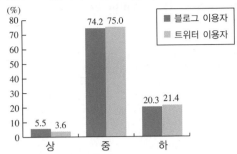

ㄹ. 연령별 블로그 이용자의 구성비

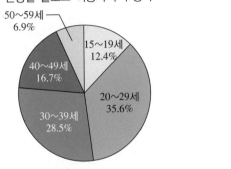

① ㄱ, ㄴ   ② ㄱ, ㄷ

③ ㄴ, ㄷ   ④ ㄴ, ㄹ

⑤ ㄷ, ㄹ

30 20층 건물에서 층마다 기압을 측정하려고 한다. 1층의 계기판기압에 표시된 값은 200kPa이며, 한 층 높아질 때마다 0.2kPa씩 기압이 떨어진다고 할 때, 16층의 기압은 얼마인가?

① 184kPa
② 187kPa
③ 194kPa
④ 197kPa
⑤ 200kPa

31 K회사에서는 냉방 효율을 위하여 층별 에어컨 수와 종류를 조정하려고 한다. 판매하는 구형 에어컨과 구입하는 신형 에어컨의 수를 최소화하고자 한다면 에어컨을 사고팔 때 드는 총비용은 얼마인가?

〈냉방 효율 조정 방안〉

구분	조건	미충족 시 조정 방안
1	층별 전기료 월 75만 원 미만	구형 에어컨을 판매
2	층별 구형 에어컨 대비 신형 에어컨 비율 $\frac{1}{2}$ 이상 유지	신형 에어컨을 구입

※ 구형 에어컨 1대 전기료는 월 5만 원이고, 신형 에어컨 1대 전기료는 월 3만 원임
※ 구형 에어컨 1대 중고 판매가는 10만 원이고, 신형 에어컨 1대 가격은 50만 원임
※ 조건과 조정 방안은 1번부터 적용하며 2번 적용 후 1번 조정 방안을 다시 적용하지 않음

〈층별 냉방시설 현황〉

(단위 : 대)

구분	1층	2층	3층	4층	5층
구형	10	13	15	11	12
신형	4	5	7	6	5

① 50만 원
② 55만 원
③ 60만 원
④ 65만 원
⑤ 70만 원

32 다음은 2019 ~ 2024년 소유자별 국토면적을 나타낸 자료이다. 이에 대한 설명으로 옳지 않은 것은?

<소유자별 국토면적>

(단위 : km²)

구분	2019년	2020년	2021년	2022년	2023년	2024년
전체	99,646	99,679	99,720	99,828	99,897	100,033
민유지	56,457	55,789	54,991	54,217	53,767	53,357
국유지	23,033	23,275	23,460	23,705	23,891	24,087
도유지	2,451	2,479	2,534	2,580	2,618	2,631
군유지	4,741	4,788	4,799	4,838	4,917	4,971
법인	5,207	5,464	5,734	5,926	6,105	6,287
비법인	7,377	7,495	7,828	8,197	8,251	8,283
기타	380	389	374	365	348	417

① 전체 국토면적은 매년 조금씩 증가하고 있다.

② 전년 대비 2024년 전체 국토면적의 증가율은 1% 미만이다.

③ 국유지 면적은 매년 증가하였고, 민유지 면적은 매년 감소하였다.

④ 2019년과 2024년을 비교했을 때, 법인보다 국유지 면적의 차이가 크다.

⑤ 전년 대비 2019 ~ 2024년 군유지 면적의 증가량은 2023년에 가장 많다.

33 200L의 물이 들어 있는 어항을 청소하면서 물을 20%만큼 버리고 20L의 물을 넣었다. 이와 같은 과정을 n번 반복한 후 어항에 남아 있는 물의 양을 a_n L 라고 할 때, a_3의 값은

① 200

② 180

③ 164

④ 151.2

⑤ 140.96

34 다음은 K기업 A ~ D 영업팀의 분기별 매출액과 영업팀 구성비를 나타낸 자료이다. 연간 영업팀의 매출 순위와 1위 팀이 기록한 연 매출액을 순서대로 나열한 것은?

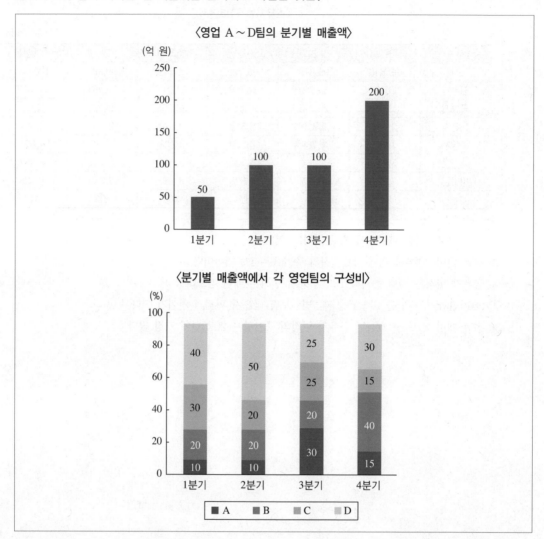

〈영업 A ~ D팀의 분기별 매출액〉

〈분기별 매출액에서 각 영업팀의 구성비〉

	매출 순위	연 매출액		매출 순위	연 매출액
①	A - B - C - D	120억 원	②	B - A - C - D	120억 원
③	B - A - D - C	155억 원	④	D - B - A - C	155억 원
⑤	D - B - C - A	155억 원			

35 K중학교 백일장에 참여한 학생 갑 ~ 무에게 다음 〈조건〉에 따라 점수를 부여할 때, 점수가 가장 높은 학생은?

<K중학교 백일장 채점표>

학생	오탈자(건)	글자 수(자)	주제의 적합성	글의 통일성	가독성
갑	33	654	A	A	C
을	7	476	B	B	B
병	28	332	B	B	C
정	25	572	A	A	A
무	12	786	C	B	A

조건

- 기본 점수는 80점이다.
- 오탈자가 10건 이상일 때 1점을 감점하고, 5건이 추가될 때마다 1점을 추가로 감점한다.
- 전체 글자 수가 350자 미만일 때 10점을 감점하고, 600자 이상일 때 1점을 부여하며, 25자가 추가될 때마다 1점을 추가로 부여한다.
- 주제의 적합성, 글의 통일성, 가독성을 A, B, C등급으로 나누며 등급 개수에 따라 추가점수를 부여한다.
  - A등급 3개 : 25점
  - A등급 2개, B등급 1개 : 20점
  - A등급 2개, C등급 1개 : 5점
  - A등급 1개, B등급 2개 또는 A등급, B등급, C등급 1개 : 10점
  - B등급 3개 : 5점

예 오탈자 46건, 전체 글자 수 626자, 주제의 적합성, 글의 통일성, 가독성이 각각 A, B, A일 때 점수는 80−8+2+20=94점이다.

① 갑 ② 을

③ 병 ④ 정

⑤ 무

36 다음 자료와 상황을 토대로 판단할 때, 〈보기〉에서 적절한 것을 모두 고르면?

K국 사람들은 아래와 같이 한 손으로 1부터 10까지의 숫자를 표현한다.

숫자	1	2	3	4	5
펼친 손가락 개수	1개	2개	3개	4개	5개
펼친 손가락 모양					
숫자	6	7	8	9	10
펼친 손가락 개수	2개	3개	2개	1개	2개
펼친 손가락 모양					

〈상황〉

K국에 출장을 간 갑은 K국의 언어를 하지 못하여 물건을 살 때 상인의 손가락을 보고 물건의 가격을 추측한다. K국 사람의 숫자 표현법을 제대로 이해하지 못한 갑은 상인이 금액을 표현하기 위해 펼친 손가락 1개당 1원씩 돈을 지불하려고 한다(단, 갑은 하나의 물건을 구매하며, 물건의 가격은 최소 1원부터 최대 10원까지라고 가정한다).

보기

ㄱ. 물건의 가격과 갑이 지불하려는 금액이 일치했다면, 물건의 가격은 5원 이하이다.
ㄴ. 상인이 손가락 3개를 펼쳤다면, 물건의 가격은 최대 7원이다.
ㄷ. 물건의 가격과 갑이 지불하려는 금액이 8원만큼 차이가 난다면, 물건의 가격은 9원이거나 10원이다.
ㄹ. 갑이 물건의 가격을 초과하는 금액을 지불하려는 경우가 발생할 수 있다.

① ㄱ, ㄴ
② ㄷ, ㄹ
③ ㄱ, ㄴ, ㄷ
④ ㄱ, ㄷ, ㄹ
⑤ ㄴ, ㄷ, ㄹ

37 A ~ D는 한 판의 가위바위보를 한 후 그 결과에 대해 각각 두 가지의 진술을 하였다. 두 가지의 진술 중 하나는 참이고, 하나는 거짓이라고 할 때, 다음 중 항상 참인 것은?

> A : C는 B를 이길 수 있는 것을 냈고, B는 가위를 냈다.
> B : A는 C와 같은 것을 냈지만, A가 편 손가락의 수는 나보다 적었다.
> C : B는 바위를 냈고, 그 누구도 같은 것을 내지 않았다.
> D : A, B, C 모두 참 또는 거짓을 말한 순서가 동일하다. 이 판은 승자가 나온 판이었다.

① B와 같은 것을 낸 사람이 있다.

② 보를 낸 사람은 1명이다.

③ D는 혼자 가위를 냈다.

④ B가 기권했다면 가위를 낸 사람이 지는 판이다.

⑤ 바위를 낸 사람은 2명이다.

38 9층 건물의 지하에서 출발한 엘리베이터에 타고 있던 A ~ I는 1층부터 9층까지 각각 다른 층에 내렸다. 다음 〈조건〉을 참고할 때, 짝수 층에 내리지 않은 사람은?

> **조건**
> • D는 F보다는 빨리 내렸고, A보다는 늦게 내렸다.
> • H는 홀수 층에 내렸다.
> • C는 3층에 내렸다.
> • G는 C보다 늦게 내렸고, B보다 빨리 내렸다.
> • B는 C보다 3층 후에 내렸고, F보다는 1층 전에 내렸다.
> • I는 D보다 늦게 내렸고, G보다는 일찍 내렸다.

① B

② D

③ E

④ G

⑤ I

39 다음 중 창의적 사고에 대한 설명으로 적절하지 않은 것은?

① 창의적 사고는 누구나 할 수 있는 일반적 사고와 달리 일부 사람만이 할 수 있는 능력이다.

② 창의적 사고란 정보와 정보의 조합으로 사회나 개인에게 새로운 가치를 창출하도록 한다.

③ 창의적 사고란 무에서 유를 만들어 내는 것이 아니라 끊임없이 참신한 아이디어를 산출하는 것이다.

④ 창의적인 사고란 이미 알고 있는 경험과 지식을 다시 결합함으로써 참신한 아이디어를 산출하는 것이다.

⑤ 창의적 사고를 하기 위해서는 고정관념을 버리고, 문제의식을 가져야 한다.

40 다음은 한국철도공사 회의실 이용에 대한 자료이다. 이를 이해한 내용으로 옳지 않은 것을 〈보기〉에서 모두 고르면?

〈회의실 이용 안내 사항〉

• 회의실 위치 : 본관 5층
• 회의실 이용 제한 시간 : 90분
• 회의실 인원 제한 : 15명
• 기타 주의 사항
  – 음료수 외 취식 금지
  – 노트북 1대 연결용 외에 별도의 콘센트는 없음

보기

ㄱ. 회의실에서 커피 등의 식수는 반입이 허용된다.
ㄴ. 회의실을 이용하고자 할 때 예약하는 방법을 알 수 있다.
ㄷ. 회의실 내 노트북 지참 시 충전 용량이 충분한지 확인해야 한다.
ㄹ. 근무시간 외에도 회의실 이용이 가능한지 알 수 있다.

① ㄱ, ㄷ   ② ㄱ, ㄹ
③ ㄴ, ㄷ   ④ ㄴ, ㄹ
⑤ ㄷ, ㄹ

41 다음은 SWOT 분석에 대한 설명과 유전자 관련 업무를 수행 중인 K사의 SWOT 분석 자료이다. 〈보기〉 중 빈칸 (A), (B)에 들어갈 내용으로 가장 적절한 것은?

SWOT 분석은 기업의 내부환경과 외부환경을 분석하여 강점(Strength), 약점(Weakness), 기회(Opportunity), 위협(Threat) 요인을 규정하고 이를 토대로 경영 전략을 수립하는 기법으로, 미국의 경영컨설턴트인 앨버트 험프리(Albert Humphrey)에 의해 고안되었다.
- 강점(Strength) : 내부환경(자사 경영자원)의 강점
- 약점(Weakness) : 내부환경(자사 경영자원)의 약점
- 기회(Opportunity) : 외부환경(경쟁, 고객, 거시적 환경)에서 비롯된 기회
- 위협(Threat) : 외부환경(경쟁, 고객, 거시적 환경)에서 비롯된 위협

〈K사 SWOT 분석 결과〉

강점(Strength)	약점(Weakness)
• 유전자 분야에 뛰어난 전문가로 구성 • _____(A)_____	• 유전자 실험의 장기화
기회(Opportunity)	위협(Threat)
• 유전자 관련 업체 수가 적음 • _____(B)_____	• 고객들의 실험 부작용에 대한 두려움 인식

보기
㉠ 투자 유치의 어려움
㉡ 특허를 통한 기술 독점 가능
㉢ 점점 증가하는 유전자 의뢰
㉣ 높은 실험 비용

	(A)	(B)			(A)	(B)
①	㉠	㉡		②	㉠	㉢
③	㉠	㉣		④	㉡	㉢
⑤	㉢	㉣				

42 다음 〈조건〉을 토대로 추론한 내용 중 항상 참인 것은?

조건
- 물을 녹색으로 만드는 조류는 냄새 물질을 배출한다.
- 독소 물질을 배출하는 조류는 냄새 물질을 배출하지 않는다.
- 물을 황색으로 만드는 조류는 물을 녹색으로 만들지 않는다.

① 독소 물질을 배출하는 조류는 물을 녹색으로 만들지 않는다.
② 물을 녹색으로 만들지 않는 조류는 냄새 물질을 배출하지 않는다.
③ 독소 물질을 배출하지 않는 조류는 물을 녹색으로 만든다.
④ 냄새 물질을 배출하지 않는 조류는 물을 황색으로 만들지 않는다.
⑤ 냄새 물질을 배출하는 조류는 독소 물질을 배출한다.

43 초등학교 담장에 벽화를 그리기 위해 바탕색을 칠하려고 한다. 5개의 벽에 바탕색을 칠해야 하고, 벽은 일자로 나란히 배열되어 있다고 한다. 다음 〈조건〉에 따라 벽화를 칠한다고 할 때, 항상 옳은 것은?(단, 칠하는 색은 빨간색, 주황색, 노란색, 초록색, 파란색이다)

조건
- 주황색과 초록색은 이웃해서 칠한다.
- 빨간색과 초록색은 이웃해서 칠할 수 없다.
- 파란색은 양 끝에 칠할 수 없으며, 빨간색과 이웃해서 칠할 수 없다.
- 노란색은 왼쪽에서 두 번째에 칠할 수 없다.

① 노란색을 왼쪽에서 첫 번째에 칠할 때, 주황색은 오른쪽에서 세 번째에 칠하게 된다.
② 칠할 수 있는 경우 중 한 가지는 주황색 – 초록색 – 파란색 – 노란색 – 빨간색이다.
③ 파란색을 오른쪽에서 두 번째에 칠할 때, 주황색은 왼쪽에서 첫 번째에 칠할 수도 있다.
④ 주황색은 왼쪽에서 첫 번째에 칠할 수 없다.
⑤ 빨간색은 오른쪽에서 첫 번째에 칠할 수 없다.

44 K공사의 사보에는 최근 업무를 통해 쉽게 발생할 수 있는 논리적 오류를 조심하자는 의미로 다음과 같이 3가지의 논리적 오류를 소개하였다. 이에 대한 사례로 적절하지 않은 것은?

> ▶ 권위에 호소하는 오류
>   − 논지와 직접적인 관련이 없는 권위자의 견해를 신뢰하여 발생하는 오류
> ▶ 인신공격의 오류
>   − 주장이나 반박을 할 때 관련된 내용을 근거로 제시하지 않고, 성격이나 지적 수준, 사상, 인종 등과 같이 주장과 무관한 내용을 근거로 사용할 때 발생하는 오류
> ▶ 대중에 호소하는 오류
>   − 많은 사람이 생각하거나 선택했다는 이유로 자신의 결론이 옳다고 주장할 때 발생하는 오류

① 김사원이 제시한 기획서 내용은 잘못되었다고 생각해. 김사원은 평소에 이해심이 없기로 유명하거든.

② 인사부 최부장님께 의견을 여쭤보았는데, 우리 다음 도서의 디자인은 A안으로 가는 것이 좋겠어.

③ 최근 일본의 예법을 주제로 한 자료를 보면 알 수 있듯이, 일본인들 대부분은 예의가 바르다고 할 수 있습니다. 따라서 우리 회사의 효도상품을 일본 시장에 진출시킬 필요가 있겠습니다.

④ 우리 회사의 세탁기는 최근 조사 결과, 소비자의 80%가 사용하고 있다는 점에서 성능이 매우 뛰어나다는 것을 알 수 있습니다. 주저하지 마시고 우리 회사 세탁기를 구매해주시기 바랍니다.

⑤ 최근 많은 사람이 의학용 대마초가 허용되는 것에 찬성하고 있어. 따라서 우리 회사도 대마초와 관련된 의약개발에 투자를 해야 할 것으로 생각돼.

45 다음은 공간정보 품질관리 사업에 대한 SWOT 분석 결과이다. 이에 대한 설명으로 적절하지 않은 것을 〈보기〉에서 모두 고르면?

〈공간정보 품질관리 사업에 대한 SWOT 분석 결과〉

구분	분석 결과
강점(Strength)	• 도로명주소 서비스의 정확성 개선사업을 통한 국토정보 유지관리사업 추진 경험 • 위치기반 생활지원 서비스인 '랜디랑'의 성공적 구축
약점(Weakness)	• 국토정보 수집 관련 기기 및 설비 운용인력의 부족 • 공공수요에 편중된 국토정보 활용
기회(Opportunity)	• 국토정보체계 표준화에 성공한 해외 기관과의 지원협력 기회 마련
위협(Threat)	• 드론 조종사 양성을 위한 예산 확보 어려움

보기

ㄱ. 유지관리사업추진 노하우를 해외 기관에 제공하고 이를 더욱 개선하기 위해 국내에서 예산을 확보하는 것은 SO전략에 해당한다.

ㄴ. 랜디랑의 성공적 구축 사례를 활용해 드론 운용사업의 잠재성을 강조하여 드론 조종사 양성 예산을 확보해내는 것은 ST전략에 해당한다.

ㄷ. 해외 기관과의 협력을 통해 국토정보 유지관리사업을 개선하는 것은 WO전략에 해당한다.

ㄹ. 드론 조종사 양성을 위한 예산을 확보하여 기기 운용인력을 확충하기 위해 노력하는 것은 WT전략에 해당한다.

① ㄱ, ㄴ
② ㄱ, ㄷ
③ ㄴ, ㄷ
④ ㄴ, ㄹ
⑤ ㄷ, ㄹ

46 K회사는 최근 새로운 건물로 이사하면서 팀별로 층 배치를 변경하기로 하였다. 층 배치 변경 사항과 현재 층 배치가 다음과 같을 때, 이사 후 층 배치에 대한 설명으로 적절하지 않은 것은?

〈층 배치 변경 사항〉

• 인사팀과 생산팀이 위치한 층 사이에 한 팀을 배치합니다.
• 연구팀과 영업팀은 기존 층보다 아래층으로 배치합니다.
• 총무팀은 6층에 배치합니다.
• 탕비실은 4층에 배치합니다.
• 생산팀은 연구팀보다 높은 층에 배치합니다.
• 전산팀은 2층에 배치합니다.

〈현재 층 배치도〉

층수	부서
7층	전산팀
6층	영업팀
5층	연구팀
4층	탕비실
3층	생산팀
2층	인사팀
1층	총무팀

---

① 생산팀은 7층에 배치될 수 있다.　② 인사팀은 5층에 배치될 수 있다.

③ 영업팀은 3층에 배치될 수 있다.　④ 생산팀은 3층에 배치될 수 있다.

⑤ 연구팀은 1층에 배치될 수 있다.

※ A역 부근에 거주하는 H사원은 B역 부근에 위치한 지사로 발령을 받아 출퇴근하고 있다. 지하철 노선도와 다음 〈조건〉을 보고 이어지는 질문에 답하시오. [47~49]

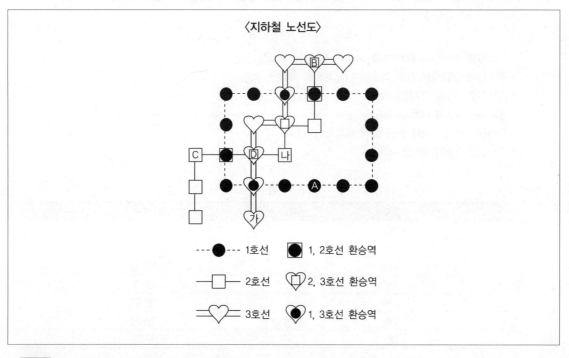

〈지하철 노선도〉

----●---- 1호선　　　　◉ 1, 2호선 환승역

—☐— 2호선　　　　♡ 2, 3호선 환승역

—♡— 3호선　　　　♥ 1, 3호선 환승역

조건

• A역 부근의 주민이 지하철을 타기 위해 집에서 A역까지 이동하는 시간은 고려하지 않는다.
• 지하철은 대기시간 없이 바로 탈 수 있다.
• 역과 역 사이의 운행 소요시간은 1호선 6분, 2호선 4분, 3호선 2분이다(정차시간은 고려하지 않음).
• 지하철 노선 간 환승 시에는 3분이 소요된다.

47 H사원은 오늘 출근하기 전에 C역에서 거래처 사람을 만난 후, 회사로 돌아가 차장님께 30분간 보고를 해야 한다. 보고가 끝나면, D역에 위치한 또 다른 거래처를 방문해야 한다고 할 때, 다음 중 H사원은 일정에 대한 설명으로 옳지 않은 것은?

① A역에서 C역까지 최소 소요시간으로 가는 방법은 2번 환승을 하는 것이다.

② A역에서 C역까지 5개의 역을 거치는 방법은 두 가지가 있다.

③ C역에서 거래처 사람을 만난 후, 회사로 돌아갈 때 최소 소요시간은 21분이다.

④ D역에서 현지퇴근을 하게 되면, 회사에서 퇴근하는 것보다 13분이 덜 걸린다.

⑤ 회사에서 D역까지 환승하지 않고 한 번에 갈 수 있다.

106　코레일 한국철도공사 고졸채용

48 D역에 위치한 거래처 방문을 마치고 회사에 돌아왔을 때, H사원은 거래처에 중요한 자료를 주지 않고 온 것이 생각났다. 최대한 빨리 D역으로 가려고 지하철을 탔으나, 지하철 고장으로 약 ○○분 이상 지하철이 정차할 것이라는 방송이 나왔다. H사원은 다른 지하철을 통해 D역으로 갔다면, 원래 타려던 지하철은 B역에서 최소 몇 분간 정차하였겠는가?(단, 환승하지 않는다)

① 11분   ② 12분

③ 13분   ④ 14분

⑤ 15분

49 지사로 발령을 받은 지 얼마 되지 않아 지하철만 이용해서 출근하던 H사원은 최근 지사에서 A역과 다른 역을 지나는 셔틀버스를 운행하고 있다는 사실을 알게 되었다. 셔틀버스에 대한 정보가 다음과 같을 때, A역에서 B역까지 출근하는데 소요되는 시간이 짧은 경우를 순서대로 나열한 것은?

- 셔틀버스 1 : A역에서 가역으로 가는 셔틀버스로, 이동하는 시간은 5분이다.
- 셔틀버스 2 : A역에서 나역으로 가는 셔틀버스로, 이동하는 시간은 8분이다.

① 셔틀버스 1 – 셔틀버스 2 – 현재 상태

② 셔틀버스 1 – 현재 상태 – 셔틀버스 2

③ 셔틀버스 2 – 셔틀버스 1 – 현재 상태

④ 셔틀버스 2 – 현재 상태 – 셔틀버스 1

⑤ 현재 상태 – 셔틀버스 1 – 셔틀버스 2

50 한국철도공사에서 근무하고 있는 김인턴은 경기본부로 파견 근무를 나가고자 한다. 제시된 〈조건〉에 따라 파견일을 결정할 때, 다음 중 김인턴이 경기본부 파견 근무를 갈 수 있는 기간으로 옳은 것은?

〈10월 달력〉						
일요일	월요일	화요일	수요일	목요일	금요일	토요일
				1	2	3
4	5	6	7	8	9	10
11	12	13	14	15	16	17
18	19	20	21	22	23	24
25	26	27	28	29	30	31

조건

• 김인턴은 10월 중에 경기본부로 파견 근무를 나간다.
• 파견 근무는 2일 동안 진행되며, 이틀 동안 연이어 진행하여야 한다.
• 파견 근무는 주중에만 진행된다.
• 김인턴은 10월 1일부터 10월 7일까지 연수에 참석하므로 해당 기간에는 근무를 진행할 수 없다.
• 김인턴은 10월 27일부터는 부서이동을 하므로, 27일부터는 파견 근무를 포함한 모든 담당 업무를 후임자에게 인계하여야 한다.
• 김인턴은 목요일마다 K본부로 출장을 가며, 출장일에는 파견 근무를 수행할 수 없다.

① 10월 6일 ~ 7일
② 10월 11일 ~ 12일
③ 10월 14일 ~ 15일
④ 10월 20일 ~ 21일
⑤ 10월 27일 ~ 28일

| 02 | 철도법령

51 다음은 철도사업법상 사업의 휴업·폐업에 대한 설명이다. 빈칸에 들어갈 기간으로 옳은 것은?

> • 철도사업자가 그 사업의 전부 또는 일부를 휴업 또는 폐업하려는 경우에는 국토교통부령으로 정하는 바에 따라 국토교통부장관의 허가를 받아야 한다.
> • 허가를 받거나 신고한 휴업기간 중이라도 휴업 사유가 소멸된 경우에는 국토교통부장관에게 신고하고 사업을 재개할 수 있다.
> • 국토교통부장관은 신고를 받은 날부터 _____ 이내에 신고수리 여부를 신고인에게 통지하여야 한다.

① 40일   ② 60일
③ 80일   ④ 100일
⑤ 120일

52 다음은 한국철도공사법의 일부이다. 빈칸에 들어갈 내용을 순서대로 바르게 나열한 것은?

> _____(으)로 정하는 바에 따라 사장이 지정한 한국철도공사의 직원은 사장을 대신하여 공사의 _____에 관한 재판상 또는 재판 외의 모든 행위를 할 수 있다.

① 법규, 권리   ② 규정, 수익
③ 정관, 업무   ④ 계약, 자산
⑤ 약관, 의결

53 다음 중 철도산업발전기본법상 국가가 철도이용자의 권익보호를 위해 강구해야 할 시책이 아닌 것은?

① 철도이용자의 재산상의 위해 방지
② 철도이용자의 권익보호를 위한 홍보
③ 철도이용자의 생명·신체의 위해 방지
④ 철도이용자의 피해에 대한 신속·공정한 구제조치
⑤ 철도이용자의 철도시설 관리를 위한 교육 및 연구

54 다음 중 철도사업법상 용어의 정의가 바르게 연결된 것은?

① 철도 : 철도사업을 목적으로 설치하거나 운영하는 철도이다.

② 철도차량 : 다른 사람의 수요에 따른 영업을 목적으로 하지 아니하고 자신의 수요에 따라 특수 목적을 수행하기 위하여 설치하거나 운영하는 철도이다.

③ 전용철도 : 여객 또는 화물을 운송하는 데 필요한 철도시설과 철도차량 및 이와 관련된 운영·지원체계가 유기적으로 구성된 운송체계이다.

④ 철도사업 : 다른 사람의 수요에 응하여 철도차량을 사용하여 유상(有償)으로 여객이나 화물을 운송하는 사업이다.

⑤ 사업용철도 : 선로를 운행할 목적으로 제작된 동력차·객차·화차 및 특수차여객 또는 화물을 운송하는 데 필요한 철도시설과 철도차량 및 이와 관련된 운영·지원체계가 유기적으로 구성된 운송체계이다.

55 다음은 철도산업발전기본계획의 수립에 대한 설명이다. 밑줄 친 부분의 내용으로 옳은 것은?

> 국토교통부장관은 기본계획을 수립하고자 하는 때에는 미리 기본계획과 관련이 있는 행정기관의 장과 협의한 후 철도산업위원회의 심의를 거쳐야 한다. 수립된 기본계획을 변경(대통령령으로 정하는 경미한 변경은 제외한다)하고자 하는 때에도 또한 같다.

① 철도시설투자사업 시행업자의 변경

② 철도시설투자사업 운영체계에 관한 변경

③ 철도시설투자사업 기간의 2년의 기간 내에서의 변경

④ 철도시설투자사업 사업기술의 50분의 1의 범위 안에서의 변경

⑤ 철도시설투자사업 총투자비용의 50분의 1의 범위 안에서의 변경

56 다음 중 철도산업발전기본법상 철도시설을 사용하는 자로부터 사용료를 징수할 수 없는 자는?

① 철도청장

② 국가철도공단

③ 시설사용계약자

④ 국토교통부장관

⑤ 철도시설관리권을 설정받은 자

57 다음 중 철도사업법령상 철도사업자의 면허취소 또는 사업정지 등의 처분대상이 되는 사상자의 수는?

① 1회 철도사고로 사망자 3명 이상
② 1회 철도사고로 사망자 4명 이상
③ 1회 철도사고로 사망자 5명 이상
④ 1회 철도사고로 사망자 7명 이상
⑤ 1회 철도사고로 사망자 9명 이상

58 다음 중 한국철도공사법상 한국철도공사의 손익금 처리 순서를 바르게 나열한 것은?

ㄱ. 국고에 납입
ㄴ. 이월결손금의 보전(補塡)
ㄷ. 자본금의 2분의 1이 될 때까지 이익금의 10분의 2 이상을 이익준비금으로 적립
ㄹ. 자본금과 같은 액수가 될 때까지 이익금의 10분의 2 이상을 사업확장적립금으로 적립

① ㄴ - ㄷ - ㄹ - ㄱ
② ㄴ - ㄹ - ㄷ - ㄱ
③ ㄷ - ㄴ - ㄹ - ㄱ
④ ㄷ - ㄹ - ㄴ - ㄱ
⑤ ㄹ - ㄴ - ㄷ - ㄱ

59 다음 중 한국철도공사법령상 한국철도공사의 설립등기사항이 아닌 것은?

① 명칭
② 자본금
③ 설립목적
④ 임원의 자격
⑤ 공고의 방법

60 다음 중 철도산업발전기본법령상 철도산업위원회의 위원이 될 수 없는 사람은?

① 기획재정부차관
② 한국철도공사 사장
③ 산업통상자원부차관
④ 공정거래위원회위원장
⑤ 과학기술정보통신부차관

4일 차
기출응용 모의고사

www.sdedu.co.kr

〈모의고사 안내〉

평가영역	문항 수	시험시간	모바일 OMR 답안채점/성적분석 서비스
[NCS] 의사소통능력＋수리능력＋문제해결능력 [철도법령] 철도 관련 법령	60문항	70분	

※ 수록 기준

철도산업발전기본법 : 법률 제18693호(시행 22.7.5.), 철도산업발전기본법 시행령 : 대통령령 제32759호(시행 22.7.5.)

한국철도공사법 : 법률 제15460호(시행 19.3.14.), 한국철도공사법 시행령 : 대통령령 제35228호(시행 25.1.31.)

철도사업법 : 법률 제20702호(시행 25.1.21.), 철도사업법 시행령 : 대통령령 제33795호(시행 24.1.1.)

4일 차 기출응용 모의고사

문항 수 : 60문항
시험시간 : 70분

| 01 | 직업기초능력평가

01 다음 글의 밑줄 친 (가)와 (나)의 예시로 적절하지 않은 것은?

> 사회적 관계에 있어서 상호주의란 '행위자 갑이 을에게 베푼 바와 같이 을도 갑에게 똑같이 행하라.'라는 행위 준칙을 의미한다. 상호주의 원형은 '눈에는 눈, 이에는 이'로 표현되는 탈리오의 법칙에서 발견된다. 그것은 일견 피해자의 손실에 상응하는 가해자의 처벌을 정당화한다는 점에서 가혹하고 엄격한 성격을 드러낸다. 만약 상대방의 밥그릇을 빼앗았다면 자신의 밥그릇도 미련 없이 내주어야 하는 것이다. 그러나 탈리오 법칙은 온건하고도 합리적인 속성을 동시에 함축하고 있다. 왜냐하면 누가 자신의 밥그릇을 발로 찼을 경우 보복의 대상은 밥그릇으로 제한되어야지 밥상 전체를 뒤엎는 것으로 확대될 수 없기 때문이다. 이러한 일대일 방식의 상호주의를 (가) 대칭적 상호주의라 부른다. 하지만 엄밀한 의미의 대칭적 상호주의는 우리의 실제 일상생활에서 별로 흔하지 않다. 오히려 '되로 주고 말로 받거나, 말로 주고 되로 받는' 교환 관계가 더 일반적이다. 이를 대칭적 상호주의와 대비하여 (나) 비대칭적 상호주의라 일컫는다.
>
> 그렇다면 교환되는 내용이 양과 질의 측면에서 정확한 대등성을 결여하고 있음에도 불구하고, 교환에 참여하는 당사자들 사이에 비대칭적 상호주의가 성행하는 이유는 무엇인가? 그것은 셈에 밝은 이른바 '경제적 인간(Homo Economicus)'들에게 있어서 선호나 기호 및 자원이 다양하기 때문이다. 말하자면 교환에 임하는 행위자들이 각인각색인 까닭에 비대칭적 상호주의가 현실적으로 통용될 수밖에 없으며, 어떤 의미에서는 그것만이 그들에게 상호 이익을 보장할 수 있는 것이다.

① (가) : A국과 B국 군대는 접경지역에서 포로 5명씩을 맞교환했다.
② (가) : 오늘 우리 아이를 옆집에서 맡아주는 대신 다음에 하루 옆집 아이를 맡아주기로 했다.
③ (가) : 동생이 내 발을 밟아서 볼을 꼬집어주었다.
④ (나) : 필기노트를 빌려준 친구에게 고맙다고 밥을 샀다.
⑤ (나) : 옆집 사람이 우리 집 대문을 막고 차를 세웠기에 타이어에 펑크를 냈다.

02 다음 밑줄 친 (가) ~ (마)를 맞춤법에 맞게 수정한 내용으로 옳지 않은 것은?

> - 지속가능보고서를 2007년 창간 이래 (가) <u>매년 발간에 의해</u> 이해 관계자와의 소통이 좋아졌다.
> - 2012년부터 시행되는 신재생에너지 공급의무제는 회사의 (나) <u>주요 리스크로</u> 이를 기회로 승화시키기 위한 노력을 하고 있다.
> - 전력은 필수적인 에너지원이므로 과도한 사용을 (다) <u>삼가야 한다.</u>
> - (라) <u>녹색 기술 연구 개발 투자 확대 및 녹색 생활 실천 프로그램을</u> 시행하여 온실가스 감축에 전 직원의 역량을 결집하고 있다.
> - 녹색경영위원회를 설치하여 전문가들과 함께하는 토론을 주기적으로 하고 있으며, 내·외부 (마) <u>전문가의 의견 자문을 구하고 있다.</u>

① (가) : '매년 발간에 의해'가 어색하므로 문맥에 맞게 '매년 발간함으로써'로 고친다.
② (나) : '주요 리스크로'는 조사의 쓰임이 어울리지 않으므로 '주요 리스크이지만'으로 고친다.
③ (다) : '삼가야 한다.'는 맞춤법상 맞지 않으므로 '삼가해야 한다.'로 고친다.
④ (라) : '및'의 앞은 명사구로 되어 있고 뒤는 절로 되어 있어 구조가 대등하지 않으므로 '녹색 기술 연구 개발에 대한 투자를 확대하고'로 고친다.
⑤ (마) : '전문가의 의견 자문을 구하고 있다.'는 맞춤법에 맞지 않으므로 '전문가들에게 자문하고 있다.'로 고친다.

03 다음 글에 해당하는 의사소통 저해요인으로 가장 적절한 것은?

> 일상생활에서는 물론 사회생활에서 우리는 종종 말하고 싶은 대로 말하고, 듣고 싶은 대로 듣는 경우가 있다. 이로 인해 같은 내용이라도 말하는 자와 듣는 자가 서로 다른 내용으로 기억하곤 한다. 이는 말하는 사람은 그가 전달하고자 하는 내용이 듣는 사람에게 잘 전달되었는지를, 듣는 사람은 내가 들은 내용이 말하고자 하는 내용을 바르게 이해한 것인지를 서로 확인하지 않기 때문에 발생하는 일이다.

① 의사소통 과정에서의 상호작용 부족
② 엇갈린 정보에 대한 책임 회피
③ 말하고자 하는 내용에 지나치게 많은 정보를 담는 복잡한 메시지
④ 서로 모순되는 내용을 가진 경쟁적인 메시지
⑤ 의사소통에 대한 잘못된 선입견

04 다음 글의 빈칸에 들어갈 내용으로 가장 적절한 것은?

> 오존층 파괴의 주범인 프레온 가스로 대표되는 냉매는 그 피해를 감수하고도 사용할 수밖에 없는 필요악으로 인식되어 왔다. 지구 온난화 문제를 해결할 수 있는 대체 물질이 요구되는 이러한 상황에서 최근 이를 만족할 수 있는 4세대 신냉매가 새롭게 등장해 각광을 받고 있다. 그중 온실가스 배출량을 크게 줄인 대표적인 4세대 신냉매가 수소불화올레핀(HFO)계 냉매이다.
>
> HFO는 기존 냉매에 비해 비싸고 불에 탈 수 있다는 단점이 있으나, 온실가스 배출이 거의 없고 에너지 효율성이 높은 장점이 있다. 이러한 장점으로 4세대 신냉매에 대한 관심이 최근 급격히 증가하고 있다. 지난 2003 ~ 2017년 중 냉매 관련 특허 출원 건수는 총 686건이었고, 온실가스 배출량을 크게 줄인 4세대 신냉매 관련 특허 출원들은 꾸준히 늘어나고 있다. 특히 2008년부터 HFO계 냉매를 포함한 출원 건수가 큰 폭으로 증가하면서 같은 기간의 HFO계 비중이 65%까지 증가했다. 이러한 출원 경향은 국제 규제로 2008년부터 온실가스를 많이 배출하는 기존 3세대 냉매의 생산과 사용을 줄이면서 4세대 신냉매가 필수적으로 요구됐기 때문으로 분석된다.
>
> 냉매는 자동차, 냉장고, 에어컨 등 우리 생활 곳곳에 사용되는 물질로서 시장 규모가 대단히 크지만, 최근 환경 피해와 관련된 엄격한 국제 표준이 요구되고 있다. 우수한 친환경 냉매가 조속히 개발될 수 있도록 관련 특허 동향을 제공해야 할 것이며, 4세대 신냉매 개발은 _____

① 인공지능 기술의 확장을 열게 될 것이다.

② 엄격한 환경 국제 표준을 약화시킬 것이다.

③ 또 다른 오존층 파괴의 원인으로 이어질 것이다.

④ 지구 온난화 문제 해결의 열쇠가 될 것이다.

⑤ 새로운 일자리 창출에 많은 도움이 될 것이다.

05 다음 사자성어 중 의미가 다른 하나를 고르면?

① 금의환향(錦衣還鄉)　　　　　　② 입신양명(立身揚名)

③ 간담상조(肝膽相照)　　　　　　④ 부귀공명(富貴功名)

⑤ 마부위침(磨斧爲針)

06 다음 중 글의 내용으로 적절하지 않은 것은?

> 최근 민간부문에 이어 공공부문의 인사관리 분야에 '역량(Competency)'의 개념이 핵심 주제로 등장하고 있다. '역량'이라는 개념은 1973년 사회심리학자인 맥클레랜드에 의하여 '전통적 학업 적성 검사 혹은 성취도 검사의 문제점 지적'이라는 연구에서 본격적으로 논의된 이후 다양하게 정의되어 왔으나, 여기서 역량의 개념은 직무에서 탁월한 성과를 나타내는 고성과자(High Performer)에게서 일관되게 관찰되는 행동적 특성을 의미한다. 즉 지식, 기술, 태도 등 내적 특성들이 상호작용하여 높은 성과로 이어지는 행동적 특성을 말한다. 따라서 역량은 관찰과 측정할 수 있는 구체적인 행위의 관점에서 설명된다. 조직이 필요로 하는 역량 모델이 개발된다면 이는 채용이나 선발, 경력관리, 평가와 보상, 교육훈련 등 다양한 인사관리 분야에 적용될 수 있다.

① 역량의 개념 정의는 역사적으로 다양하였다.
② 역량은 개인의 내재적 특성을 포함하는 개념이다.
③ 역량은 직무에서 높은 성과로 이어지는 행동적 특성을 말한다.
④ 역량 모델은 공공부문보다 민간부문에서 더욱 효과적으로 작용한다.
⑤ 역량 모델의 개발은 조직의 관리를 용이하게 한다.

07 다음 글의 중심 내용으로 가장 적절한 것은?

> 헤르만 헤세는 어느 책이 유명하다거나 그것을 모르면 수치스럽다는 이유만으로 그 책을 무리하게 읽으려는 것은 참으로 그릇된 일이라 했다. 그는 이어서, "그렇게 하기보다는 모든 사람은 자기에게 자연스러운 면에서 읽고, 알고, 사랑해야 할 것이다. 어느 사람은 학생 시절의 초기에 벌써 아름다운 시구의 사랑을 자기 안에서 발견할 수 있으며, 혹은 어느 사람은 역사나 자기 고향의 전설에 마음이 끌리게 되고 또는 민요에 대한 기쁨이나 우리의 감정이 정밀하게 연구되고 뛰어난 지성으로써 해석된 것에 독서의 매력 있는 행복감을 가질 수 있을 것이다."라고 말한 바 있다.

① 문학 작품을 많이 읽으면 정서 함양에 도움이 된다.
② 학생 시절에 고전과 명작을 많이 읽어 교양을 쌓아야 한다.
③ 남들이 읽어야 한다고 말하는 책보다 자신이 읽고 싶은 책을 읽는 것이 좋다.
④ 자신이 속한 사회의 역사나 전설에 관한 책을 읽으면 애향심을 기를 수 있다.
⑤ 독서는 우리의 감정을 정밀하게 연구하고 해석해 행복감을 준다.

08 다음 글의 주장에 대한 반박으로 가장 적절한 것은?

인간은 사회 속에서만 자신을 더 나은 존재로 느낄 수 있기 때문에 자신을 사회화하고자 한다. 인간은 사회 속에서만 자신의 자연적 소질을 실현할 수 있는 것이다. 그러나 인간은 자신을 개별화하거나 고립시키려는 성향도 강하다. 이는 자신의 의도에 따라서만 행동하려는 반사회적인 특성을 의미한다. 그리고 저항하려는 성향이 자신뿐만 아니라 다른 사람에게도 있다는 사실을 알기 때문에 그 자신도 곳곳에서 저항에 부딪히게 되리라 예상한다.

이러한 저항을 통하여 인간은 모든 능력을 일깨우고, 나태해지려는 성향을 극복하며, 명예욕이나 지배욕, 소유욕 등에 따라 행동하게 된다. 그리하여 동시대인들 가운데에서 자신의 위치를 확보하게 된다. 이렇게 하여 인간은 야만의 상태에서 벗어나 문화를 이룩하기 위한 진정한 진보의 첫걸음을 내딛게 된다. 이때부터 모든 능력이 점차 계발되고 아름다움을 판정하는 능력도 형성된다. 나아가 자연적 소질에 의해 도덕성을 어렴풋하게 느끼기만 하던 상태에서 벗어나, 지속적인 계몽을 통하여 구체적인 실천 원리를 명료하게 인식할 수 있는 성숙한 단계로 접어든다. 그 결과 자연적인 감정을 기반으로 결합된 사회를 도덕적인 전체로 바꿀 수 있는 사유 방식이 확립된다.

인간에게 이러한 반사회성이 없다면, 인간의 모든 재능은 꽃피지 못하고 만족감과 사랑으로 가득 찬 목가적인 삶 속에서 영원히 묻혀 버리고 말 것이다. 그리고 양처럼 선량한 기질의 사람들은 가축 이상의 가치를 자신의 삶에 부여하기 힘들 것이다. 자연 상태에 머물지 않고 스스로의 목적을 성취하기 위해 자연적 소질을 계발하여 창조의 공백을 메울 때, 인간의 가치는 상승되기 때문이다.

① 사회성만으로도 충분히 목가적 삶을 영위할 수 있다.
② 반사회성만으로는 자신의 재능을 계발하기 어렵다.
③ 인간은 타인과의 갈등을 통해서도 사회성을 기를 수 있다.
④ 인간은 사회성만 가지고도 자신의 재능을 키워나갈 수 있다.
⑤ 인간의 자연적인 성질은 사회화를 방해한다.

09 다음 글을 통해 알 수 있는 내용으로 가장 적절한 것은?

> 상업 광고는 기업은 물론이고 소비자에게도 요긴하다. 기업은 마케팅 활동의 주요한 수단으로 광고를 적극적으로 이용하여 기업과 상품의 인지도를 높이려 한다. 소비자는 소비 생활에 필요한 상품의 성능, 가격, 판매 조건 등의 정보를 광고에서 얻으려 한다. 광고를 통해 기업과 소비자가 모두 이익을 얻는다면 이를 규제할 필요는 없을 것이다. 그러나 광고에서 기업과 소비자의 이익이 상충하는 경우도 있고 광고가 사회 전체에 폐해를 낳는 경우도 있어, 다양한 규제 방식이 모색되었다.
>
> 이때 문제가 된 것은 과연 광고로 인한 피해를 책임질 당사자로서 누구를 상정할 것인가였다. 초기에는 '소비자 책임 부담 원칙'에 따라 광고 정보를 활용한 소비자의 구매 행위에 대해 소비자가 책임을 져야 한다고 보았다. 여기에는 광고 정보가 정직한 것인지와는 상관없이 소비자는 이성적으로 이를 판단하여 구매할 수 있어야 한다는 전제가 있었다. 그래서 기업은 광고에 의존하여 물건을 구매한 소비자가 입은 피해에 대하여 책임을 지지 않았고, 광고의 기만성에 대한 입증 책임도 소비자에게 있었다.
>
> 책임 주체로 기업을 상정하여 '기업 책임 부담 원칙'이 부상하게 된 배경은 복합적이다. 시장의 독과점 상황이 광범위해지면서 소비자의 자유로운 선택이 어려워졌고, 상품에 응용된 과학 기술이 복잡해지고 첨단화되면서 상품 정보에 대한 소비자의 정확한 이해도 기대하기 어려워졌다. 또한 다른 상품 광고와의 차별화를 위해 통념에 어긋나는 표현이나 장면도 자주 활용되었다. 그리하여 경제적, 사회·문화적 측면에서 광고로부터 소비자를 보호해야 한다는 당위를 토대로 기업이 광고에 대해 책임을 져야 한다는 공감대가 확산되었다.
>
> 오늘날 행해지고 있는 여러 광고 규제는 이런 공감대에서 나온 것인데, 이는 크게 보아 법적 규제와 자율 규제로 나눌 수 있다. 구체적인 법 조항을 통해 광고를 규제하는 법적 규제는 광고 또한 사회적 활동의 일환이라는 점에 근거한다. 특히 자본주의 사회에서는 기업이 시장 점유율을 높여 다른 기업과의 경쟁에서 승리하기 위하여 사실에 반하는 광고나 소비자를 현혹하는 광고를 할 가능성이 높다. 법적 규제는 허위 광고나 기만 광고 등을 불공정 경쟁의 수단으로 간주하여 정부 기관이 규제를 가하는 것이다.
>
> 자율 규제는 법적 규제에 대한 기업의 대응책으로 등장했다. 법적 규제가 광고의 역기능에 따른 피해를 막기 위한 강제적 조치라면, 자율 규제는 광고의 순기능을 극대화하기 위한 자율적 조치이다. 광고에 대한 기업의 책임감에서 비롯된 자율 규제는 법적 규제를 보완하는 효과가 있다.

① 광고 주체의 자율 규제가 잘 작동될수록 광고에 대한 법적 규제의 역할도 커진다.

② 기업의 이익과 소비자의 이익이 상충하는 정도가 클수록 법적 규제와 자율 규제의 필요성이 약화된다.

③ 시장 독과점 상황이 심각해지면서 기업 책임 부담 원칙이 약화되고 소비자 책임부담 원칙이 부각되었다.

④ 첨단 기술을 강조한 상품의 광고일수록 소비자가 광고 내용을 정확히 이해하지 못한 채 상품을 구매할 가능성이 커진다.

⑤ 광고의 기만성을 입증할 책임을 소비자에게 돌리는 경우, 그 이유는 소비자에게 이성적 판단 능력이 있다는 전제를 받아들이지 않기 때문이다.

10 다음 중 바람직한 경청 방법으로 가장 적절한 것은?

① 상대의 말에 대한 원활한 대답을 위해 상대의 말을 들으면서 미리 대답할 말을 준비한다.

② 대화내용에서 상대방의 잘못이 드러나는 경우, 교정을 위해 즉시 비판적인 조언을 해준다.

③ 상대의 말을 모두 들은 후에 적절한 행동을 하도록 한다.

④ 상대가 전달할 내용에 대해 미리 짐작하여 대비한다.

⑤ 대화내용이 지나치게 사적이다 싶으면 다른 대화주제를 꺼내 화제를 옮긴다.

11 다음 글의 내용으로 적절한 것을 〈보기〉에서 모두 고르면?

> 지역 주민들로 이루어진 작은 집단에 국한된 고대 종교에서는 성찬을 계기로 신자들이 함께 모일 수 있었다. 그중에서도 특히 고대 셈족에게 성찬은 신의 식탁에 공동으로 참석해서 형제의 관계를 맺음을 의미했다. 실제로는 자신의 몫만을 배타적으로 먹고 마심에도 불구하고, 같은 것을 먹고 마신다는 생각을 통해서 공동의 피와 살을 만든다는 원시적인 표상이 만들어졌다. 빵을 예수의 몸과 동일시한 기독교의 성찬식에 이르러서 신화의 토대 위에 비로소 '공동 식사'라는 것의 새로운 의미가 형성되고 이를 통해서 참가자들 사이에 고유한 연결 방식이 창출되었다. 이러한 공동 식사 중에는 모든 참가자가 각기 자기만의 부분을 차지하는 것이 아니라, 전체를 분할하지 않고 누구나 함께 공유한다는 생각을 함으로써 식사 자체의 이기주의적 배타성이 극복된다.
>
> 공동 식사는 흔히 행해지는 원초적 행위를 사회적 상호 작용의 영역과 초개인적 의미의 영역으로 고양시킨다는 이유 때문에 과거 여러 시기에서 막대한 사회적 가치를 획득했다. 식탁 공동체의 금지 조항들이 이를 명백히 보여 준다. 이를테면 11세기의 케임브리지 길드는 길드 구성원을 살해한 자와 함께 먹고 마시는 사람에게 무거운 형벌을 가했다. 또한 강한 반유대적 성향 때문에 1267년의 비엔나 공의회는 기독교인들은 유대인들과 같이 식사를 할 수 없다고 규정했다. 그리고 인도에서는 낮은 카스트에 속하는 사람과 함께 식사를 함으로써 자신과 자신의 카스트를 더럽히는 사람은 때로 죽임을 당하기까지 했다. 서구 중세의 모든 길드에서는 공동으로 먹고 마시는 일이 오늘날 우리가 상상할 수 없을 정도로 중요했다. 아마도 중세 사람들은 존재의 불확실성 가운데서 유일하게 눈에 보이는 확고함을 같이 모여서 먹고 마시는 데서 찾았을 것이다. 당시의 공동 식사는 중세 사람들이 언제나 공동체에 소속되어 있다는 확신을 얻을 수 있는 상징이었던 것이다.

> **보기**
> ㄱ. 개별 집단에서 각기 이루어지는 공동 식사는 집단 간의 배타적인 경계를 강화시켜 주는 역할을 한다.
> ㄴ. 일반적으로 공동 식사는 성스러운 음식을 공유함으로써 새로운 종교가 창출되는 계기로 작용했다.
> ㄷ. 공동 식사는 식사가 본질적으로 이타적인 행위임을 잘 보여 주는 사례이다.

① ㄱ

② ㄷ

③ ㄱ, ㄴ

④ ㄴ, ㄷ

⑤ ㄱ, ㄴ, ㄷ

12 다음 중 빈칸에 들어갈 내용으로 적절하지 않은 것은?

〈무더울 때(폭염)는 이렇게 준비하세요〉

• 사전 준비사항
  - 단수에 대비하여 생수를 준비하고 생활용수는 욕조에 미리 받아 두세요.
  - 냉방기기 사용 시 실내외 온도 차를 5℃ 내외로 유지하여 냉방병을 예방하세요(건강 실내 냉방온도는 26 ~ 28℃가 적당합니다).
  - 변압기를 점검하여 과부하에 사전대비하세요.
  - 창문에 커튼이나 천 등을 이용, 집안으로 들어오는 직사광선을 최대한 차단하세요.
  - 집에서 가까운 병원의 연락처를 확인하고 본인과 가족의 열사병 등 증상을 체크하세요.

• 폭염특보 발령 시
  - 되도록이면 야외활동을 자제하세요.
  - 물을 많이 마시되 너무 달거나 카페인이 들어간 음료, 주류 등은 마시지 마세요.
  - 냉방이 되지 않는 실내의 경우 햇볕이 실내에 들어오지 않도록 하고 맞바람이 불도록 환기를 하고 선풍기를 켜세요.
  - _____

---

① 창문이 닫힌 자동차 안에 노약자나 어린이를 홀로 남겨두지 마세요.
② 외출을 할 경우 창이 넓은 모자를 착용하고, 가벼운 옷차림을 하고 물병을 꼭 휴대하세요.
③ 거동이 불편한 고령, 독거노인, 신체허약자, 환자 등은 외출을 삼가고 이들을 남겨두고 장시간 외출 시에는 친인척, 이웃 등에 보호를 의뢰하세요.
④ 창문과 같은 유리창 근처는 유리가 깨지면 다칠 위험이 있으므로 피하고, 유리창이 깨졌을 때는 신발이나 슬리퍼를 신어 다치지 않도록 하세요.
⑤ 열사병 초기증세가 보일 경우에는 시원한 장소로 이동하여 몇 분간 휴식을 취한 후 시원한 음료를 천천히 드세요.

'이해'와 '설명'은 모두 과학의 중요한 방법론으로 사용됐다. 그중 이해는 주로 인간의 정신세계를 다루는 정신 과학의 중요한 방법론이 되었던 반면에 설명은 자연적 대상을 다루는 자연 과학의 중요한 방법론이 되어 왔다. 그렇다면 인간의 행위는 과연 이해의 대상으로 보아야 할까, 아니면 설명의 대상으로 보아야 할까?

본능적인 행동을 제외한 인간의 행위 대부분은 어떤 의도를 담고 있다는 점에서, 인간의 행위는 단순히 물리적인 자연 현상이 아니라 정신세계와 밀접하게 관련되어 있다고 볼 수 있다. 따라서 정신 과학의 독자성을 주장하는 학자들은 인간의 행위를 설명의 대상이 아니라 이해의 대상으로 보는 것이 더 자연스럽다고 생각했다. 물론 타인의 의도를 파악하여 행위를 이해하는 것은 쉬운 일이 아니다. 그렇지만 같은 인간이라는 삶의 공통성을 기반으로 타인의 체험을 자신의 체험처럼 느끼는 과정을 통해 인간의 행위를 이해할 수 있다는 것이다. 하지만 이러한 방법론은 객관성을 확보하기가 쉽지 않다. 이 문제를 해결하기 위해 이해의 방법론을 체계적으로 확립한 철학자인 딜타이는 객관적 정신을 내세웠다. '객관적 정신'은 개별적인 인간 정신의 상호 작용으로 산출되는 집단정신의 산물이라고 할 수 있다. 따라서 객관적 정신을 통해 이해의 객관성도 확보할 수 있다는 것이다. 하지만 서로 다른 공동체에 속해 있거나 서로 다른 시대에 살고 있다면 객관적 정신을 완전히 보장하기 어렵다는 점에서 이 주장은 한계를 지닐 수밖에 없다.

이에 대해 모든 과학의 통일을 주장하는 학자들은 인과적 설명으로 인간의 행위를 비롯한 모든 것에 답할 수 있다고 생각했다. 자연에서 일어나는 개별 현상을 보편 법칙에 포섭하여 대상을 인과적으로 규명하는 방법론인 설명은 인간의 행위를 규명할 때도 유용한 방법론이 될 수 있다는 것이다. 그러므로 이들은 인간의 행위를 다룰 때도 개별적 특성 하나하나에 관심을 두기보다 그 행위를 포섭할 수 있는 보편 법칙의 수립에 더 관심을 두어야 한다고 보았다. 즉, 인간의 행위를 어떤 보편 법칙 속에 포섭되는 하나의 사례로 보고 인과적으로 설명할 수 있다는 것이다. 더 나아가 개별 행위를 포섭하는 보편 법칙이 객관성을 갖는다면 그 행위에 대한 설명 역시 객관성을 확보할 수 있다고 보았다. 그리고 이들은 행위에 담긴 의도가 무엇인지를 파악하는 것보다 그런 의도가 왜 생겨났는가를 묻는 것이 더 의미 있는 질문이라고 생각했다.

그렇다고 해도 ⊙ 설명이 이해를 완전히 대체할 수 있는 것은 아니다. 인간의 정신세계에 속하는 의도는 자연처럼 관찰이나 실험으로 파악하기 어렵기 때문이다. 그뿐만 아니라 인간의 정신세계는 어떤 법칙을 따르기보다 개인의 판단에 따라 자율적으로 작동하는 경우가 많다. 이런 점에서 자신의 체험에 비추어 타인의 의도를 개별적으로 파악하는 이해는 인간의 행위를 파악하는 데 필요하다. 그렇지만 인간의 의도를 모든 상황에서 모두 이해하는 것도 결코 쉬운 일은 아니다. 또한 행위에 담긴 의도를 이해하더라도 그런 의도가 생긴 원인까지 알기는 어렵다. 더 나아가 행위는 결코 의도되지 않은 결과로 나타날 수도 있다. 이러한 문제점들을 해결하기 위해서는 이해보다 설명이 더 유용할 수 있다. 이런 점을 종합해 볼 때, 인간의 행위를 연구하는 방법론으로서의 이해와 설명은 상호 대립적인 관계가 아니라 상호 보완적인 관계여야 할 것이다.

13 다음 중 윗글을 토대로 '객관적 정신'에 대해 이해한 내용으로 가장 적절한 것은?

① '객관적 정신'은 상반된 인식의 차이를 부각한다.

② '객관적 정신'은 타인을 이해하는 과정에 순서를 부여한다.

③ '객관적 정신'은 대상을 상황에 따라 다르게 인식하도록 한다.

④ '객관적 정신'은 자신과 타인을 이해하는 공통의 기반이 된다.

⑤ '객관적 정신'은 집단정신의 정당성에 근본적인 문제를 제기한다.

14 다음 중 윗글에서 밑줄 친 ㉠의 이유로 적절한 것을 〈보기〉에서 모두 고르면?

> **보기**
>
> ㄱ. 타인의 행위에 담긴 의도에 공감하기가 쉽지 않기 때문에
>
> ㄴ. 인간이 지닌 의도는 관찰이나 실험의 대상과는 성격이 다르기 때문에
>
> ㄷ. 인간의 모든 행위를 포섭할 수 있는 보편 법칙을 세우는 것이 어렵기 때문에
>
> ㄹ. '의도가 무엇인가.'에 대한 대답보다 '그 의도가 왜 생겼는가.'에 대한 대답이 더 중요하기 때문에

① ㄱ, ㄴ   ② ㄱ, ㄷ

③ ㄴ, ㄷ   ④ ㄴ, ㄹ

⑤ ㄷ, ㄹ

※ 다음 글을 읽고 이어지는 질문에 답하시오. [15~16]

펀드(Fund)를 우리말로 바꾸면 '모금한 기금'을 뜻하지만 경제 용어로는 '경제적 이익을 보기 위해 불특정 다수인으로부터 모금하여 운영하는 투자 기금'을 가리키는 말로 사용합니다. 펀드는 주로 주식이나 채권에 많이 투자를 하는데, 개인이 주식이나 채권에 투자하기 위해서는 어떤 회사의 채권을 사야 하는지, 언제 사야 하는지, 언제 팔아야 하는지, 어떻게 계약을 하고 세금을 얼마나 내야 하는지, 알아야 할 게 너무 많아 복잡합니다. 이러한 여러 가지 일을 투자 전문 기관이 대행하고 일정 비율의 수수료를 받게 되는데, 이처럼 펀드에 가입한다는 것은 투자 전문 기관에게 대행 수수료를 주고 투자 활동에 참여하여 이익을 보는 일을 말합니다.

펀드는 크게 보아 주식 투자 펀드와 채권 투자 펀드로 나눌 수 있습니다. 주식 투자 펀드를 살펴보면 회사가 회사를 잘 꾸려서 영업 이익을 많이 만들면 주식 가격이 오릅니다. 그래서 그 회사의 주식을 가진 사람은 회사의 이익을 나누어 받습니다. 이처럼 주식 투자 펀드는 주식을 사서 번 이익에서 투자 기관의 수수료를 뺀 금액이 '펀드 가입자의 이익'이 되며 이 이익은 투자한 자금에 비례하여 분배받습니다. 그리고 투자자는 분배받는 금액에 따라 세금을 냅니다. 채권 투자 펀드는 회사, 지방자치단체, 국가가 자금을 조달하기 위해 이자를 지불할 것을 약속하면서 발행하는 채권을 사서 이익을 보는 것입니다. 채권을 사서 번 이익에서 투자 기관의 수수료를 뺀 금액이 수익이 됩니다. 이외에도 투자 대상에 따라, 국내 펀드, 해외 펀드, 신흥국가 대상 펀드, 선진국 펀드, 중국 펀드, 원자재 펀드 등 펀드의 종류는 아주 다양합니다.

채권 투자 펀드는 회사나 지방자치단체 그리고 국가가 망하지 않는 이상 정해진 이자를 받을 수 있어 비교적 안정적입니다. 그런데 주식 투자 펀드는 일반 주식 가격의 변동에 따라 수익을 많이 볼 수도 있지만 손해를 보는 경우도 흔합니다. 예를 들어 어떤 펀드는 10년 후 누적 수익률이 원금의 열 배나 되지만 어떤 펀드는 수익률이 나빠져 1년 만에 원금의 절반이 되어버리는 일도 발생합니다. 이렇게 수익률 차이가 심하게 나는 것은 주식이 경기 변동의 영향을 많이 받기 때문입니다.

이로 인해 펀드와 관련하여 은행을 비롯한 투자 전문 기관에 가서 상담을 하면 상품에 대한 안내만 할 뿐, 가입 여부는 고객이 스스로 판단하도록 하고 있습니다. 합리적으로 안내를 한다고 해도 소비자의 투자 목적, 시장 상황, 투자 성향에 따라 맞는 펀드가 다르기 때문입니다. 그러니까 펀드에 가입하기 전에는 펀드의 종류를 잘 알아보고 결정해야 합니다. 또한 펀드에 가입을 해도 살 때와 팔 때를 잘 구분해야 합니다. 이것이 가장 어려운 일입니다. 그래서 주식이나 펀드는 사회 경험을 쌓고 경제 지식을 많이 알고 난 후에 하는 것이 좋다는 얘기를 많이 합니다.

15 다음 중 윗글을 토대로 할 수 있는 질문으로 적절하지 않은 것은?

① 펀드에 가입하면 돈을 벌 수 있는가?
② 펀드란 무엇인가?
③ 펀드 가입 시 유의할 점은 무엇인가?
④ 펀드에는 어떤 종류가 있는가?
⑤ 펀드 가입 절차는 어떻게 되는가?

16 다음 중 윗글을 이해한 내용으로 가장 적절한 것은?

① 주식 투자 펀드는 경기 변동의 영향을 많이 받게 된다.
② 주식 투자 펀드는 정해진 이자를 받을 수 있어 안정적이다.
③ 채권 투자 펀드는 투자 기관의 수수료를 더한 금액이 수익이 된다.
④ 채권 투자 펀드는 주식 가격이 오를수록 펀드 이익을 많이 분배받게 된다.
⑤ 주식 투자 펀드는 채권 투자 펀드와 달리 투자 기관의 수수료가 없다.

딸기에는 비타민 C가 귤의 1.6배, 레몬의 2배, 키위의 2.6배, 사과의 10배 정도 함유되어 있어 딸기 5 ~ 6개를 먹으면 하루에 필요한 비타민 C를 전부 섭취할 수 있다. 비타민 C는 신진대사 활성화에 도움을 줘 원기를 회복하고 체력을 증진시키며, 멜라닌 색소가 축적되는 것을 막아 기미, 주근깨를 예방해준다. 멜라닌 색소가 많을수록 피부색이 검어지므로 미백 효과도 있는 셈이다. 또한 비타민 C는 피부 저항력을 높여줘 알레르기성 피부나 홍조가 짙은 피부에도 좋다. 비타민 C가 내는 신맛은 식욕 증진 효과와 스트레스 해소 효과가 있다.

한편, 딸기에 비타민 C만큼 풍부하게 함유된 성분이 항산화 물질인데, 이는 암세포 증식을 억제하는 동시에 콜레스테롤 수치를 낮춰주는 기능을 한다. 그래서 심혈관계 질환, 동맥경화 등의 예방에 좋고 눈의 피로를 덜어주며 시각 기능을 개선해주는 효과도 있다.

딸기는 식물성 섬유질 함량도 높은 과일이다. 섬유질 성분은 콜레스테롤을 낮추고, 혈액을 깨끗하게 만들어준다. 그뿐만 아니라 소화 기능을 촉진하고 장운동을 활발히 해 변비를 예방한다. 딸기 속 철분은 빈혈 예방 효과가 있어 혈색이 좋아지게 한다. 더불어 모공을 축소시켜 피부 탄력도 증진시킨다. 딸기와 같은 붉은 과일에는 라이코펜이라는 성분이 들어 있는데, 이 성분은 면역력을 높이고 혈관을 튼튼하게 해 노화 방지 효과를 낸다. 이처럼 건강에 무척 좋지만 당도가 높으므로 하루에 5 ~ 10개 정도만 먹는 것이 적당하다. 물론 달달한 맛에 비해 칼로리는 100g당 27kcal로 높지 않아 다이어트 식품으로 선호도가 높다.

17 다음 중 윗글의 제목으로 가장 적절한 것은?

① 딸기 속 비타민 C를 찾아라
② 비타민 C의 신맛의 비밀
③ 제철 과일, 딸기 맛있게 먹는 법
④ 다양한 효능을 가진 딸기
⑤ 딸기를 먹을 때 주의해야 할 몇 가지

18 윗글을 마케팅에 이용할 때, 다음 중 마케팅 대상으로 적절하지 않은 사람은?

① 잦은 야외 활동으로 주근깨가 걱정인 사람
② 스트레스로 입맛이 사라진 사람
③ 콜레스테롤 수치 조절이 필요한 사람
④ 당뇨병으로 혈당 조절을 해야 하는 사람
⑤ 피부 탄력과 노화 예방에 관심이 많은 사람

19 다음은 2020년부터 2024년까지 시행된 A국가고시 현황에 관한 자료이다. 이를 참고하여 그래프로 나타낸 것으로 적절하지 않은 것은?

〈A국가고시 현황〉

(단위 : 명)

구분	2020년	2021년	2022년	2023년	2024년
접수자	3,540	3,380	3,120	2,810	2,990
응시자	2,810	2,660	2,580	2,110	2,220
응시율	79.40%	78.70%	82.70%	75.10%	74.20%
합격자	1,310	1,190	1,210	1,010	1,180
합격률	46.60%	44.70%	46.90%	47.90%	53.20%

※ 응시율(%) : $\dfrac{(응시자\ 수)}{(접수자\ 수)}\times100$, 합격률(%) : $\dfrac{(합격자\ 수)}{(응시자\ 수)}\times100$

① 연도별 미응시자 수 추이

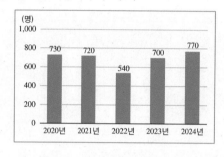

② 연도별 응시자 중 불합격자 수 추이

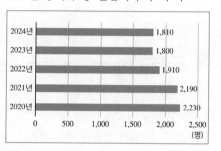

③ 2021 ~ 2024년 전년 대비 접수자 수 변화량

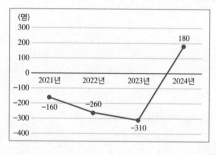

④ 2021 ~ 2024년 전년 대비 합격자 수 변화량

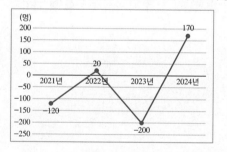

⑤ 2021 ~ 2024년 전년 대비 합격률 증감량

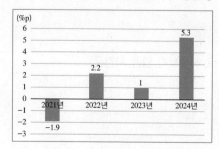

20 남자 2명, 여자 3명 중 두 명의 대표를 선출할 때, 대표가 모두 여자로 선출될 확률은?

① $\dfrac{7}{10}$

② $\dfrac{3}{5}$

③ $\dfrac{1}{2}$

④ $\dfrac{2}{5}$

⑤ $\dfrac{3}{10}$

21 다음은 세계 에너지 소비실적 및 수요전망에 대한 자료이다. 이에 대한 설명으로 옳지 않은 것은?

〈세계 에너지 소비실적 및 수요전망〉

(단위 : Moe)

구분	소비실적		수요전망					연평균 증감률(%)
	2000년	2024년	2025년	2030년	2035년	2040년	2045년	2024 ~ 2045년
OECD	4,522	5,251	5,436	5,423	5,392	5,399	5,413	0.1
미국	1,915	2,136	2,256	2,233	2,197	2,192	2,190	0.1
유럽	1,630	1,769	1,762	1,738	1,717	1,704	1,697	−0.1
일본	439	452	447	440	434	429	422	−0.2
Non − OECD	4,059	7,760	9,151	10,031	10,883	11,656	12,371	1.7
러시아	880	741	730	748	770	798	819	0.4
아시아	1,588	4,551	5,551	6,115	6,653	7,118	7,527	1.8
중국	879	2,909	3,512	3,802	4,019	4,145	4,185	1.3
인도	317	788	1,004	1,170	1,364	1,559	1,757	2.9
중동	211	680	800	899	992	1,070	1,153	1.9
아프리카	391	739	897	994	1,095	1,203	1,322	2.1
중남미	331	611	709	784	857	926	985	1.7
합계	8,782	13,361	14,978	15,871	16,720	17,529	18,293	1.1

① 2024년 아시아 에너지 소비실적은 2000년의 3배 이상이다.

② Non − OECD 국가의 에너지 수요전망은 2024 ~ 2045년 연평균 1.7%씩 증가한다.

③ 2000년 전체 소비실적에서 중국과 인도의 에너지 소비 비중은 13% 이상이다.

④ 중남미의 소비실적과 수요전망은 모두 증가하고 있다.

⑤ OECD 국가의 수요전망은 2040년부터 증가 추세로 돌아선다.

22 다음은 K공사의 모집단위별 지원자 및 합격자 수를 나타낸 자료이다. 이에 대한 설명으로 옳지 않은 것은?

〈모집단위별 지원자 및 합격자 수〉

(단위 : 명)

모집단위	남성		여성		합계	
	합격자 수	지원자 수	합격자 수	지원자 수	모집정원	지원자 수
A집단	512	825	89	108	601	933
B집단	353	560	17	25	370	585
C집단	138	417	131	375	269	792
합계	1,003	1,802	237	508	1,240	2,310

※ $[경쟁률(\%)] = \dfrac{(지원자 \ 수)}{(모집정원)} \times 100$

※ 경쟁률은 소수점 첫째 자리에서 반올림함

① 세 개의 모집단위 중 총 지원자 수가 가장 많은 집단은 A집단이다.

② 세 개의 모집단위 중 합격자 수가 가장 적은 집단은 C집단이다.

③ K공사의 남성 합격자 수는 여성 합격자 수의 5배 이상이다.

④ B집단의 경쟁률은 158%이다.

⑤ C집단에서는 남성의 경쟁률이 여성의 경쟁률보다 높다.

23 다음 〈조건〉을 토대로 팀장의 나이를 바르게 추론한 것은?

> **조건**
> • 팀장의 나이는 과장보다 4살이 많다.
> • 대리의 나이는 31세이다.
> • 사원은 대리보다 6살 어리다.
> • 팀장과 과장의 나이 합은 사원과 대리의 나이 합의 2배이다.

① 56세   ② 57세

③ 58세   ④ 59세

⑤ 60세

24 일정한 규칙으로 수를 나열할 때, 빈칸에 들어갈 알맞은 수는?

	11	21	10	10	36	8	8	( )	5

① 40
② 39
③ 38
④ 37
⑤ 36

25 다음과 같이 한 변의 길이가 12cm인 정사각형 ABCD에서 변 BC의 중점이 P, 변 CD의 중점이 Q일 경우, 선분 AP, AQ, PQ를 따라 잘랐을 때, 삼각형 APQ의 넓이는?

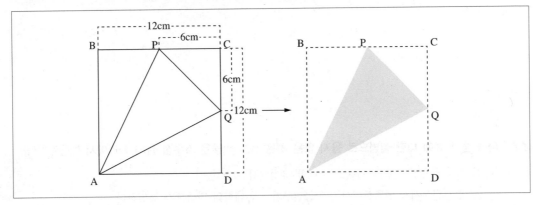

① $36cm^2$
② $54cm^2$
③ $72cm^2$
④ $90cm^2$
⑤ $108cm^2$

※ 다음은 현 직장 만족도에 대하여 조사한 자료이다. 이어지는 질문에 답하시오. [26~27]

〈현 직장 만족도〉

만족분야	직장유형	2023년	2024년
전반적 만족도	기업	6.9	6.3
	공공연구기관	6.7	6.5
	대학	7.6	7.2
임금과 수입	기업	4.9	5.1
	공공연구기관	4.5	4.8
	대학	4.9	4.8
근무시간	기업	6.5	6.1
	공공연구기관	7.1	6.2
	대학	7.3	6.2
사내분위기	기업	6.3	6.0
	공공연구기관	5.8	5.8
	대학	6.7	6.2

26 2023년 3개 기관의 전반적 만족도의 합은 2024년 3개 기관의 임금과 수입 만족도의 합의 몇 배인가?(단, 소수점 둘째 자리에서 반올림한다)

① 1.4배
② 1.6배
③ 1.8배
④ 2.0배
⑤ 2.2배

27 다음 중 자료에 대한 설명으로 옳지 않은 것은?(단, 비율은 소수점 둘째 자리에서 반올림한다)

① 현 직장에 대한 전반적 만족도는 대학 유형에서 가장 높다.
② 2024년 근무시간 만족도에서는 공공연구기관과 대학의 만족도가 동일하다.
③ 전년 대비 2024년에 모든 유형의 직장에서 임금과 수입의 만족도는 증가했다.
④ 사내분위기 측면에서 2023년과 2024년 공공연구기관의 만족도는 동일하다.
⑤ 전년 대비 2024년 근무시간에 대한 만족도의 감소율은 대학 유형이 가장 크다.

28 다음은 연대별로 정리한 유지관리 도로 거리에 대한 자료와 그래프이다. 이에 대한 설명으로 옳지 않은 것은?(단, 비중은 소수점 둘째자리에서 반올림한다)

〈연대별 유지관리 도로 거리〉

(단위 : km)

구분	2차로	4차로	6차로	8차로	10차로	비고
1960년대	–	304.7	–	–	–	
1970년대	761.0	471.8	–	–	–	
1980년대	667.7	869.5	21.7	–	–	
1990년대	367.5	1,322.6	194.5	175.7	–	
2000년대	155.0		450.0	342.0	–	27개 노선
현재	–	3,130.0	508.0	434.0	41.0	29개 노선

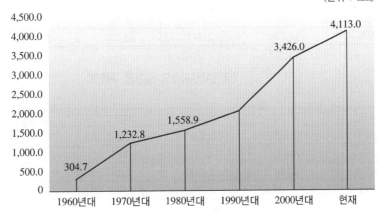

〈연대별 유지관리 도로 총거리〉

(단위 : km)

① 1960년대부터 유지관리하는 4차로 도로 거리는 현재까지 계속 증가했다.

② 현재 유지관리하는 도로 한 노선의 평균거리는 120km 이상이다.

③ 현재 유지관리하는 도로 총거리는 1990년대보다 1,950km 미만으로 길어졌다.

④ 차선이 만들어진 순서는 4차로 – 2차로 – 6차로 – 8차로 – 10차로이다.

⑤ 1970년대 전체 도로 거리에서 2차로의 비중은 1980년대 전체 도로 거리의 6차로 비중의 40배 이상이다.

29 다음은 도로별 일평균 교통량에 대한 자료이다. 이에 대한 설명으로 옳지 않은 것은?

〈고속국도 일평균 교통량〉

(단위 : 대)

구분	2020년	2021년	2022년	2023년	2024년
승용차	28,864	31,640	32,593	33,605	35,312
버스	1,683	1,687	1,586	1,594	1,575
화물차	13,142	11,909	12,224	13,306	13,211
합계	43,689	45,236	46,403	48,505	50,098

〈일반국도 일평균 교통량〉

(단위 : 대)

구분	2020년	2021년	2022년	2023년	2024년
승용차	7,951	8,470	8,660	8,988	9,366
버스	280	278	270	264	256
화물차	2,945	2,723	2,657	2,739	2,757
합계	11,176	11,471	11,587	11,991	12,379

〈국가지원지방도 일평균 교통량〉

(단위 : 대)

구분	2020년	2021년	2022년	2023년	2024년
승용차	5,169	5,225	5,214	5,421	5,803
버스	230	219	226	231	240
화물차	2,054	2,126	2,059	2,176	2,306
합계	7,453	7,570	7,499	7,828	8,349

① 조사기간 중 고속국도와 일반국도 평균 버스 교통량의 증감 추이는 같다.

② 전년 대비 일반국도 평균 화물차 교통량은 2022년까지 감소하다가 2023년부터 다시 증가하고 있다.

③ 2021 ~ 2024년 중 국가지원지방도 평균 버스 교통량 중 전년 대비 증가율이 가장 큰 해는 2024년이다.

④ 조사기간 중 고속국도 일평균 승용차 교통량은 일반국도와 국가지원지방도 평균 승용차 교통량의 합보다 항상 많았다.

⑤ 2024년 고속국도 평균 화물차 교통량은 2024년 일반국도와 국가지원지방도 평균 화물차 교통량의 합의 2.5배 이상이다.

30 다음은 A도시와 다른 도시들 간의 인구 이동량과 거리를 나타낸 자료이다. 인구가 많은 도시부터 순서대로 바르게 나열한 것은?

〈도시 간 인구 이동량과 거리〉

(단위 : 천 명)

도시 간	인구 이동량	거리(km)
A↔B	60	2
A↔C	30	4.5
A↔D	20	7.5
A↔E	55	4

※ (두 도시 간 인구 이동량)$= k \times \dfrac{(두 도시의 인구의 곱)}{(두 도시 간의 거리)}$ (단, k는 자연수)

① B-C-D-E
② D-C-E-B
③ D-E-C-B
④ E-D-B-C
⑤ E-D-C-B

31 다음은 K대학교의 적성고사 평가 방법을 안내한 자료이다. K대학교 적성고사를 본 A∼E의 틀린 개수를 토대로 계산한 A∼E의 평균 점수로 옳은 것은?

〈K대학교 적성고사 평가 방법〉

계열	산출 공식
인문계열	(국어 20문항×4점)+(수학 20문항×3점)+(영어 10문항×3점)+기본점수 230점=400점
자연계열	(국어 20문항×3점)+(수학 20문항×4점)+(영어 10문항×3점)+기본점수 230점=400점

〈학생별 적성고사 틀린 문항 개수〉

구분	계열	국어	수학	영어
A	인문계열	2개	3개	5개
B	자연계열	3개	7개	2개
C	인문계열	8개	6개	4개
D	인문계열	3개	9개	7개
E	자연계열	1개	2개	4개

① 354점
② 356점
③ 358점
④ 360점
⑤ 372점

32 다음은 권장 소비자 가격과 판매 가격 차이를 조사한 자료 중 일부이다. 주어진 〈조건〉을 적용했을 때, 할인가 판매 시 괴리율이 가장 높은 품목은?(단, 괴리율은 소수점 이하 둘째 자리에서 버림한다)

(단위 : 원, %)

상품	판매 가격		권장 소비자 가격과의 괴리율	
	정상가	할인가	권장 소비자 가격	정상가 판매 시 괴리율
세탁기	600,000	580,000	640,000	6.2
무선청소기	175,000	170,000	181,000	3.3
오디오세트	470,000	448,000	493,000	4.6
골프채	750,000	720,000	786,000	4.5
운동복	195,000	180,000	212,500	8.2

보기

- [권장 소비자 가격과의 괴리율(%)]$=\dfrac{(\text{권장 소비자 가격})-(\text{판매 가격})}{(\text{권장 소비자 가격})}\times100$
- 정상가 : 할인 판매를 하지 않는 상품의 판매 가격
- 할인가 : 할인 판매를 하는 상품의 판매 가격

① 세탁기   ② 무선청소기
③ 오디오세트   ④ 골프채
⑤ 운동복

33 다음과 같이 일정한 규칙으로 수를 나열할 때, 빈칸에 들어갈 수로 옳은 것은?

3	( )	4	12.5	6	125	9	1,875	13	

① 1.1   ② 1.3
③ 2.5   ④ 3.9
⑤ 4.4

34 다음 중 2020년부터 2024년까지 전년 대비 가장 크게 증가한 범죄의 발생 건수 비율과 체포 건수 비율 증가량의 차이로 옳은 것은?

〈범죄유형별 발생 건수 비율〉

(단위 : %)

구분	2020년	2021년	2022년	2023년	2024년
흉악범죄	1.9	2.2	1.7	0.8	1.0
조폭범죄	3.4	2.6	1.6	1.4	1.3
절도죄	66.9	57.3	76.0	81.7	88.0
지능범죄	5.9	9.7	2.9	7.8	3.4
기타	21.9	28.2	17.8	8.3	6.3

〈범죄유형별 체포 건수 비율〉

(단위 : %)

구분	2020년	2021년	2022년	2023년	2024년
흉악범죄	3.7	3.1	3.3	3.5	4.7
조폭범죄	5.3	3.6	3.5	4.6	5.7
절도죄	55.6	49.4	56.3	56.4	57.5
지능범죄	4.7	7.4	3.1	8.3	5.9
기타	30.7	36.5	33.8	27.2	26.2

① 11.7% ② 11.8%

③ 12.9% ④ 13.0%

⑤ 14.2%

35 다음은 창의적 사고를 개발하기 위한 방법인 자유연상법, 강제연상법, 비교발상법을 그림으로 나타낸 자료일 때, (가) ~ (다)를 바르게 연결한 것은?

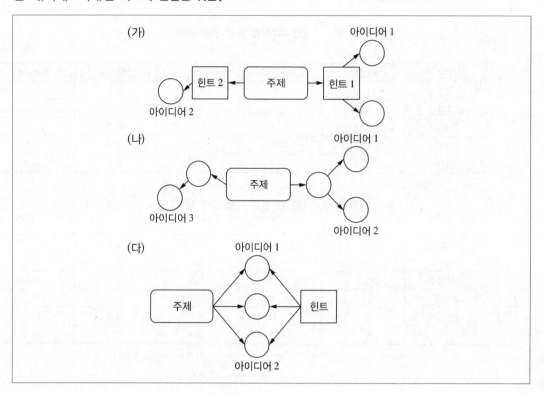

	(가)	(나)	(다)
①	비교발상법	자유연상법	강제연상법
②	강제연상법	자유연상법	비교발상법
③	강제연상법	비교발상법	자유연상법
④	자유연상법	비교발상법	강제연상법
⑤	자유연상법	강제연상법	비교발상법

36 다음 중 〈조건〉을 토대로 바르게 추론한 것은?

> **조건**
> • 수진이는 어제 밤 10시에 자서 오늘 아침 7시에 일어났다.
> • 지은이는 어제 수진이보다 30분 늦게 자서 오늘 아침 7시가 되기 10분 전에 일어났다.
> • 혜진이는 항상 9시에 자고, 8시간의 수면 시간을 지킨다.
> • 정은이는 어제 수진이보다 10분 늦게 잤고, 혜진보다 30분 늦게 일어났다.

① 지은이는 가장 먼저 일어났다.
② 정은이는 가장 늦게 일어났다.
③ 정은이의 수면 시간이 가장 짧다.
④ 수진이의 수면 시간이 가장 길다.
⑤ 수진, 지은, 혜진, 정은 모두 수면 시간이 8시간 이상이다.

37 K공사의 사원 A~E는 〈조건〉에 따라 야근을 한다. 다음 중 수요일에 야근하는 사람은?

> **조건**
> • 사장님이 출근할 때는 모든 사람이 야근을 한다.
> • E는 화요일에 야근을 한다.
> • A가 야근할 때 C도 반드시 해야 한다.
> • 수요일에는 한 명만 야근을 한다.
> • 사장님은 월요일과 목요일에 출근을 한다.
> • 월요일부터 금요일까지 한 사람당 3번 야근한다.
> • B는 금요일에 야근을 한다.

① A   ② B
③ C   ④ D
⑤ E

38 다음은 성공적인 문제해결을 위해 일반적으로 거쳐야 할 단계이다. 이를 토대로 〈보기〉에 제시된 문제해결 절차를 순서대로 바르게 나열한 것은?

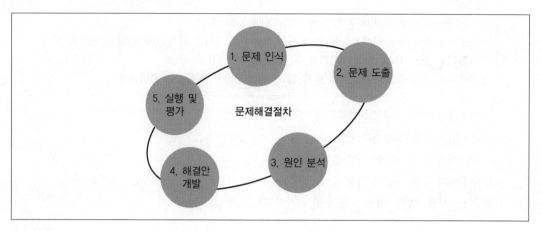

보기

㉠ 해결방안 수립하기
㉡ 목표를 명확히 하기
㉢ 핵심 문제 분석하기
㉣ 해결해야 할 것을 명확히 하기
㉤ 문제의 원인들을 제거하기

① ㉡ － ㉢ － ㉣ － ㉠ － ㉤
② ㉡ － ㉣ － ㉠ － ㉢ － ㉤
③ ㉡ － ㉣ － ㉢ － ㉠ － ㉤
④ ㉡ － ㉣ － ㉢ － ㉤ － ㉠
⑤ ㉣ － ㉡ － ㉢ － ㉠ － ㉤

39 다음은 동북아시아 3개국 수도의 30년간의 인구변화에 대한 자료이다. 이에 대한 설명으로 옳지 않은 것은?

〈동북아시아 3개국 수도 인구변화〉

(단위 : 천 명)

구분	1994년	2004년	2014년	2024년
서울	9,725	10,342	10,011	9,860
베이징	6,017	8,305	12,813	20,384
도쿄	30,304	33,587	35,622	38,001

① 2014년을 기점으로 인구가 2번째로 많은 도시의 순위가 변동된다.

② 세 도시 중 해당 기간 동안 인구가 감소한 도시가 있다.

③ 베이징은 해당 기간 동안 언제나 세 도시 중 가장 높은 인구 증가율을 보인다.

④ 연도별 인구가 최소인 도시의 인구수 대비 인구가 최대인 도시의 인구수의 비는 계속 감소한다.

⑤ 해당 기간 동안 인구가 최대인 도시와 인구가 최소인 도시의 인구의 차는 지속적으로 증가한다.

40 K고등학교는 부정행위 방지를 위해 1 ～ 3학년이 한 교실에서 같이 시험을 본다. 다음 〈조건〉을 참고할 때, 항상 거짓인 것은?

조건
• 교실에는 책상이 여섯 줄로 되어있다.
• 같은 학년은 바로 옆줄에 앉지 못한다.
• 첫 번째 줄과 다섯 번째 줄에는 3학년이 앉는다.
• 3학년이 앉은 줄의 수는 1학년과 2학년이 앉은 줄의 합과 같다.

① 2학년은 네 번째 줄에 앉는다.

② 첫 번째 줄과 세 번째 줄의 책상 수는 같다.

③ 3학년의 학생 수가 1학년의 학생 수보다 많다.

④ 여섯 번째 줄에는 1학년이 앉는다.

⑤ 1학년이 두 번째 줄에 앉으면 2학년은 세 번째 줄에 앉는다.

• K보험회사 고객관리코드는 11자리로 이루어져 있다.

AA	B	CC	DD	EE	FF
보험 상품	해지환급금 지급유무	가입자 성별	납입기간	납입주기	보장기간

보험 상품	해지환급금 지급유무	가입자 성별
SY : 종합보험 CC : 암보험 BB : 어린이보험 TO : 치아보험 NC : 간병보험 LF : 생활보장보험	Y : 100% 지급 P : 70% 지급 Q : 50% 지급 R : 30% 지급 N : 미지급	남 : 01 여 : 10

납입기간	납입주기	보험 · 보장기간(년, 세)
10 : 10년 15 : 15년 20 : 20년 30 : 30년 00 : 일시	월 : 12 년 : 01 일시불 : 00	01 : 10년 02 : 20년 03 : 30년 08 : 80세 09 : 90세 10 : 100세

※ 보험 상품에 관계없이 납입기간은 보험기간보다 같거나 짧음
※ 생활보장보험과 치아보험 상품의 경우 보장기간은 최대 20년으로 만기 후 재가입은 가능함. 그 외 보험 상품은 최대 100세 만기가입이 가능함

41 다음은 K보험회사 고객 A씨에 대한 설명이다. 고객 A씨의 고객관리코드로 옳은 것은?

최근 충치치료를 많이 받은 A씨는 금전적으로 부담을 느껴 앞으로 충치치료는 보험적용을 받기위해 보험을 가입하기로 하였다. 해지환급금 지급률이 높을수록 보험료가 높다고 들은 A씨는 해지환급금은 받되 지급률을 최대한 낮게 하여 가입하기로 하였다. A씨는 보장기간을 최대한 길게 하고 납입기간은 보장기간과 같게 하되 납입은 연납으로 하기로 하였다.

① SYR01200102
② SYR10200110
③ TOR01200110
④ TOR10200102
⑤ TOR01200103

42 다음 중 해지환급금 미지급 100세 보장 간병보험 상품을 일시불로 납입한 남성의 고객관리코드는?

① NCN01000010

② NCN01000001

③ NCN01000110

④ NCN01000101

⑤ NCN01000102

43 다음과 같이 K보험회사에서 추석선물을 지급한다면, 〈보기〉 중 추석선물을 받을 수 있는 고객은 최소 몇 명인가?

K보험회사는 보험기간에 대한 제약이 없는 보험 상품을 가입한 고객 중에서 해지환급금의 일부만을 지급받으며 납입기간이 보장기간보다 짧은 월납 고객에게 추석선물을 지급하기로 하였다.

보기

SYY01100102	NCP01201202	CCQ10151202	LFR10151220
CCR10000008	SYR01151203	BBN10100108	SYY01101209
LFP10101220	TOQ01000001	NCY01101208	BBQ01201209
TOY10200120	CCQ10000010	CCR01301210	SYN10200110

① 1명

② 2명

③ 3명

④ 4명

⑤ 5명

44 K공사에 근무하는 A대리는 국내 자율주행자동차 산업에 대한 SWOT 분석 결과에 따라 국내 자율주행자동차 산업 발달을 위한 방안을 고안하는 중이다. A대리가 SWOT 분석에 의한 경영 전략에 따라 판단하였다고 할 때, 〈보기〉에서 적절하지 않은 것을 모두 고르면?

〈국내 자율주행자동차 산업에 대한 SWOT 분석 결과〉

구분	분석 결과
강점(Strength)	• 민간 자율주행기술 R&D 지원을 위한 대규모 예산 확보 • 국내외에서 우수한 평가를 받는 국내 자동차기업 존재
약점(Weakness)	• 국내 민간기업의 자율주행기술 투자 미비 • 기술적 안전성 확보 미비
기회(Opportunity)	• 국가의 지속적 자율주행자동차 R&D 지원법안 본회의 통과 • 완성도 있는 자율주행기술을 갖춘 외국 기업들의 등장
위협(Threat)	• 자율주행자동차에 대한 국민들의 심리적 거부감 • 자율주행자동차에 대한 국가의 과도한 규제

〈SWOT 분석에 의한 경영 전략〉

• SO전략 : 기회를 이용해 강점을 활용하는 전략
• ST전략 : 강점을 활용하여 위협을 최소화하거나 극복하는 전략
• WO전략 : 기회를 활용하여 약점을 보완하는 전략
• WT전략 : 약점을 최소화하고 위협을 회피하는 전략

보기

ㄱ. 자율주행기술 수준이 우수한 외국 기업과의 기술이전협약을 통해 국내 우수 자동차기업들의 자율주행기술 연구 및 상용화 수준을 향상시키려는 전략은 SO전략에 해당한다.
ㄴ. 민간의 자율주행기술 R&D를 적극 지원하여 자율주행기술의 안전성을 높이려는 전략은 ST전략에 해당한다.
ㄷ. 자율주행자동차 R&D를 지원하는 법률을 토대로 국내 기업의 기술개발을 적극 지원하여 안전성을 확보하려는 전략은 WO전략에 해당한다.
ㄹ. 자율주행기술개발에 대한 국내기업의 투자가 부족하므로 국가기관이 주도하여 기술개발을 추진하는 전략은 WT전략에 해당한다.

① ㄱ, ㄴ
② ㄱ, ㄷ
③ ㄴ, ㄷ
④ ㄴ, ㄹ
⑤ ㄷ, ㄹ

45 K프랜차이즈 카페에서는 디저트로 빵, 케이크, 마카롱, 쿠키를 판매하고 있다. 최근 각 지점에서 디저트를 섭취하고 땅콩 알레르기가 발생했다는 민원이 제기되었다. 해당 디저트에는 모두 땅콩이 들어가지 않을 때, 다음 중 항상 거짓인 것은?

- 땅콩 알레르기 유발 원인이 된 디저트는 빵, 케이크, 마카롱, 쿠키 중 하나이다.
- 각 지점에서 땅콩 알레르기가 있는 손님이 섭취한 디저트와 알레르기 유무는 다음과 같다.

A지점	빵과 케이크를 먹고, 마카롱과 쿠키를 먹지 않은 경우, 알레르기가 발생했다.
B지점	빵과 마카롱을 먹고, 케이크와 쿠키를 먹지 않은 경우, 알레르기가 발생하지 않았다.
C지점	빵과 쿠키를 먹고, 케이크와 마카롱을 먹지 않은 경우, 알레르기가 발생했다.
D지점	케이크와 마카롱을 먹고, 빵과 쿠키를 먹지 않은 경우, 알레르기가 발생했다.
E지점	케이크와 쿠키를 먹고, 빵과 마카롱을 먹지 않은 경우, 알레르기가 발생하지 않았다.
F지점	마카롱과 쿠키를 먹고, 빵과 케이크를 먹지 않은 경우, 알레르기가 발생하지 않았다.

① A, B, D지점의 사례만을 고려하면, 케이크가 알레르기의 원인이다.
② A, C, E지점의 사례만을 고려하면, 빵이 알레르기의 원인이다.
③ B, D, F지점의 사례만을 고려하면, 케이크가 알레르기의 원인이다.
④ C, D, F지점의 사례만을 고려하면, 마카롱이 알레르기의 원인이다.
⑤ D, E, F지점의 사례만을 고려하면, 쿠키는 알레르기의 원인이 아니다.

46 K기업의 영업1팀은 강팀장, 김대리, 이대리, 박사원, 유사원으로 이루어져 있었으나 최근 인사이동으로 인해 팀원의 변화가 일어났고, 자리를 새롭게 배치하려고 한다. 〈조건〉이 다음과 같을 때, 항상 옳은 것은?

> **조건**
> • 영업1팀의 김대리는 영업2팀의 팀장으로 승진하였다.
> • 이번 달 영업1팀에 김사원과 이사원이 새로 입사하였다.
> • 자리는 일렬로 위치해 있으며, 영업1팀은 영업2팀과 마주하고 있다.
> • 자리의 가장 안 쪽 옆은 벽이며, 반대편 끝자리의 옆은 복도이다.
> • 각 팀의 팀장은 가장 안 쪽인 왼쪽 끝에 앉는다.
> • 이대리는 영업2팀 김팀장의 대각선에 앉는다.
> • 박사원의 양 옆은 신입사원이 앉는다.
> • 김사원의 자리는 이사원의 자리보다 왼쪽에 있다.

① 유사원과 이대리는 서로 인접한다.
② 박사원의 자리는 유사원의 자리보다 왼쪽에 있다.
③ 이사원의 양 옆 중 한쪽은 복도이다.
④ 김사원은 유사원과 인접하지 않는다.
⑤ 이대리는 강팀장과 서로 인접한다.

47 K공사는 미세먼지 정화설비 A ~ F 중 일부를 도입하고자 한다. 설비들의 호환성에 따른 도입규칙을 참고할 때, 다음 중 도입하는 설비만으로 바르게 짝지어진 것은?

〈호환성에 따른 도입규칙〉

• A설비는 반드시 도입한다.
• B설비를 도입하지 않으면 D설비를 도입한다.
• E설비를 도입하면 A설비를 도입하지 않는다.
• B・E・F설비 중 적어도 두 개는 반드시 도입한다.
• E설비를 도입하지 않고, F설비를 도입하면 C설비는 도입하지 않는다.
• 최대한 많은 설비를 도입한다.

① A, B, F   ② A, C, E
③ A, B, C, E   ④ A, B, D, F
⑤ A, C, D, E, F

48 커피의 종류, 은희의 취향 및 오늘 아침의 상황으로 판단할 때, 다음 중 오늘 아침에 은희가 주문할 커피는?

<커피의 종류>

에스프레소		카페 아메리카노	
	• 에스프레소		• 에스프레소 • 따뜻한 물
카페 라떼		카푸치노	
	• 에스프레소 • 데운 우유		• 에스프레소 • 데운 우유 • 우유거품
카페 비엔나		카페 모카	
	• 에스프레소 • 따뜻한 물 • 휘핑크림		• 에스프레소 • 초코시럽 • 데운 우유 • 휘핑크림

<은희의 취향>

• 배가 고플 때에는 데운 우유가 들어간 커피를 마신다.
• 다른 음식과 함께 커피를 마실 때에는 데운 우유를 넣지 않는다.
• 스트레스를 받으면 휘핑크림이나 우유거품을 추가한다.
• 피곤하면 휘핑크림이 들어간 경우에 한하여 초코시럽을 추가한다.

<오늘 아침의 상황>

출근을 하기 위해 지하철을 탄 은희는 꽉 들어찬 사람들 사이에서 스트레스를 받으며 내리기만을 기다리고 있었다. 목적지에 도착한 은희는 커피를 마시며 기분을 달래기 위해 카페에 들렀다. 아침식사를 하지 못해 배가 고프고 고된 출근길에 피곤하지만, 시간 여유가 없어 오늘 아침은 커피만 마실 생각이다. 그런데 은희는 요즘 체중관리를 위해 휘핑크림은 넣지 않기로 하였다.

① 카페 라떼
③ 카페 비엔나
⑤ 카푸치노
② 카페 아메리카노
④ 카페 모카

49 다음은 정부기관의 운영방식을 나타낸 자료이다. 이에 대한 설명으로 옳은 것을 〈보기〉에서 모두 고르면? (단, 책임운영기관인 A는 중앙행정기관인 B의 소속이다)

〈정부기관의 운영방식〉

구분	책임운영기관	중앙행정기관
설치근거	• 행정자치부장관이 소속 중앙행정기관의 장과 기획예산처장관의 의견을 들어 설치 • 소속 중앙행정기관의 장이 행정자치부장관과 협의하여 설치 가능	• 소속 중앙행정기관의 설치와 직무범위는 법률(정부조직법)로 규정
기관장 임용	• 소속 중앙행정기관장이 공모(계약직, 5년 범위 내 2년 임기 보장)	• 국무총리가 제청, 대통령이 임명
직원 임명권자	• 부(副)기관장은 소속 중앙행정기관장 • 그 밖에는 소속 책임운영기관장	• 3급 이상은 대통령 • 4급 이하는 소속 중앙행정기관장
직제 제·개정	• 소속 중앙행정기관장의 승인을 얻어 행정자치부와 협의하여 기본운영규정에 규정	• 소속 중앙행정기관의 장이 행정자치부장관에게 제출 • 소속 중앙행정기관의 장은 필요한 경우 직제시행규칙을 제·개정
정원관리	• 총정원만 대통령령으로 규정 • 직급별 정원은 소속 중앙행정기관장의 승인을 얻어 기본운영규정에 규정	• 직급별 정원을 대통령령으로 규정
초과수입금	• 직접·간접비용에 사용 가능	• 사용 불가

보기

ㄱ. A기관의 5급 사무관 정원은 B기관장의 승인을 받아 대통령령으로 규정되었다.
ㄴ. A기관은 국제협력실 신설을 위한 직제개정을 하고자 B기관장의 승인을 얻었다.
ㄷ. B기관의 김사무관은 중점사업 실적에 의한 초과수입금을 하반기의 중점사업을 위하여 재투자하였다.
ㄹ. A기관 총무과 소속의 6급 박주사는 A기관장의 임명을 받았다.

① ㄱ, ㄴ
② ㄱ, ㄷ
③ ㄴ, ㄷ
④ ㄴ, ㄹ
⑤ ㄷ, ㄹ

50 K동에서는 임신한 주민에게 출산장려금을 지원하고자 한다. 출산장려금 지급 기준 및 K동에 거주하는 임산부에 대한 정보가 다음과 같을 때, 출산장려금을 가장 먼저 받을 수 있는 사람은?

〈K동 출산장려금 지급 기준〉

• 출산장려금 지급액은 모두 같으나, 지급 시기는 모두 다르다.
• 지급 순서 기준은 임신일, 자녀 수, 소득 수준 순서이다.
• 임신일이 길수록, 자녀가 많을수록, 소득 수준이 낮을수록 먼저 받는다(단, 자녀는 만 19세 미만의 아동 및 청소년으로 제한한다).
• 임신일, 자녀 수, 소득 수준이 모두 같으면 같은 날에 지급한다.

〈K동 거주 임산부 정보〉

임산부	임신일	자녀	소득 수준
A	150일	만 1세	하
B	200일	만 3세	상
C	100일	만 10세, 만 6세, 만 5세, 만 4세	상
D	200일	만 7세, 만 5세, 만 3세	중
E	200일	만 20세, 만 16세, 만 14세, 만 10세	상

① A임산부
② B임산부
③ C임산부
④ D임산부
⑤ E임산부

51 다음은 철도사업법상 여객 운임·요금의 감면에 대한 설명이다. 빈칸에 들어갈 기간으로 옳은 것은?

> • 철도사업자는 재해복구를 위한 긴급지원, 여객 유치를 위한 기념행사, 그 밖에 철도사업의 경영상 필요하다고 인정되는 경우에는 일정한 기간과 대상을 정하여 제9조 제1항에 따라 신고한 여객 운임·요금을 감면할 수 있다.
> • 철도사업자는 여객 운임·요금을 감면하는 경우에는 그 시행 _____ 이전에 감면 사항을 인터넷 홈페이지, 관계 역·영업소 및 사업소 등 일반인이 잘 볼 수 있는 곳에 게시하여야 한다. 다만, 긴급한 경우에는 미리 게시하지 아니할 수 있다.

① 1일
② 3일
③ 5일
④ 10일
⑤ 30일

52 다음 중 한국철도공사법상 한국철도공사의 등기에 대한 설명으로 옳은 것은?

① 주된 사무소의 소재지에서 설립등기를 함으로써 성립한다.
② 공사의 설립등기에 필요한 사항은 행정안전부장관이 정한다.
③ 공사는 등기가 필요한 사항에 관하여는 등기한 후에는 제3자에게 대항하지 못한다.
④ 공사의 변경 등기, 그 밖에 공사의 등기에 필요한 사항은 국토교통부장관이 정한다.
⑤ 공사의 하부조직의 설치·이전에 필요한 사항은 이사회에서 정한다.

53 다음 중 철도산업발전기본법령상 철도시설관리자와 철도운영자가 특정노선 폐지 등의 승인신청서를 제출할 때의 첨부서류로 옳은 것은?

① 승인신청 사유
② 과거 10년 동안의 공익서비스비용의 전체 규모
③ 향후 3년 동안의 1일 평균 철도서비스 수요에 대한 전망
④ 과거 6월 이상의 기간 동안의 1달 평균 철도서비스 수요
⑤ 과거 5년 이상의 기간 동안의 수입·비용 및 영업손실액에 관한 회계보고서

54 다음은 철도산업발전기본법상 철도의 적용범위에 대한 설명이다. 빈칸에 들어갈 수 있는 조직을 〈보기〉에서 모두 고르면?

> _____이/가 소유·건설·운영 또는 관리하는 철도

> **보기**
>
> ㄱ. 국가철도공단   ㄴ. 한국고속철도건설공단
> ㄷ. 지방자치단체   ㄹ. 한국철도공사

① ㄱ, ㄴ   ② ㄴ, ㄷ
③ ㄴ, ㄹ   ④ ㄱ, ㄴ, ㄹ
⑤ ㄴ, ㄷ, ㄹ

55 다음 중 한국철도공사법령상 한국철도공사의 사채 발행에 대한 설명으로 옳지 않은 것은?

① 공사가 사채를 발행하고자 하는 때에는 모집·총액인수 또는 매출의 방법에 의한다.
② 공사는 사채의 응모가 완료된 때에는 지체 없이 응모자가 인수한 사채의 전액을 납입시켜야 한다.
③ 공사가 계약에 의하여 특정인에게 사채의 총액을 인수시키는 경우에는 사채 응모의 규정을 적용해야 한다.
④ 사채모집의 위탁을 받은 회사가 사채의 일부를 인수하는 경우에는 그 인수분에 대하여도 사채 응모의 규정을 적용하지 않는다.
⑤ 공사가 매출의 방법으로 사채를 발행하는 경우에는 매출기간과 공사의 명칭·사채의 종류별 액면금액 내지 사채의 발행가액 또는 그 최저가액을 미리 공고하여야 한다.

56 다음은 철도산업발전기본법에 대한 설명이다. 빈칸에 들어갈 내용을 순서대로 바르게 나열한 것은?

> • 국가는 철도시설 투자를 추진하는 경우 사회적·_____ 편익을 고려하여야 한다.
> • 국가 및 지방자치단체는 철도산업의 육성·발전을 촉진하기 위하여 철도산업에 대한 재정·금융·세제·행정상의 _____을/를 할 수 있다.

① 경제적, 보조   ② 문화적, 연구
③ 기술적, 투자   ④ 자연적, 개발
⑤ 환경적, 지원

57 다음 중 철도사업법령상 철도사업자가 사업용철도를 도시철도와 연결하여 운행하려는 때에 여객 운임·요금 및 그 변경시기에 관하여 미리 협의해야 하는 사람은?

① 도시철도운영자
② 철도시설관리자
③ 국토교통부장관
④ 한국철도공사 사장
⑤ 고속철도건설공사 이사장

58 다음 중 한국철도공사법령상 한국철도공사의 사업 중 역시설 개발 및 운영사업에 속하지 않는 것은?

① 환승시설
② 종교시설
③ 운동시설
④ 창고시설
⑤ 관광휴게시설

59 다음 중 한국철도공사법상 한국철도공사의 사채 소멸시효 기간으로 옳은 것은?

	원금	이자
①	5년	2년
②	5년	3년
③	5년	5년
④	10년	5년
⑤	10년	7년

60 다음 〈보기〉 중 철도사업법상 사업용철도노선을 지정·고시하는 경우 운행지역과 운행거리에 따른 분류로 옳은 것을 모두 고르면?

> **보기**
> ㄱ. 간선(幹線)철도　　　　　　　　　ㄴ. 고속철도노선
> ㄷ. 지선(支線)철도　　　　　　　　　ㄹ. 일반철도노선
> ㅁ. 준고속철도노선

① ㄱ, ㄷ
② ㄱ, ㄹ
③ ㄴ, ㄷ
④ ㄷ, ㅁ
⑤ ㄹ, ㅁ

답안채점 · 성적분석 서비스

모바일
OMR

 → → → → → → →

| 도서 내 모의고사 우측 상단에 위치한 QR코드 찍기 | 로그인 하기 | '시작하기' 클릭 | '응시하기' 클릭 | 나의 답안을 모바일 OMR 카드에 입력 | '성적분석 & 채점결과' 클릭 | 현재 내 실력 확인하기 |

도서에 수록된 모의고사에 대한
객관적인 결과(정답률, 순위)를
종합적으로 분석하여 제공합니다.

※OMR 답안채점 / 성적분석 서비스는 등록 후 30일간 사용 가능합니다.

2025
전면개정판

사이다 기출응용
모의고사 시리즈

사이다

사일 동안
이것만 풀면
다 합격!

코레일
한국철도공사 고졸채용
NCS + 철도법령
4회분 | 정답 및 해설

모바일 OMR
답안채점 / 성적분석
서비스
—
NCS
핵심이론 및
대표유형 PDF
—
[합격시대]
온라인 모의고사
무료쿠폰
—
무료
코레일
특강

SDC
SDC는 시대에듀 데이터 센터의 약자로 약 30만 개의 NCS · 적성 문제
데이터를 바탕으로 최신 출제경향을 반영하여 문제를 출제합니다.

편저 | SDC(Sidae Data Center)

시대에듀

기출응용 모의고사
정답 및 해설

1일 차 기출응용 모의고사 정답 및 해설

| 01 | 직업기초능력평가

01	02	03	04	05	06	07	08	09	10
④	⑤	④	⑤	②	④	②	③	③	⑤
11	12	13	14	15	16	17	18	19	20
②	④	④	⑤	④	③	⑤	②	②	①
21	22	23	24	25	26	27	28	29	30
③	③	⑤	③	④	③	④	①	②	④
31	32	33	34	35	36	37	38	39	40
⑤	②	③	③	①	④	②	③	④	⑤
41	42	43	44	45	46	47	48	49	50
④	②	①	②	④	①	①	③	①	③

01
정답 ④

'왜?'라는 질문은 보통 진술을 가장한 부정적 · 추궁적 · 강압적인 표현이므로 사용하지 않는 것이 좋다.

02
정답 ⑤

'알맞다'는 '일정한 기준이나 조건, 정도 따위에 넘치거나 모자라지 않다.'라는 의미의 형용사이므로, 어간 '알맞-'에 '-는'이 아닌 '-은'이 붙어야 한다.

오답분석

① 얇은 허리와 팔, 다리 → 가는 허리와 팔, 다리. 허리 · 다리 · 몸통 등 가늘고 긴 물체의 둘레나 너비, 부피 등에 대해서는 '가늘다'가 쓰여야 한다.

② 몇일 → 며칠. 어원이 분명하지 아니한 것은 원형을 밝히어 적지 아니하므로(한글맞춤법 제27항 붙임2), '몇일'이 아닌 '며칠'이 되어야 한다.

③ 서슴치 → 서슴지. ⓒ의 기본형은 '서슴다'로, 본래 '하'가 없는 말이다. 따라서 어간 '서슴-'에 어미 '-지'가 붙어 '서슴지'가 되어야 한다.

④ 늘여 → 늘려. '본래보다 많거나 크게 하다.'라는 의미의 동사는 '늘리다'이다.

03
정답 ④

• (가) : 계몽의 작업이 공포를 몰아내는 작업이라는 것이 명시되어 있듯이 ⓒ은 인간의 계몽 작업이 왜 이루어져 왔는지를 요약하는 문장이다.

• (나) : 이해가 역사 속에서 가능하다는 ㉠은 두 번째 입장을 잘 요약하고 있는 문장이다.

• (다) : 권력과 지식의 관계가 대립이 아니라는 세 번째 입장에 비추어 볼 때, ⓛ이 적절하다.

04
정답 ⑤

P과장은 직원들에 대한 높은 관심으로 간섭하려는 경향이 있고, 남에게 자신의 업적을 이야기하며 인정받으려 하는 욕구가 강하다. 따라서 P과장은 타인에 대한 높은 관심과 간섭을 자제하고, 지나친 인정욕구에 대한 태도를 성찰할 필요성이 있다.

오답분석

① P과장이 독단적으로 결정했다는 내용은 언급되어 있지 않다.

② 직원들은 P과장의 지나친 관심으로 힘들어하고 있는 상황이므로 적절하지 않은 조언 내용이다.

③ 직원들에게 지나친 관심을 보이는 P과장에게는 적절하지 않은 조언 내용이다.

④ 인정이 많다거나 직원들의 요구를 거절하지 못한다는 내용은 제시문에서 찾을 수 없다.

05
정답 ②

보기의 문장은 우리나라 작물의 낮은 자급률을 보여주는 구체적인 수치이다. 따라서 '하지만 실상은 벼, 보리, 배추 등을 제외한 많은 작물의 종자를 수입하고 있어 그 자급률이 매우 낮다고 한다.'의 뒤인 (나)에 위치하는 것이 적절하다.

06
정답 ④

'살쾡이'가 표준어가 된 것은 주로 서울 지역에서 그렇게 발음하기 때문이다. 따라서 가장 광범위하게 사용되기 때문이라는 설명은 적절하지 않다.

① 제시문에서는 '삵'이라는 단어에 비해 '살쾡이'가 후대에 생겨난 단어라고 하였다. 이때, '호랑이'라는 단어도 이와 같은 식으로 생겨났다고 하였으므로 '호'라는 단어가 먼저 생겨나고 '호랑이'가 후대에 생겨난 단어였음을 알 수 있다.
② '삵'과 '괭이'라는 두 개의 단어가 합쳐서 '살쾡이'를 지시하고 있으며 '호'와 '랑'이 합쳐져 '호랑이'라는 하나의 대상을 지시하고 있다는 점에서 알 수 있는 내용이다.
③ 남한에서는 '살쾡이'를 표준어로 삼고 '살쾡이'를 방언으로 처리한 반면, 북한에서는 '살쾡이'만을 사전에 등재하고 '살쾡이'는 그렇지 않다는 점에서 알 수 있는 내용이다.
⑤ '살쾡이'는 지역에 따라 '삵괭이', '삭괭이', '삭쾡이', '살쾡이' 등의 방언으로 불리는데 이는 그 지역의 발음이 다르기 때문이다.

07

'등하불명(燈下不明)'은 등잔 밑이 어둡다는 뜻으로, 가까이에 있는 물건이나 사람을 잘 찾지 못함을 이르는 말이다.

• 누란지위(累卵之危) : 층층이 쌓아 놓은 알의 위태로움이라는 뜻으로, 몹시 아슬아슬한 위기를 비유적으로 이르는 말
• 사면초가(四面楚歌) : 아무에게도 도움을 받지 못하는, 외롭고 곤란한 지경에 빠진 형편을 이르는 말
• 조족지혈(鳥足之血) : 새 발의 피라는 뜻으로, 매우 적은 분량을 비유적으로 이르는 말
• 지란지교(芝蘭之交) : 지초와 난초의 교제라는 뜻으로, 벗 사이의 맑고도 고귀한 사귐을 이르는 말

08

마지막 문단의 혁신적 기술 등에 의한 성장이 아닌 외형성장에 주력해 온 국내 경제의 체질을 변화시키기 위해 벤처기업 육성에 관한 특별조치법이 제정되었다고 하는 부분을 통해 알 수 있는 내용이다.

① 해외 주식시장의 주가 상승과 국내 벤처버블 발생이 비슷한 시기에 일어난 것은 알 수 있으나, 전자가 후자의 원인이라는 것은 알 수 없다.
② 벤처버블이 1999 ~ 2000년 기간 동안 국내뿐 아니라 미국, 유럽 등 전세계 주요 국가에서 나타난 것은 알 수 있으나 전세계 모든 국가에서 일어났는지는 알 수 없다.
④ 뚜렷한 수익모델이 없다고 하더라도 인터넷을 활용한 비즈니스를 내세우면 높은 잠재력을 가진 기업으로 인식되었다는 부분을 통해 벤처기업이 활성화되었으리라는 것을 유추할 수는 있다. 하지만 그것이 대기업과 어떠한 연관을 가지는지는 알 수 없다.
⑤ 외환위기로 인해 우리 경제에 고용창출과 경제성장을 주도할 새로운 기업군이 필요해졌다는 부분은 알 수 있으나, 외환위기가 해외 주식을 대규모로 매입하는 계기가 되었는지는 알 수

없다. 오히려 반대로 1998년 5월부터 외국인의 종목별 투자한도를 완전 자유화하여 외국인 투자자들의 국내 투자를 유인하였다는 부분이 언급되어 있다.

09

제시문에서는 한국 사람들이 자기보다 우월한 사람들을 준거집단으로 삼기 때문에 이로 인한 상대적 박탈감으로 행복감이 낮다고 설명하고 있으므로, 이를 반증하는 사례를 통해 반박해야 한다. 만약 자신보다 우월한 사람들을 준거집단으로 삼으면서도 행복감이 낮지 않는 나라가 있다면 이에 대한 반박이 되므로 ③이 가장 적절하다.

10

제시문은 공포증을 정의한 뒤 공포증은 모든 사람에게 생기는 것이 아니며, 왜 공포증이 생기는 것인지에 대한 심리학자 와이너의 설명이 담긴 글이다. 따라서 (라) 공포증의 정의 → (나) 공포증이 생기는 대상 → (가) 공포증이 생기는 이유를 밝힌 와이너 → (다) 와이너가 밝힌 공포증이 생기는 이유 순으로 나열해야 한다.

11

마지막 문단에서 미래 사회의 모습은 생활양식과 가족 구조의 급격한 변화로 인해 사람들의 가치관이 달라져 현재까지 유지되고 있는 전통적 성 역할 규범이 골동품이 될 것이라고 하였다. 그러나 ②는 현재의 모습을 진술하는 것이므로 적절하지 않다.

12

제시문은 남성과 여성에 대한 편견과 그에 근거한 성차별이 사회의 구성원에게 어떠한 영향을 미치는지에 대해 설명하고 그에 따른 부작용과 해결 방안에 대해 서술하고 있으므로 ④가 제목으로 가장 적절하다.

13

첫 번째와 두 번째 문단에서 EU가 철제 다리 덫 사용을 금지하는 나라의 모피만 수입하기로 결정한 내용과 동물실험을 거친 화장품의 판매조치 금지 법령이 WTO의 영향을 받아 실행되지 못한 예가 제시되고 있다. 따라서 ④를 추론할 수 있다.

14

지난 1월 서울시 기후환경본부가 발표한 자료에 따르면 서울지역 초미세먼지 가운데 51% 정도는 중국이 아닌 국내에서 생성된 것으로 나타났다.

15

정답 ④

국립환경과학원 환경연구관의 인터뷰 내용에서 황사가 발생했을 때 주요 대기 오염물질이 다른 시기와 비슷하거나 오히려 낮은 경우도 있다고 한 점을 볼 때, 빈칸의 내용으로 ④가 가장 적절하다.

16

정답 ③

납축전지의 기전력은 약 2V이지만, 방전하는 사이에 서서히 저하하여 1.8V 정도까지 저하하면 다시 충전을 시켜야 한다.

17

정답 ⑤

공유경제는 소유권(Ownership)보다는 접근권(Accessibility)에 기반을 둔 경제모델로, 개인이나 기업들이 소유한 물적·금전적·지적 자산에 대한 접근권을 온라인 플랫폼을 통해 거래하는 것이다. 따라서 자신이 타던 자동차를 판매하는 것은 제품에 대한 접근권이 아닌 소유권을 거래하는 것이므로 이를 공유경제의 일환으로 볼 수 없다.

18

정답 ②

첫 번째 문단에 따르면 범죄는 취잿감으로 찾아내기가 쉽고 편의에 따라 기사화할 수 있을 뿐만 아니라 범죄 보도를 통해 시청자의 관심을 끌 수 있기 때문에 언론이 범죄를 보도의 주요 소재로 삼지만, 지나친 범죄 보도는 범죄자나 범죄 피의자의 초상권을 침해하여 법적·윤리적 문제를 일으킨다. 그러므로 마지막 문단의 내용처럼 범죄 보도가 초래하는 법적·윤리적 논란은 언론계 전체의 신뢰도에 치명적인 손상을 가져올 수도 있다.
따라서 이를 비유하기에 가장 적절한 표현은 '부메랑'이다. 부메랑은 그것을 던진 사람에게 되돌아와 상처를 입힐 수도 있기 때문이다.

오답분석

① 시금석(試金石) : 귀금속의 순도를 판정하는 데 쓰는 검은색의 현무암이나 규질의 암석을 뜻하며, 가치·능력·역량 등을 알아볼 수 있는 기준이 되는 기회나 사물을 비유적으로 이르는 말로도 쓰인다.
③ 아킬레스건(Achilles 腱) : 치명적인 약점을 비유하는 말이다.
④ 악어의 눈물 : 일반적으로 강자가 약자에게 보이는 '거짓 눈물'을 비유하는 말이다.
⑤ 뜨거운 감자 : 삼킬 수도 뱉을 수도 없다는 뜻에서 할 수도 안할 수도 없는 난처한 경우 또는 다루기 어려운 미묘한 문제를 비유하는 말이다.

19

정답 ②

유연탄의 CO_2 배출량은 원자력의 $\frac{968}{9}$ ≒107.6배이다.

오답분석

① LPG 판매단가는 원자력 판매단가의 $\frac{132.45}{38.42}$ ≒3.4배이므로 옳은 설명이다.
③ LPG는 CO_2 배출량이 두 번째로 낮은 것을 확인할 수 있다.
④ 에너지원별 판매단가 대비 CO_2 배출량은 다음과 같다.

- 원자력 : $\frac{9}{38.42}$ ≒0.2g−CO_2/원
- 유연탄 : $\frac{968}{38.56}$ ≒25.1g−CO_2/원

20

정답 ①

제시된 수열은 홀수 항은 4씩 더하고, 짝수 항은 3씩 빼는 수열이다.
따라서 (　)=11+3=14이다.

21

정답 ③

사업장가입자 집단에서는 40대보다 50대의 가입자 수가 더 적고, 지역가입자의 경우에도 60세 이상 가입자 수가 가장 적다. 또한, 사업장가입자와 임의가입자의 60세 이상 가입자 수는 명시하지 않았으므로 증감 여부는 알 수 없다.

오답분석

① 전체 지역가입자 수는 전체 임의계속가입자 수의 $\frac{7,310,178}{463,143}$ ≒15.8배로 15배 이상이다.
② 60세 이상을 제외한 전체 임의가입자에서 50대 가입자 수는 $\frac{185,591}{9,444+33,254+106,191+185,591} \times 100$≒55.5%로 50% 이상을 차지한다.
④·⑤ 주어진 자료에서 확인할 수 있다.

22

정답 ③

50대 임의계속가입자 수는 463,143×0.25≒115,786명이다.

23

정답 ⑤

제시된 수열은 −5, ×2가 번갈아 적용되는 수열이다.
따라서 (　)=150−5=145이다.

24

정답 ③

테이크아웃을 하는 고객의 수를 n명이라고 하면 카페 내에서 이용하는 고객의 수는 $(100-n)$명이다. 테이크아웃을 하는 고객은 6,400원의 수익을 주지만, 카페 내에서 이용하는 고객은 서비스 비용인 1,500원을 제외한 4,900원의 수익을 준다.

• 고객에 대한 수익 : $6,400n+4,900(100-n)$
  → $1,500n+490,000$
• 가게 유지비용에 대한 손익 : $1,500n+490,000-535,000$
  → $1,500n-45,000$

값이 0보다 커야 수익이 발생하므로 $1,500n-45,000>0$이다.
→ $1,500n>45,000$
∴ $n>30$

따라서 최소 31명이 테이크아웃을 해야 수익이 발생하게 된다.

25

정답 ④

500g의 설탕물에 녹아있는 설탕의 양을 xg이라고 하자.

3%의 설탕물 200g에 들어있는 설탕의 양은 $\frac{3}{100}\times200=6$g이다.

$$\frac{x+6}{500+200}\times100=7$$
→ $x+6=49$
∴ $x=43$

따라서 500g의 설탕물에 녹아있는 설탕의 양은 43g이다.

26

정답 ③

판매 비중이 큰 순서대로 판매사 4곳을 나열하면 D사, W사, S사, K사 순이다.
이 중 상위 3개사(D사, W사, S사)의 판매액 합계는 전체 판매액 4조 3천억 원의 40%인 $43,000\times0.4=17,200$억 원이다.
따라서 D사, W사, S사의 판매액 합계가 $9,100+6,800+1,300$ $=17,200$억 원인 그래프 ③이 옳다.

오답분석
① D사, W사, S사의 판매액 합계가 전체의 40% 미만을 차지한다.
②·④·⑤ D사, W사, S사의 판매액 합계가 전체의 40%를 초과한다.

27

정답 ④

• 2023년 하반기 보훈분야의 전체 청구건수
  : $35+1,865=1,900$건
• 2024년 하반기 보훈분야의 전체 청구건수
  : $17+1,370=1,387$건
따라서 2023년 하반기 대비 2024년 하반기 보훈분야의 전체 청구 건수의 감소율은 $\frac{1,900-1,387}{1,900}\times100=27$%이다.

28

정답 ①

2024년 하반기 입원 진료비 중 세 번째로 비싼 분야는 자동차 보험 분야이다.
• 2023년 하반기 자동차 보험 분야 입원 진료비 : 4,984억 원
• 2024년 하반기 자동차 보험 분야 입원 진료비 : 5,159억 원
따라서 2023년 하반기에 비해 2024년 하반기 자동차 보험 분야의 입원 진료비는 $5,159-4,984=175$억 원 증가했다.

29

정답 ②

해당연도의 각 자금규모 항목을 더한 비율은 100%이어야 한다.
따라서 (가)에 들어갈 수치는 $100-(29.2+13.2+21.2+17.2+5)=14.2$이다.

30

정답 ④

가을의 평균 기온은 2022년까지 계속 감소하다가 2023년에 증가 했다가 2024년에 다시 감소하므로 옳지 않은 설명이다.

오답분석
① 2024년 봄 평균 기온은 2022년보다 $12.2-10.8=1.4$℃ 상승했다.
② 2024년에 가을 평균 기온이 전년 대비 감소한 정도는 $15.3-13.7=1.6$℃이고, 여름 평균 기온이 전년 대비 상승한 정도는 $24.7-24.0=0.7$℃이므로 옳은 설명이다.
③ 연평균 기온은 2023년까지 감소하는 추이를 보이고 있음을 확인할 수 있다.
⑤ 2023년 겨울의 평균 기온을 x℃라 하면,
$$\frac{10.7+24.0+15.3+x}{4}=12.4 \rightarrow 50+x=49.6$$
→ $x=-0.4$이므로 옳은 설명이다.

31

정답 ⑤

작년 전체 실적은 $45+50+48+42=185$억 원이며, 1·2분기와 3·4분기의 실적의 비중은 각각 다음과 같다.

• 1·2분기 비중 : $\frac{45+50}{185}\times100≒51.4$%
• 3·4분기 비중 : $\frac{48+42}{185}\times100≒48.6$%

32

정답 ②

2016~2020년 전통사찰 지정·등록 수의 평균은 $(17+15+12+7+4)÷5=11$개소이므로 옳은 설명이다.

① 2021년 전통사찰 지정·등록 수는 전년 대비 동일하고, 2024년 전통사찰 지정·등록 수는 전년 대비 증가했으므로 옳지 않은 설명이다.
③ 2018년의 전년 대비 지정·등록 감소는 3개소, 2022년의 전년 대비 지정·등록 감소는 2개소이므로 옳지 않은 설명이다.
④ 2016년 이전 등록현황은 알 수 없으므로 주어진 자료만으로는 2024년 전통사찰 총 등록 현황을 파악할 수 없다.
⑤ 2018년 전통사찰 지정·등록 수는 전년 대비 3개소 감소했으므로 옳지 않은 설명이다.

33
정답 ③

전산장비 가격 대비 연간유지비 비율의 계산식은 (전산장비 가격)
$=\dfrac{(\text{연간유지비})}{(\text{유지비 비율})}\times100$으로 나타낼 수 있다. 이에 따라 계산해 보면 다음과 같다.

- A전산장비 : $\dfrac{322}{8}\times100=4{,}025$만 원
- B전산장비 : $\dfrac{450}{7.5}\times100=6{,}000$만 원
- C전산장비 : $\dfrac{281}{7}\times100≒4{,}014$만 원
- D전산장비 : $\dfrac{255}{5}\times100=5{,}100$만 원
- E전산장비 : $\dfrac{208}{4}\times100=5{,}200$만 원
- F전산장비 : $\dfrac{100}{3}\times100≒3{,}333$만 원

따라서 가격이 가장 높은 것은 B이고, 가장 낮은 것은 F이다.

① B의 연간유지비는 D의 연간유지비의 $\dfrac{450}{255}≒1.8$배이다.
② 가격이 가장 높은 전산장비는 B이다.
④ C의 전산장비 가격은 4,014만 원이고, E의 전산장비 가격은 5,200만 원이다. 따라서 E의 전산장비 가격이 더 높다.
⑤ C보다 E가 전산장비 가격이 더 높지만, 연간유지비는 C가 더 높다.

34
정답 ③

빨간 구슬의 개수를 x개, 흰 구슬의 개수를 $(15-x)$개라 하자.
이때, 2개의 구슬을 꺼내는 모든 경우의 수는 (15×14)가지이고, 2개의 구슬이 모두 빨간색일 경우의 수는 $x(x-1)$가지이다.
5회에 1번꼴로 모두 빨간 구슬이었으므로 다음 식이 성립한다.
$\dfrac{x(x-1)}{15\times14}=\dfrac{1}{5} \rightarrow x^2-x=42$
$\therefore x=7$

따라서 빨간 구슬일 확률은 $\dfrac{7}{15}$이다.

35
정답 ①

ㄴ. 경쟁업체에 특허 기술을 무상 이전하는 것은 적절하지 않다.
ㄹ. 기존 설비에 대한 재투자보다는 수요에 맞게 다양한 제품을 유연하게 생산할 수 있는 설비 투자가 필요하다.

36
정답 ④

첫 번째 조건을 경우에 따라 구분하면 다음과 같다.
ⅰ) B, C가 참가하는 경우 : B, C, D, E가 참가하고, F, G가 참가하지 않는다. 그러므로 A, H 중 한 명이 반드시 참가해야 하지만 마지막 명제의 대우에 의해 A가 참가하면 H도 참가해야 하므로 6명이 산악회에 참가하게 된다. 따라서 모순이다.
ⅱ) B, F가 참가하는 경우 : B, E, F, G가 참가하고, C, D가 참가하지 않는다. 따라서 ⅰ)의 경우와 마찬가지로 모순이다.
ⅲ) C, F가 참가하는 경우 : C, D, F, G가 참가하고, B, E는 참가하지 않거나 C, E, F가 참가하고, B, D, G가 참가하지 않는다. 이때, C, D, F, G가 참가하는 경우는 ⅰ)과 마찬가지로 모순이지만 C, E, F가 참가하는 경우 A, H는 참가한다.
따라서 반드시 산악회에 참가하는 사람은 H이다.

37
정답 ②

한글 자음을 순서에 따라 바로 뒤의 자음으로 변환하면 다음과 같다.

ㄱ	ㄴ	ㄷ	ㄹ	ㅁ	ㅂ	ㅅ
ㄴ	ㄷ	ㄹ	ㅁ	ㅂ	ㅅ	ㅇ
ㅇ	ㅈ	ㅊ	ㅋ	ㅌ	ㅍ	ㅎ
ㅈ	ㅊ	ㅋ	ㅌ	ㅍ	ㅎ	ㄱ

한글 모음을 순서에 따라 영어로 변환하면 다음과 같다.

ㅏ	ㅐ	ㅑ	ㅒ	ㅓ	ㅔ	ㅕ
a	b	c	d	e	f	g
ㅖ	ㅗ	ㅘ	ㅙ	ㅚ	ㅛ	ㅜ
h	i	j	k	l	m	n
ㅝ	ㅞ	ㅟ	ㅠ	ㅡ	ㅢ	ㅣ
o	p	q	r	s	t	u

ㄴ=ㄱ, u=ㅣ, ㅂ=ㅁ, ㅋ=ㅊ, u=ㅣ, ㅊㅊ=ㅉ, u=ㅣ, ㄴ=ㄱ, b=ㅐ
따라서 김대리가 말한 메뉴는 김치찌개이다.

38
정답 ③

ㅈ=ㅊ, ㅗ=i, ㄴ=ㄷ, ㅈ=ㅊ, ㅜ=n, ㅇ=ㅈ, ㄱ=ㄴ, ㅘ=j, 공백=0, ㅂ=ㅅ, ㅐ=b, ㄹ=ㅁ, ㅕ=g
따라서 김대리가 전달할 구호는 'ㅊiㄷㅊnㅈㄴj0ㅅbㅁg'이다.

39
정답 ④

부속서 I에 해당하는 국가는 온실가스 배출량을 1990년 수준으로 감축하기 위해 노력하지만 강제성을 부여하지는 않기에 벌금은 없다.

40
정답 ⑤

두 번째 조건에 의해, B는 항상 1과 5 사이에 앉는다. E가 4와 5 사이에 앉으면 2와 3 사이에는 A, C, D 중 누구나 앉을 수 있다.

오답분석
① A가 1과 2 사이에 앉으면 네 번째 조건에 의해, E는 4와 5 사이에 앉는다. 그러면 C와 D는 3 옆에 앉게 되는데 이는 세 번째 조건과 모순이 된다.
② D가 4와 5 사이에 앉으면 네 번째 조건에 의해, E는 1과 2 사이에 앉는다. 그러면 C와 D는 3 옆에 앉게 되는데 이는 세 번째 조건과 모순이 된다.
③ C가 2와 3 사이에 앉으면 세 번째 조건에 의해, D는 1과 2 사이에 앉는다. 또한 네 번째 조건에 의해, E는 3과 4 사이에 앉을 수 없다. 따라서 A는 반드시 3과 4 사이에 앉는다.
④ E가 1과 2 사이에 앉으면 세 번째 조건의 대우 명제에 의해, C는 반드시 4와 5 사이에 앉는다.

41
정답 ④

다섯 번째 정보에 따르면 E대리는 참석한다.
네 번째 정보의 대우는 'E대리가 참석하면 D대리는 참석하지 않는다.'이므로 D대리는 참석하지 않는다.
첫 번째 정보에 따라 D대리가 참석하지 않으므로 C주임이 참석한다.
세 번째 정보에 따라 C주임이 참석하면 A사원도 참석한다.
두 번째 정보는 나머지 정보들과 논리적 동치 관계가 없으므로 판단의 근거로 활용할 수 없다.
따라서 반드시 참석하는 직원은 A사원, C주임, E대리이며, 반드시 참석하지 않는 직원은 D대리이다. B사원과 F과장의 참석 여부는 분명하지 않다.
그러므로 B사원과 F과장이 참석한다고 가정하는 경우, A사원, B사원, C주임, E대리, F과장 5명이 참석하여 최대 인원이 참석하는 경우이다.

42
정답 ②

• ㉠·㉢·㉤·㉧에 의해, 언어영역 순위는 '형준 – 연재 – 소정(또는 소정 – 연재) – 영호' 순서로 높다.
• ㉠·㉡·㉢·㉥·㉨에 의해, 수리영역 순위는 '소정 – 형준 – 연재 – 영호' 순서로 높다.
• ㉣·㉦·㉥·㉩에 의해, 외국어영역 순위는 '영호 – 연재(또는 연재 – 영호) – 형준 – 소정' 순서로 높다.
따라서 외국어영역 3위는 항상 형준이다.

오답분석
① 언어영역 2위는 연재 또는 소정이다.
③ 외국어영역에서 영호는 1위이다.
④ 언어영역에서 연재가 2위인 경우 1을 더한 값은 3으로 소정이의 외국어영역 순위 4와 같지 않다.
⑤ 외국어영역에서 영호는 소정이보다 순위가 높다.

43
정답 ①

ㄱ. 부패금액이 산정되지 않은 6번의 경우에도 고발하였으므로 옳지 않은 설명이다.
ㄴ. 2번의 경우 해임당하였음에도 고발되지 않았으므로 옳지 않은 설명이다.

오답분석
ㄷ. 직무관련자로부터 금품을 수수한 사건은 2번, 4번, 5번, 7번, 8번으로 총 5건 있었다.
ㄹ. 2번과 4번은 모두 '직무관련자로부터 금품 및 향응 수수'로 동일한 부패행위 유형에 해당함에도 2번은 해임, 4번은 감봉 1개월의 처분을 받았으므로 옳은 설명이다.

44
정답 ②

오답분석
① 숫자 0을 다른 숫자와 연속해서 나열했고(세 번째 조건 위반), 영어 대문자를 다른 영어 대문자와 연속해서 나열했다(네 번째 조건 위반).
③ 특수기호를 첫 번째로 사용했다(다섯 번째 조건 위반).
④ 영어 대문자를 사용하지 않았다(두 번째 조건 위반).
⑤ 영어 소문자를 사용하지 않았고(두 번째 조건 위반), 영어 대문자를 연속해서 나열했다(네 번째 조건 위반).

45
정답 ④

일반적인 문제해결 절차는 문제 인식, 문제 도출, 원인 분석, 해결안 개발, 실행 및 평가의 5단계를 따른다. 먼저 해결해야 할 전체 문제를 파악하여 우선순위를 정하고, 선정 문제에 대한 목표를 명확히 한 후 선정된 문제를 분석하여 해결해야 할 것이 무엇인지를 명확히 한다. 다음으로 분석 결과를 토대로 근본 원인을 도출하고, 근본 원인을 효과적으로 해결할 수 있는 최적의 해결책을 찾아 실행, 평가한다. 따라서 문제해결 절차는 (다) → (마) → (가) → (라) → (나)의 순서로 진행된다.

46
정답 ①

각각의 정보를 수식으로 비교해 보면 다음과 같다.
A>B, D>C, F>E>A, E>B>D
∴ F>E>A>B>D>C
따라서 실적이 가장 높은 외판원은 F이다.

47 〔정답〕 ①

주어진 조건을 토대로 가능한 경우를 정리하면 다음과 같다.

부서	사원	팀장
A	?	윤 or 박
B	박 or 오	박 or 오
C	윤 or 박	윤 or 박

첫 번째 조건에 따르면 A부서 팀장의 성이 C부서의 사원과 같다고 하였으므로 다음 두 가지 경우를 생각할 수 있다.

ⅰ) C부서 사원의 성이 박 씨인 경우

　C부서 사원의 성이 박 씨이므로 A부서의 팀장도 박 씨이다. 같은 성씨인 사원과 팀장은 같은 부서에 근무하지 않으므로 C부서의 팀장은 윤 씨가 된다. B부서의 사원 또는 B부서 팀장의 성은 박 씨와 오 씨 중에 하나가 되는데, 박 씨는 C부서의 사원과 A부서의 팀장의 성이므로 B부서의 사원과 B부서의 팀장은 오 씨가 된다. 이때, 같은 성씨인 사원과 팀장은 같은 부서에서 근무할 수 없으므로 조건에 어긋나게 된다.

부서	사원	팀장
A	윤	박
B	오	오
C	박	윤

ⅱ) C부서 사원의 성이 윤 씨인 경우

　C부서 사원의 성이 윤 씨이므로 A부서의 팀장도 윤 씨이다. 같은 성씨인 사원과 팀장은 같은 부서에 근무하지 않으므로 C부서의 팀장은 박 씨가 된다. 같은 조건에 따라 B부서의 팀장은 오 씨이고 B부서의 사원은 박 씨이다. 그러므로 A부서의 사원은 오 씨 성을 가진 사원이다.

부서	사원	팀장
A	오	윤
B	박	오
C	윤	박

따라서 같은 부서에 소속된 사원과 팀장의 성씨가 바르게 짝지어진 것은 ①이다.

48 〔정답〕 ③

'서비스 이용조건'에서 무이자할부 등의 이용금액은 적립 및 산정 기준에서 제외되므로 자동차의 무이자할부 구매금액은 적립을 받을 수 없다.

〔오답분석〕
① '전 가맹점 포인트 적립 서비스'에서 가맹점에서 10만 원 이상 사용했을 때, 적립 포인트는 사용금액의 1%이다.
② '바우처 서비스'에서 카드발급 초년도 1백만 원 이상 이용 시 신청이 가능하다고 했으므로 N대리는 바우처를 신청할 수 있다.
④ '전 가맹점 포인트 적립 서비스'에서 즉시결제 서비스 이용금액은 전 가맹점 2만 원 이상 이용 건에 한해 0.2%가 적립되므로 온라인에서 즉시 결제한 이용금액은 적립 대상이 아니다.

⑤ '보너스 캐시백'을 보면 매년 1회 연간 이용금액에 따라 캐시백이 제공된다. 따라서 N대리가 1년간 4천만 원을 사용했을 경우 3천만 원 이상으로 5만 원을 캐시백으로 받을 수 있다. 매년 카드발급월 익월 15일에 카드 결제계좌로 입금이 된다고 하였으므로 2024년 10월 15일에 입금된다.

49 〔정답〕 ①

N대리가 11월 신용카드 사용내역서에서 '서비스 이용조건'에 제시된 이용금액이 적립 및 산정 기준에서 제외되는 경우는 무이자 할부, 제세공과금, 카드론(장기카드대출), 현금 서비스(단기카드대출)이다. 이 경우를 제외하고, 전 가맹점에서 10만 원 미만 0.7%, 10만 원 이상 1%이며, 2만 원 이상 즉시결제 서비스 이용 시 0.2%가 적립된다.

가맹점명	사용금액	비고	포인트 적립
○○가구	200,000원	3개월 무이자 할부	무이자 할부 제외
A햄버거 전문점	12,000원		0.7%
지방세	2,400원		제세공과금 제외
현금 서비스	70,000원		현금 서비스 제외
C영화관	40,000원		0.7%
◇◇할인점	85,000원		0.7%
카드론(대출)	500,000원		카드론 제외
M커피	27,200원	즉시결제	0.2%
M커피	19,000원	즉시결제	2만 원 미만으로 적립 제외
△△스시	100,000원		1%

따라서 N대리가 11월에 적립하는 포인트는 {(12,000+40,000+85,000)×0.007}+(27,200×0.002)+(100,000×0.01)=959+54.4+1,000=2,013.4점이다.

50 〔정답〕 ③

다섯 번째와 여섯 번째 규정에 의해 50만 원 이상 구매 목록은 매년 2번 이상 구매해야 하며, 두 계절 연속으로 같은 가격대의 구매 목록을 구매할 수 없다. 가을을 제외한 계절에 50만 원 이상 인 에어컨을 구매하였으므로 봄에는 50만 원 이상인 구매 목록을 구매할 수 없다.

| 02 | 철도법령

51	52	53	54	55	56	57	58	59	60
⑤	⑤	②	②	⑤	①	④	③	④	⑤

51
정답 ⑤

목적(한국철도공사법 제1조)
한국철도공사법은 한국철도공사를 설립하여 철도 운영의 전문성과 효율성을 높임으로써 <u>철도산업과 국민경제의 발전에 이바지함</u>을 목적으로 한다.

52
정답 ⑤

철도산업발전기본법 제34조의 규정을 위반하여 국토교통부장관의 승인을 얻지 아니하고 특정 노선 및 역을 폐지하거나 철도서비스를 제한 또는 중지한 자는 <u>3(㉠)</u>년 이하의 징역 또는 <u>5천(㉡)</u>만원 이하의 벌금에 처한다(철도산업발전기본법 제40조).
따라서 빈칸 ㉠, ㉡에 들어갈 숫자의 합은 3+5,000=5,003이다.

53
정답 ②

국토교통부장관은 대통령령으로 정하는 바에 의하여 철도산업의 구조개혁을 추진하기 위한 철도자산의 처리계획(이하 철도자산처리계획)을 위원회의 심의를 거쳐 수립하여야 한다(철도산업발전기본법 제23조 제1항).

[오답분석]
① 철도자산 중 기타자산은 운영자산과 시설자산을 제외한 자산이다(철도산업발전기본법 제22조 제1항 제3호).
③ 철도공사는 현물출자받은 운영자산과 관련된 권리와 의무를 포괄하여 승계한다(철도산업발전기본법 제23조 제3항).
④ 철도청이 건설 중인 시설자산은 철도자산이 완공된 때에 국가에 귀속된다(철도산업발전기본법 제23조 제5항 후단).
⑤ 국가는 철도자산처리계획에 의하여 철도공사에 운영자산을 현물출자한다(철도산업발전기본법 제23조 제2항).

54
정답 ②

• 한국철도공사의 자본금은 22조원으로 하고, 그 전부를 <u>정부가</u> 출자한다(한국철도공사법 제4조 제1항).
• 자본금의 납입 시기와 방법은 <u>기획재정부장관</u>이 정하는 바에 따른다(한국철도공사법 제4조 제2항).

55
정답 ⑤

타인에게 자기의 성명 또는 상호를 사용하여 철도사업을 경영하게

한 행위는 철도사업자의 명의 대여의 금지에 대한 내용이다(철도사업법 제23조).

> **철도운수종사자의 준수사항(철도사업법 제22조)**
> 철도사업에 종사하는 철도운수종사자는 다음 각 호의 어느 하나에 해당하는 행위를 하여서는 아니 된다.
> 1. 정당한 사유 없이 여객 또는 화물의 운송을 거부하거나 여객 또는 화물을 중도에서 내리게 하는 행위
> 2. 부당한 운임 또는 요금을 요구하거나 받는 행위
> 3. 그 밖에 안전운행과 여객 및 화주의 편의를 위하여 철도운수종사자가 준수하여야 할 사항으로서 국토교통부령으로 정하는 사항을 위반하는 행위

56
정답 ①

국유재산의 전대 등(한국철도공사법 제15조 제2항)
공사는 전대를 하려면 미리 국토교통부장관의 승인을 받아야 한다. 이를 변경하려는 경우에도 또한 같다.

57
정답 ④

국토교통부장관은 과징금을 부과하고자 하는 때에는 그 위반행위의 종별과 해당 과징금의 금액 등을 명시하여 이를 납부할 것을 서면으로 통지하여야 하며, 과징금 통지를 받은 자는 과징금을 <u>20일 이내</u>에 국토교통부장관이 지정한 수납기관에 납부해야 한다(철도사업법 시행령 제10조 제1항·제2항).

58
정답 ③

철도의 관리청은 <u>국토교통부장관</u>으로 한다(철도산업발전기본법 제19조 제1항).

59
정답 ④

점용허가의 신청 및 점용허가기간(철도사업법 시행령 제13조 제2항)
국토교통부장관은 국가가 소유·관리하는 철도시설에 대한 점용허가를 하고자 하는 때에는 다음 각 호의 기간을 초과하여서는 아니된다. 다만, 건물 그 밖의 시설물을 설치하는 경우 그 공사에 소요되는 기간은 이를 산입하지 아니한다.
1. 철골조·철근콘크리트조·석조 또는 이와 유사한 견고한 건물의 축조를 목적으로 하는 경우에는 50년
2. 제1호 외의 건물의 축조를 목적으로 하는 경우에는 15년
3. 건물 외의 공작물의 축조를 목적으로 하는 경우에는 5년

60
정답 ⑤

선로배분지침에는 <u>선로의 효율적 활용을 위하여 필요한 사항</u>이 포함되어야 한다(철도산업발전기본법 시행령 제24조 제2항 제5호).

| 01 | 직업기초능력평가

01	02	03	04	05	06	07	08	09	10
③	④	①	④	②	③	②	②	⑤	①
11	12	13	14	15	16	17	18	19	20
②	③	④	④	⑤	④	①	②	①	④
21	22	23	24	25	26	27	28	29	30
④	⑤	③	③	④	④	④	④	⑤	②
31	32	33	34	35	36	37	38	39	40
④	②	①	⑤	②	④	③	⑤	③	②
41	42	43	44	45	46	47	48	49	50
④	③	①	②	④	③	④	③	④	③

01

정답 ③

상대의 이야기를 들을 때 우선 그것에 집중하고, 대화 중 시간 간격이 있을 때 상대가 다음에 무슨 이야기를 할지 추측해 보는 것은 대화에 집중하는 좋은 태도이다.

02

정답 ④

오답분석

① 고식지계(姑息之計) : 자기가 배운 것을 올바르게 펴지 못하고 그것을 굽혀가면서 세속에 아부 하여 출세하려는 태도나 행동을 일컫는 말이다.
② 호사다마(好事多魔) : '좋은 일에는 탈이 많다.'라는 뜻으로, 좋은 일에는 방해가 많이 따른다거나 좋은 일이 실현되기 위해서는 많은 풍파를 겪어야 한다는 것을 일컫는 말이다.
③ 이장폐천(以掌蔽天) : '손바닥으로 하늘을 가린다.'라는 뜻으로, 잘 숨긴다고 하였으나 실제로는 제대로 숨기지 못한 어리석은 행동을 일컫는 말이다.
⑤ 곡학아세(曲學阿世) : 당장의 편한 것만을 택하는 일시적이며 임시변통의 계책을 일컫는 말이다.

03

정답 ①

과녁에 화살을 맞추다. → 과녁에 화살을 맞히다.
• 맞히다 : 문제에 대한 답을 틀리지 않게 하다. 쏘거나 던지거나 하여 한 물체가 어떤 물체에 닿게 하다.
• 맞추다 : 서로 떨어져 있는 부분을 제자리에 맞게 대어 붙이거나 서로 어긋남이 없이 조화를 이루다.

04

정답 ④

인플루엔자는 항원을 변화시키기 때문에 이전에 인플루엔자에 걸렸던 사람이라도 새로이 나타난 다른 균종으로부터 안전할 수 없다고 하였다.

오답분석

① 발열 현상은 아무런 기능도 없이 불가피하게 일어나는 수동적인 현상이 아니라, 체온을 높여 우리의 몸보다 열에 더 예민한 병원체들을 죽게 하는 능동적인 행위이므로 적절하지 않은 내용이다.
② 예방접종은 죽은 병원체를 접종함으로써 질병을 실제로 경험하지 않고 항체 생성을 자극하는 것이므로 적절하지 않은 내용이다.
③ 겸상 적혈구 유전자는 적혈구의 모양을 정상적인 도넛 모양에서 낫 모양으로 바꾸어서 빈혈을 일으키므로 생존에 불리함을 주지만, 말라리아에 대해서는 저항력을 가지게 한다고 하였으므로 적절하지 않은 내용이다.
⑤ 역사적으로 특정 병원체에 자주 노출되었던 인구 집단에는 그 병에 저항하는 유전자를 가진 개체의 비율이 높아질 수밖에 없다고 하였다. 이는 반대로 생각하면 특정 병원체에 노출된 빈도가 낮은 집단에는 그 병에 저항하는 유전자를 가진 개체의 비율이 낮다는 의미이므로 적절하지 않은 내용이다.

05

정답 ②

제시문의 마지막 문단에서 '말이란 결국 생각의 일부분을 주워 담는 작은 그릇'이며, '말을 통하지 않고는 생각을 전달할 수가 없는 것'이라고 하며 말은 생각을 전달하기 위한 수단임을 주장하고 있다.

06
정답 ③

기분관리 이론이 현재 시점에만 초점을 맞추고 있다는 점을 지적하고 이를 보완하려고 하는 것이 기분조정 이론이므로 빈칸에 들어갈 내용으로 ③이 가장 적절하다.

① 집단 2의 경우 처음에 흥겨운 음악을 선택하여 감상하였지만 이후에는 기분을 가라앉히는 음악을 선택하였으므로 적절하지 않은 내용이다.
② 집단 2의 경우 다음에 올 상황을 고려하기는 하였지만 그들이 선택한 것은 기분을 가라앉히는 음악이므로 적절하지 않은 내용이다.
④ 집단 2의 경우 현재의 기분이 흥겨운 상태라는 점을 감안하여 음악을 선택하였으므로 적절하지 않은 내용이다.
⑤ 현재의 기분에 따라 음악을 선택하는 것은 기분관리 이론에 대한 내용이므로 적절하지 않은 내용이다.

07
정답 ②

제시문의 첫째 문단의 끝에서 '제로섬(Zero-sum)적인 요소를 지니는 경제 문제'와 마지막 문단의 끝에서 '우리 자신의 수입을 보호하기 위해 경제적 변화가 일어나는 것을 막거나 혹은 사회가 우리에게 손해를 입히는 공공정책이 강제로 시행되는 것을 막기 위해 싸울 것'에 대한 내용이 핵심 주장이므로 제시문은 사회경제적인 총합이 많아지는 정책, 즉 '사회의 총생산량이 많아지게 하는 정책이 좋은 정책'이라는 주장에 대한 비판이라고 할 수 있다.

08
정답 ②

제시문의 빈칸 뒤에서 민화는 필력보다 소재와 그것에 담긴 뜻이 더 중요한 그림이었다고 설명하고 있으므로, 민화는 작품의 기법보다 작품의 의미를 중시했음을 알 수 있다. 따라서 빈칸에 들어갈 내용으로 가장 적절한 것은 ②이다.

09
정답 ⑤

먼저 '빅뱅 이전에는 아무것도 없었다.'라는 '영겁의 시간 동안 우주는 단지 진공이었을 것이다.'를 의미한다는 (라) 문단이 적절하며, 다음으로 '이런 식으로 사고하려면', 즉 우주가 단지 진공이었다면 왜 우주가 탄생하게 되었는지를 설명할 수 없다는 (다) 문단이 오는 것이 적절하다. 다음으로 우주 탄생 원인을 설명할 수 없는 이유를 이야기하는 (나) 문단, 이와 달리 아예 다른 방식으로 해석하는 (가) 문단이 순서대로 나열되는 것이 가장 적절하다.

10
정답 ①

갑돌의 성품이 탁월하다고 볼 수 있는 것은 그의 성품이 곧고 자신감이 충만하며, 다수의 옳지 않은 행동에 대하여 비판의 목소리를 낼 것이며 그렇게 하는 데에 별 어려움을 느끼지 않을 것이기 때문

이다. 또한, 첫 번째 문단에 따르면 탁월한 성품은 올바른 훈련을 통해 올바른 일을 바르고 즐겁게 그리고 어려워하지 않으며 처리할 수 있는 능력을 뜻한다. 따라서 아리스토텔레스의 입장에서는 엄청난 의지를 발휘하고 자신과의 힘든 싸움을 해야 했던 병식보다는 잘못된 일에 별 어려움 없이 비판의 목소리를 내는 갑돌의 성품을 탁월하다고 여길 것이다.

11
정답 ②

파충류의 성을 결정하는 데 영향을 미치는 것은 B물질이 온도의 변화에 의해 A물질과 C물질로 분화되는 것이지 B물질 자체의 농도가 영향을 미치는 것은 아니다. 따라서 ㄴ은 주어진 가설을 강화하지도 약화하지도 않는다.

ㄱ. 수컷을 생산하는 온도에서 배양된 알에서는 C물질의 농도가 더 높으며, A물질과 C물질의 비율은 단백질 '가'와 단백질 '나'의 비율과 동일하다고 하였다. 따라서 단백질 '가'보다 많은 양의 단백질 '나'를 가지고 있다는 사실은 주어진 가설을 강화한다.
ㄷ. 가설에서 온도의 영향이란 어디까지나 B물질을 A물질과 C물질로 바꾸게 하는 역할을 할 뿐이다. 즉, 중요한 것은 A물질과 C물질의 농도이므로 온도가 어떤 상태에 있든지 간에 A물질의 농도가 C물질보다 더 높아진다면 암컷이 생산될 것이므로 주어진 가설을 강화한다.

12
정답 ③

삼각지는 본래 지명 새벌(억새 벌판)의 경기 방언인 새뿔을 각각 석 삼(三)과 뿔 각(角)으로 잘못 해석하여 바꾼 것이므로 뿔 모양의 지형에서 유래되었다는 내용은 적절하지 않다.

① 우리나라의 지명 중 山(산), 谷(곡), 峴(현), 川(천) 등은 산악 지형이 대부분인 한반도의 산과 골짜기를 넘는 고개, 그 사이를 굽이치는 하천을 반영한 것이다.
② 평지나 큰 들이 있는 곳에는 坪(평), 平(평), 野(야), 原(원) 등의 한자가 많이 쓰였다.
④ 조선 시대에는 촌락의 특수한 기능이 지명에 반영되는 경우가 많았는데 하천 교통이 발달한 곳의 지명에는 ~도(渡), ~진(津), ~포(浦) 등의 한자가 들어간다.
⑤ 김포공항에서 유래된 공항동은 서울의 인구 증가로 인해 새롭게 만들어진 동이므로 공항동 지명의 역사는 일제에 의해 지명이 바뀐 고잔동 지명의 역사보다 짧다.

13
정답 ④

'역은 공문서의 전달과 관리의 내왕, 관물의 수송 등을 주로 담당했고, 원은 관리나 일반 여행자에게 숙박 편의를 제공했다.'라는 앞의 내용을 통해 역(驛)~, ~원(院) 등의 한자가 들어가는 지명은 과거에 육상 교통이 발달했던 곳임을 알 수 있다.

14
정답 ④

제시문에서는 성과평가제도를 긍정적으로 바라보며 기대효과를 제시하고 있다. 따라서 성과평가제도의 부정적인 측면을 말하는 ④는 적절하지 않다.

15
정답 ⑤

제시문은 첫 직장의 수준이 평생을 좌우하는 한국 취업시장의 현실을 꼬집으며 능력 중심의 평가를 장려하고 있다. 따라서 제시문의 제목으로 가장 적절한 것은 ⑤이다.

16
정답 ④

슈퍼문일 때는 지구와 달의 거리가 35만 7,000km 정도로 가까워지며, 이때 지구에서 보름달을 바라보는 시각도는 0.56도로 커지므로 0.49의 시각도보다 크다는 판단은 적절하다.

오답분석
① 케플러의 행성운동 제1법칙에 따라 태양계의 모든 행성은 태양을 중심으로 타원 궤도로 돈다. 따라서 지구도 태양을 타원 궤도로 돌기 때문에 지구에서 태양까지의 거리는 항상 일정하지 않을 것이다.
② 달이 지구에 가까워지면 달의 중력이 더 강하게 작용하여, 달을 향한 쪽의 해수면이 평상시보다 더 높아진다. 즉, 지구와 달의 거리에 따라 해수면의 높이가 달라지므로 서로 관계가 있다.
③ 달이 지구에 가까워지면 평소 달이 지구를 당기는 힘보다 더 강하게 지구를 당긴다. 따라서 이와 반대로 달이 지구에서 멀어지면 지구를 당기는 달의 힘은 약해질 것이다.
⑤ 달의 중력 때문에 높아진 해수면이 지구의 자전을 방해하게 되고, 이 때문에 지구의 자전 속도가 느려져 100만 년에 17초 정도씩 길어진다고 하였으므로 지구의 자전 속도는 점점 느려지고 있다.

17
정답 ①

첫 번째 문단에서 '대중문화 산물의 내용과 형식이 표준화 · 도식화되어 더 이상 예술인 척할 필요조차 없게 되었다고 주장했다.'라는 내용이 있으므로 제시문을 바르게 이해했다고 할 수 있다.

18
정답 ②

기호학적 생산성은 피스크가 주목하는 것으로서 초기 스크린 학파의 평가로 적절하지 않다.

오답분석
⑤ 피스크를 비판하는 켈러의 입장을 유추해 보았을 때 타당하다.

19
정답 ①

제시된 수열은 홀수 항은 4씩 더하고, 짝수 항은 3씩 더하는 수열이다.
따라서 (　)=6+3=9이다.

20
정답 ④

남성의 골다공증 진료인원이 많은 연령대는 70대, 60대, 80대 이상 순서이고, 여성의 골다공증 진료인원이 많은 연령대는 60대, 70대, 50대 순서이다. 따라서 연령별 골다공증 진료율이 높은 순서는 남성과 여성이 다르다.

오답분석
① 골다공증 발병이 진료로 이어진다면 여성의 진료인원이 남성보다 많으므로 여성의 발병률이 남성의 발병률보다 높은 것을 추론할 수 있다.
② 전체 진료인원 중 40대 이하가 차지하는 비율은
$\frac{44+181+1,666+6,548+21,654}{855,975} \times 100 ≒ 3.5\%$로 옳다.
③ 전체 진료인원 중 골다공증 진료인원이 가장 많은 연령은 60대이고, 그 비율은 $\frac{294,553}{855,975} \times 100 ≒ 34.4\%$로 옳다.
⑤ 전체 진료인원 중 80대 이상이 차지하는 비율은 $\frac{100,581}{855,975} \times 100 ≒ 11.8\%$로 옳다.

21
정답 ④

직사각형의 넓이는 (가로)×(세로)이므로 가로, 세로의 길이가 각각 30cm, 20cm인 직사각형의 넓이는 $30 \times 20 = 600cm^2$이다. 이때, 넓이를 $\frac{1}{3}$ 이하로 작아지게 하려면 직사각형의 넓이가 $600 \times \frac{1}{3} = 200cm^2$ 이하여야 하므로 가로 혹은 세로의 길이를 $\frac{1}{3}$ 이하로 줄이면 된다. 따라서 가로의 길이가 $30 \times \frac{1}{3} = 10cm$ 이하일 때, 직사각형의 넓이가 $200cm^2$ 이하가 되므로 가로의 길이는 20cm 이상 줄여야 한다.

22
정답 ⑤

5개국의 총GDP는 다음과 같다.
• A국 : 27,214×50.6=1,377,028.4백만 달러
• B국 : 32,477×126.6=4,111,588.2백만 달러
• C국 : 55,837×321.8=17,968,346.6백만 달러
• D국 : 25,832×46.1=1,190,855.2백만 달러
• E국 : 56,328×24=1,351,872백만 달러
1인당 GDP 순위는 E>C>B>A>D이다. 반면 총GDP는 C>B>A>E>D이므로 순위가 일치하지 않는다.

① 경제성장률이 가장 큰 D국의 총GDP가 가장 작으므로 옳은 설명이다.
② 총GDP가 가장 큰 국가는 C국이고, 가장 작은 국가는 D국이다. C국의 총GDP는 D국의 총GDP의 $\frac{17,968,346.6}{1,190,855.2} ≒ 15$배이므로 옳은 설명이다.
③ 수출 및 수입 규모에 따른 순위는 모두 C>B>A>D>E이다.
④ A국의 총GDP는 1,377,028.4백만 달러, E국의 총GDP는 1,351,872백만 달러이므로 A국의 총GDP가 더 크다.

23　　　　　　　　　　　　　정답 ③

(65세 이상 인구)=[고령화지수(%)]×(0 ~ 14세 인구)÷100
=19.7×50,000÷100=9,850명

24　　　　　　　　　　　　　정답 ③

2024년 고령화지수는 2019년 대비 $\frac{107.1-69.9}{69.9}×100 ≒ 53\%$ 증가했다.

25　　　　　　　　　　　　　정답 ④

㉠ 노인부양비 추이는 5년 단위로 계속 증가하고 있다는 것을 확인할 수 있다.
㉢ 2014년의 2009년 대비 노인부양비 증가폭은 11.3-7.0=4.3%p로 옳은 설명이다.
㉣ 5년 단위의 고령화지수 증가폭은 다음과 같다.
 • 2009년의 2004년 대비 증가폭 : 27.6-19.7=7.9%p
 • 2014년의 2009년 대비 증가폭 : 43.1-27.6=15.5%p
 • 2019년의 2014년 대비 증가폭 : 69.9-43.1=26.8%p
 • 2024년의 2019년 대비 증가폭 : 107.1-69.9=37.2%p
따라서 5년 단위의 고령화지수 증가폭은 2024년의 2019년 대비 증가폭이 가장 크다.

㉡ 5년 단위의 고령화지수 증가율을 각각 구하면 40%, 56%, 62%, 53%이다. 따라서 고령화지수 추이는 계속 증가하고 있지만, 같은 비율로 증가하고 있지는 않다.

26　　　　　　　　　　　　　정답 ④

ㄴ. A 방송사의 연간 방송시간 중 보도시간 비율은 $\frac{2,343}{(2,343+3,707+1,274)}×100 ≒ 32.0\%$이고 D 방송사의 교양방송 비율은 $\frac{2,498}{(1,586+2,498+3,310)}×100 ≒ 33.8\%$로 D 방송사의 교양방송 비율이 더 높다.

ㄹ. 전체 방송시간은 6,304(전체 보도시간)+12,181(전체 교양시간)+10,815(오락시간)=29,300시간이고, 이중 오락의 비율은 $\frac{10,815}{29,300}×100 ≒ 36.9\%$로 40% 이하이다.

ㄱ. 전체 보도시간은 2,343+791+1,584+1,586=6,304시간, 교양시간은 3,707+3,456+2,520+2,498=12,181시간, 오락시간은 1,274+2,988+3,243+3,310=10,815시간으로, 방송시간은 교양, 오락, 보도 순으로 많다.
ㄷ. 방송사별 연간 방송시간 중 보도시간 비율은 다음과 같다.
 • A : $\frac{2,343}{(2,343+3,707+1,274)}×100 ≒ 32.0\%$
 • B : $\frac{791}{(791+3,456+2,988)}×100 ≒ 10.9\%$
 • C : $\frac{1,584}{(1,584+2,520+3,243)}×100 ≒ 21.6\%$
 • D : $\frac{1,586}{(1,586+2,498+3,310)}×100 ≒ 21.4\%$
따라서 A의 비율이 가장 높다.

27　　　　　　　　　　　　　정답 ④

전체 일의 양을 1이라고 하면 갑이 하루에 할 수 있는 일의 양은 $\frac{1}{12}$이고, 을이 하루에 할 수 있는 일의 양은 $\frac{1}{10}$이다.
둘이 같이 일한 날을 x일이라고 하면 다음과 같은 식이 성립한다.
$$\left(\frac{1}{12}+\frac{1}{10}\right)×x+\frac{1}{12}×(7-x)=1$$
$$→ 11x+5(7-x)=60$$
$$∴ x=\frac{25}{6}=4\frac{1}{6}$$
따라서 둘이 같이 일한 날은 5일이다.

28　　　　　　　　　　　　　정답 ④

2023년 10월부터 2024년 3월까지 각 지역마다 미세먼지 농도가 가장 높은 달이 3월인 지역은 '수원, 안양, 성남, 광명, 과천'으로 다섯 곳이다.

① 2023년 10 ~ 12월까지 미세먼지 농도의 합이 150$\mu g/m^3$ 이상인 지역은 막대그래프에서 140$\mu g/m^3$이 넘는 지역만 확인한다. 따라서 시흥과 파주 지역의 각 미세먼지 농도의 합을 구하면 시흥 한 곳만이 150$\mu g/m^3$ 이상이다.
 • 시흥 : 46+53+52=151$\mu g/m^3$
 • 파주 : 45+53+50=148$\mu g/m^3$
② 2024년 1월 미세먼지 농도의 전월(2023년 12월) 대비 증감률이 0%인 지역은 안양이다. 안양의 2024년 2월 미세먼지 농도는 46$\mu g/m^3$로 45$\mu g/m^3$ 이상이다.

③ 미세먼지 현황이 좋아졌다는 것은 미세먼지 농도가 낮아졌다는 것이며, 반대로 농도가 높아지면 현황이 나빠졌다는 뜻이다. 2024년 1월 대비 2월의 미세먼지 농도는 모든 지역에서 낮아졌고, 3월은 모든 지역에서 농도가 다시 높아졌다.

⑤ 2023년 10월의 미세먼지 농도가 $35\mu g/m^3$ 미만인 지역은 '수원, 성남, 과천, 의왕, 하남'이며, 다섯 곳의 2024년 2월 미세먼지 농도 평균은 $\dfrac{42+43+43+43+43}{5}\fallingdotseq 43\mu g/m^3$ 이다.

29 정답 ⑤

일반 체류자보다 시민권자가 많은 국가는 중국, 일본, 캐나다, 덴마크, 러시아, 스위스이며, 각 국가의 영주권자는 모두 300명 이상이다.

오답분석

① 영주권자가 없는 국가는 인도, 라오스, 몽골, 미얀마, 네팔, 태국, 터키, 베트남이며, 이 나라들의 일반 체류자 수의 총합은 $11,251+3,042+2,132+3,842+769+19,995+2,951+172,684=216,666$명으로 중국의 일반 체류자 수인 $300,332$명보다 작다.

② 일본의 일반 체류자 대비 시민권자 비율은 $\dfrac{736,326}{88,108}\times100\fallingdotseq835.7\%$이다.

③ 영주권자가 시민권자의 절반보다 많은 국가는 프랑스이며, 프랑스의 총 재외동포 수는 $8,961+6,541+13,665=29,167$명으로 3만 명보다 적다.

④ 재외동포 수가 가장 많은 국가는 시민권자가 200만 명이 넘는 중국이다. 중국은 시민권자와 일반 체류자의 수가 각각 1위를 차지하지만, 영주권자는 프랑스(6,541명)가 1위이다.

30 정답 ②

경증 환자 중 남성 환자의 비율은 $\dfrac{31}{50}\times100=62\%$이고, 중증 환자 중 남성 환자의 비율은 $\dfrac{34}{50}\times100=68\%$이므로 옳지 않은 설명이다.

오답분석

① 여성 환자 중 중증 환자의 비율은 $\dfrac{8+8}{9+10+8+8}\times100=\dfrac{16}{35}\times100\fallingdotseq45.7\%$이므로 옳은 설명이다.

③ 50세 이상 환자 수는 $10+18+8+24=60$명이고, 50세 미만 환자 수는 $9+13+8+10=40$명이다. 따라서 $\dfrac{60}{40}=1.5$배이므로 옳은 설명이다.

④ 중증 여성 환자 수는 $8+8=16$명이고, 전체 당뇨병 환자 수는 $9+13+8+10+10+18+8+24=100$명이다. 따라서 $\dfrac{16}{100}\times100=16\%$이므로 옳은 설명이다.

⑤ 50세 미만 남성 중 경증 환자 비율은 $\dfrac{13}{23}\times100\fallingdotseq56.5\%$이고, 50세 이상 여성 중 경증 환자 비율은 $\dfrac{10}{18}\times100\fallingdotseq55.6\%$이므로 옳은 설명이다.

31 정답 ④

생산이 증가한 2020년, 2023년, 2024년에는 수출과 내수도 모두 증가했으므로 옳지 않은 설명이다.

오답분석

① 2020년에는 전년 대비 생산, 내수, 수출이 모두 증가한 것을 확인할 수 있다.

② 내수가 가장 큰 폭으로 증가한 2022년에는 생산과 수출은 모두 감소했다.

③ 수출이 증가한 2020년, 2023년, 2024년에는 내수와 생산도 증가했다.

⑤ 수출이 가장 큰 폭으로 증가한 2023년에는 생산도 가장 큰 폭으로 증가한 것을 확인할 수 있다.

32 정답 ②

첫 번째 조건에서 2024년 11월 요가 회원은 $a=50\times1.2=60$이므로 60명이고, 세 번째 조건에서 2025년 1월 필라테스 예상 회원 수는 2024년 4분기 월 평균 회원 수가 되어야 하므로 2025년 1월 필라테스 예상 회원 수는 $d=\dfrac{106+110+126}{3}=\dfrac{342}{3}=114$명이다.

두 번째 조건에 따라 2024년 12월 G.X 회원 수 c를 구하면 $(90+98+c)+37=106+110+126 \rightarrow c=342-225=117$명이 된다. b를 구하기 위해 $2a+b=c+d$에 a, c, d에 해당하는 수를 대입하면 $b+2\times60=117+114 \rightarrow b=231-120 \rightarrow b=111$이다. 따라서 2024년 12월에 요가 회원 수는 111명이다.

33 정답 ①

일을 그만두는 이유를 모두 합한 값이 100%가 나와야 하므로 다음 식을 만족해야 한다.
㉠$=100-(10.5+3.6+47.3+23.9+6.5)=100-91.8=8.2$
따라서 ㉠에 들어갈 수치는 8.2이다.

34 정답 ⑤

3분기 경유는 리터당 2,000원이므로 10만 원의 예산으로 사용할 수 있는 연료량은 50L이다. 연비가 가장 좋은 차종은 0006이므로 최대 주행 가능 거리는 $50\times25=1,250$km이다.

35

K사의 신입사원 선발조건에 따라 지원자에게 점수를 부여한 뒤 최종점수를 산정하면 다음과 같다.

(단위 : 점)

지원자	학위 점수	어학시험 점수	면접 점수	총 인턴근무 기간	최종 점수
A	18	20	30	18	86
B	25	17	24	18	84
C	18	17	24	18	77
D	30	14	18	12	74

따라서 최고득점자는 A이고, 최저득점자는 D이다.

36

총 4번의 경기를 치러야 우승할 수 있는 자리는 E~J까지의 6개이고, 총 3번의 경기를 치르고 우승할 수 있는 자리는 A~D, K의 5개이므로 전자에 배정될 확률이 더 높다.

오답분석

ㄱ. 대진표상에서 우승을 하기 위해 최소한으로 치러야 하는 경기는 3경기이며, 이에 해당하는 자리는 A~D, K이다. 그러나 K는 8경기를 승리한 이후 다음날 곧바로 9경기를 치르게 되므로 조건에 부합하지 않는다. 따라서 총 4개만 해당한다.

ㄴ. 첫 번째 경기에 승리한 경우 두 번째 경기 전까지 3일 이상을 경기 없이 쉴 수 있는 자리는 A~F까지의 6개로 전체 11개의 50%를 넘는다.

37

해결해야 할 전략 과제란 취약한 부분에 대해 보완해야 할 과제를 말한다. 따라서 이미 우수한 고객서비스 부문을 강화한다는 것은 전략 과제로 삼기에 적절하지 않다.

오답분석

① 해외 판매망이 취약하다고 분석되었으므로 중국시장의 판매유통망을 구축하는 전략 과제를 세우는 것은 적절하다.

② 중국시장에서 구매 방식이 대부분 온라인으로 이루어지는 데 반해, 자사의 온라인 구매시스템은 미흡하기 때문에 온라인 구매시스템을 강화한다는 전략 과제는 적절하다.

④ 중국기업들 간의 가격 경쟁이 치열하다는 것은 제품의 가격이 내려가고 있다는 의미인데, 자사는 생산원가가 높다는 약점이 있다. 그러므로 원가 절감을 통한 가격경쟁력 강화 전략은 적절하다.

⑤ 중국시장에서 인간공학이 적용된 제품을 지향하고 있으므로 인간공학을 기반으로 한 제품 개발을 강화하는 것은 적절한 전략 과제이다.

38

먼저 갑의 진술을 기준으로 경우의 수를 나누어 보면 다음과 같다.

경우 1) A의 근무지는 광주이다(○). D의 근무지는 서울이다(×). 진술의 대상이 중복되는 병의 진술을 먼저 살펴보면, A의 근무지가 광주라는 것이 이미 고정되어 있으므로 앞 문장인 'C의 근무지는 광주이다.'는 거짓이 된다. 따라서 뒤 문장인 'D의 근무지는 부산이다.'가 참이 되어야 한다. 다음으로 을의 진술을 살펴보면, 앞 문장인 'B의 근무지는 광주이다.'는 거짓이며 뒤 문장인 'C의 근무지는 세종이다.'가 참이 되어야 한다.

이를 정리하면 다음과 같다.

A	B	C	D
광주	서울	세종	부산

경우 2) A의 근무지는 광주이다(×). D의 근무지는 서울이다(○). 진술의 대상이 중복되는 병의 진술을 먼저 살펴보면, 뒤 문장인 'D의 근무지는 부산이다.'는 거짓이 되며, 앞 문장인 'C의 근무지는 광주이다.'는 참이 된다. 다음으로 을의 진술을 살펴보면 앞 문장인 'B의 근무지는 광주이다.'가 거짓이 되므로, 뒤 문장인 'C의 근무지는 세종이다.'는 참이 되어야 한다. 그런데 이미 C의 근무지는 광주로 확정되어 있기 때문에 모순이 발생한다. 따라서 이 경우는 성립하지 않는다.

A	B	C	D
		광주 세종(모순)	서울

따라서 가능한 경우는 경우 1)뿐이므로 보기에서 반드시 참인 것은 ㄱ, ㄴ, ㄷ이다.

39

㉠ 탐색형 문제란 눈에 보이지 않는 문제로, 이를 방치하면 뒤에 큰 손실이 따르거나 결국 해결할 수 없는 문제로 확대되게 된다. 따라서 지금 현재는 문제가 아니지만 계속해서 현재 상태로 진행할 경우를 가정하고 앞으로 일어날 수 있는 문제로 인식하여야 한다. 이에 해당되는 것은 ㉠으로, 지금과 같은 공급처에서 원료를 수입하게 되면 미래에는 원료의 단가가 상승하게 되어 회사 경영에 문제가 될 것이다. 따라서 이에 대한 해결책을 갖추어야 미래에 큰 손실이 발생하지 않을 것이다.

㉡ 발생형 문제란 눈에 보이는 이미 일어난 문제로, 당장 걱정하고 해결하기 위해 고민해야 하는 문제를 의미한다. 따라서 ㉡은 신약의 임상시험으로 인해 임상시험자의 다수가 부작용을 보여 신약 개발이 전면 중단된 것으로, 이미 일어난 문제에 해당한다.

㉢ 설정형 문제란 미래상황에 대응하는 장래 경영 전략의 문제로, '앞으로 어떻게 할 것인가'에 대한 문제를 의미한다. 따라서 이는 미래에 상황에 대한 언급이 있는 ㉢이 해당된다.

2일 차 정답 및 해설 **15**

40
정답 ②

세 번째·네 번째·다섯 번째 조건에 의해 8등(꼴찌)이 될 수 있는 사람은 A 또는 C인데, C는 7등인 D와 연속해서 들어오지 않았다고 했으므로 8등은 A이다. 또한, 두 번째 조건에 의해 B는 4등이고, 네 번째 조건에 의해 E는 5등이다. 마지막으로 첫 번째 조건에 의해 C는 6등이 될 수 없으므로 1, 2, 3등 중에 하나이다. 따라서 A가 C보다 항상 늦게 들어온다는 ②가 항상 옳다.

41
정답 ④

A가 서브한 게임에서 전략팀이 득점하였으므로 이어지는 서브권은 A가 가지며, 총 4점을 득점한 상황이므로 팀 내에서 선수끼리 자리를 교체하여 A가 오른쪽에서 서브를 해야 한다. 그리고 서브를 받는 총무팀은 서브권이 넘어가지 않았기 때문에 선수끼리 코트 위치를 바꾸지 않는다. 따라서 이어질 서브 방향 및 선수 위치는 ④이다.

42
정답 ③

비공개기록물 공개 재분류 사업 결과에서 30년 경과 비공개기록물 중 공개로 재분류된 기록물의 비율은 $\frac{1,079,690}{1,199,421} \times 100 ≒ 90.0\%$이고, 30년 미경과 비공개기록물 중 비공개로 재분류된 기록물의 비율은 $\frac{1,284,352}{1,503,232} \times 100 ≒ 85.4\%$이므로 옳지 않은 내용이다.

오답분석
① 비공개기록물 공개 재분류 사업 결과에서 비공개기록물 공개 재분류 사업 대상 전체 기록물은 2,702,653건이고, 비공개로 재분류된 문건은 1,404,083건이므로 비공개로 재분류된 문건의 비율은 50%를 넘는다.
② 비공개기록물 공개 재분류 사업 결과에서 30년 경과 비공개기록물 중 전부공개로 재분류된 기록물 건수는 33,012건이고, 30년 경과 비공개기록물 중 개인 사생활 침해 사유에 해당하여 비공개로 재분류된 기록물의 건수는 46,298건으로 더 적다.
④ 비공개기록물 공개 재분류 사업 결과에서 30년 경과 비공개기록물 중 재분류 건수가 많은 분류를 순서대로 나열하면 부분공개, 비공개, 전부공개 순서이고 30년 미경과 비공개기록물 중 재분류 건수가 많은 분류를 순서대로 나열하면 비공개, 전부공개, 부분공개 순서이므로 옳다.
⑤ 30년 경과 비공개기록물 중 비공개로 재분류된 기록물의 비공개 사유별 현황에서 국민의 생명 등 공익침해와 개인 사생활 침해로 비공개 재분류된 기록물 건수는 54,329+46,298=100,627이고, 그 비율은 $\frac{100,627}{2,702,653} \times 100 ≒ 3.7\%$로 옳다.

43
정답 ①

A, B, C가 각각 7개, 6개, 7개의 동전을 가지게 된다. 이때 모든 종류의 동전이 있는 A의 최소 금액은 10×4+50×1+100×1+500×1=690원이 된다.

오답분석
② C가 2개(500×1+100×1=600원)의 동전을 가지고, B도 C와 같은 개수(2개)의 동전을 가지게 된다. 이때 16개의 동전을 가진 A의 최대 금액은 500×16=8,000원이 된다.
③ C가 2개(500×1+100×1=600원)의 동전을 가진 경우와 3개(500×1+50×2=600원)의 동전을 가진 경우도 있을 수 있다. 이때 B도 C와 같은 개수인 각 2개와 3개의 동전을 가져, B와 C가 각각 4개 이상의 동전을 가질 수 없게 된다.
④ 제시된 조건만으로는 알 수 없다.
⑤ C가 8개(100×4+50×4=600원)의 동전을 가진다. 이때 A도 C와 같은 개수인 8개(10×8=80원)의 동전을 가지며, B는 4개(10×4=40원)의 동전을 가지게 된다. 따라서 이들의 최소 금액은 80+40+600=720원이 된다.

44
정답 ②

(가) 작업을 수행하면 A−B−C−D 순서로 접시탑이 쌓인다.
(나) 작업을 수행하면 철수는 D접시를 사용한다.
(다) 작업을 수행하면 A−B−C−E−F 순서로 접시탑이 쌓인다.
(라) 작업을 수행하면 철수는 C, E, F접시를 사용한다.
따라서 접시탑의 맨 위에 있는 접시는 B접시이다.

45
정답 ③

먼저 모든 면접위원의 입사 후 경력은 3년 이상이어야 한다는 조건에 따라 A, E, F, H, I, L직원은 면접위원으로 선정될 수 없다. 이사 이상의 직급으로 6명 중 50% 이상 구성되어야 하므로 자격이 있는 C, G, N은 반드시 면접위원으로 포함한다. 다음으로 인사팀을 제외한 부서는 두 명 이상 선출할 수 없으므로 이미 N이사가 선출된 개발팀은 더 선출할 수 없고, 인사팀은 반드시 2명을 포함해야 하므로 D과장은 반드시 선출된다. 이를 정리하면 다음과 같다.

구분	1	2	3	4	5	6
경우 1	C이사	D과장	G이사	N이사	B과장	J과장
경우 2	C이사	D과장	G이사	N이사	B과장	K대리
경우 3	C이사	D과장	G이사	N이사	J과장	K대리

따라서 B과장이 면접위원으로 선출됐더라도 K대리가 선출되지 않는 경우도 있다.

46

정답 ③

먼저 규칙 1과 2를 통해 직원 B의 이름을 구할 수 있다.
각 글자의 초성은 오른쪽으로 종성은 왼쪽으로 한자리씩 옮겼으므로 이를 반대로 즉, 초성은 왼쪽으로 종성은 오른쪽으로 한자리씩 옮기면 직원 B의 이름을 구할 수 있다.

- 강형욱 → (1번 규칙) 항영국 → (2번 규칙) → 학영궁
- 직원 B의 출근 확인 코드인 '64강형욱jabc'에서 앞 두 자리는 출생연도 뒤 두 자리를 곱한 값이라고 했으므로 1980년대 생인 직원 B가 64가 나오려면 8×8=64로 1988년생이었음을 구할 수 있다. 또한 뒤 네 자리를 규칙 4에 따라 반대로 치환하면 jabc → 0123으로 1월 23일생임을 알 수 있다.

따라서 직원 B의 이름은 학영궁, 생년월일은 1988년 1월 23일생이다.

47

정답 ④

'1992년 11월 01일생, 송하윤'에 규칙 1 ~ 4를 적용하여 정리하면 다음과 같다.

1. 송하윤 → 옹사흉
2. 옹사흉 → 오산흉
3. 9×2=18 → 18오산흉
4. 11월 01일 → 1101=aaja

따라서 올바른 출근 확인 코드는 '18오산흉aaja'이다.

48

정답 ③

내구성과 안전성이 1순위라고 하였으므로 내구성에서 '보통' 평가를 받은 D모델은 제외한다. 그 다음 바닥에 대한 청소 성능 중 '보통' 평가를 받은 B모델을 제외하고, 자율주행성능에서 '보통' 평가를 받은 A모델과 E모델을 제외하면 남는 것은 C모델이므로 K씨의 조건을 모두 만족한 것은 C모델이다.

49

정답 ④

세 번째 조건에 의해 윤부장이 가담하지 않았다면, 이과장과 강주임도 가담하지 않았음을 알 수 있다. 이과장이 가담하지 않았다면 두 번째 조건에 의해 김대리도 가담하지 않으므로 가담한 사람은 박대리뿐이다. 이는 첫 번째 조건에 위배되므로 윤부장은 입찰부정에 가담하였다. 네 번째 조건의 대우로 김대리가 가담하였다면 박대리도 가담하였고, 다섯 번째 조건에 의해 박대리가 가담하였다면 강주임도 가담하였다. 이는 입찰부정에 가담한 사람은 두 사람이라는 첫 번째 조건에 위배되는 것이므로, 김대리는 입찰부정에 가담하지 않았다. 따라서 입찰부정에 가담하지 않은 사람은 김대리, 이과장, 박대리이며, 입찰부정에 가담한 사람은 윤부장과 강주임이다.

50

정답 ③

주어진 조건을 정리하면 다음과 같다.

- 철수 : C, D, F는 포인트 적립이 안 되므로 해당 사항이 없다(②, ④ 제외).
- 영희 : 배송비를 고려하였으므로 A에는 해당 사항이 없다.
- 민수 : 주문 다음 날 취소가 되지 않았으므로 A, B, C에는 해당 사항이 없다(①, ⑤ 제외).
- 철호 : 환불 및 송금수수료, 배송비가 포함되었으므로 A, D, E, F에는 해당 사항이 없다.

51	52	53	54	55	56	57	58	59	60
①	①	③	④	②	③	②	④	④	⑤

51
정답 ①

과태료(한국철도공사법 제20조)
한국철도공사법 제8조의2를 위반하여 공사가 아닌 자가 한국철도 공사 또는 이와 유사한 명칭을 사용한 경우 이를 위반한 자에게는 <u>500만 원 이하</u>의 과태료를 부과한다.

52
정답 ①

민자철도사업자에 대한 과징금 부과의 일반기준(철도사업법 시행령 제10조의2 별표 1의2)
부과권자는 다음에 해당하는 경우에는 개별기준에 따른 과징금의 2분의 1 범위에서 그 금액을 줄여 부과할 수 있다. 다만, 과징금을 체납하고 있는 위반행위자에 대해서는 그렇지 않다.
• 위반행위가 사소한 부주의나 오류로 인한 것으로 인정되는 경우
• 위반행위자가 위반행위를 바로 정정하거나 시정하여 법 위반상 태를 해소한 경우
• 그 밖에 위반행위의 내용·정도, 위반행위 동기와 그 결과 등을 고려하여 과징금 금액을 줄일 필요가 있다고 인정되는 경우

53
정답 ③

민간위탁계약에는 위탁업무의 재위탁에 관한 사항이 포함된다(철 도산업발전기본법 시행령 제31조 제2항 제6호).

> **민간위탁계약의 포함사항(철도산업발전기본법 시행령 제31 조 제2항)**
> 제1항의 규정에 의한 위탁계약에는 다음 각 호의 사항이 포함되어야 한다.
> 1. 위탁대상 철도자산
> 2. 위탁대상 철도자산의 관리에 관한 사항
> 3. 위탁계약기간(계약기간의 수정·갱신 및 위탁계약의 해 지에 관한 사항을 포함한다)
> 4. 위탁대가의 지급에 관한 사항
> 5. 위탁업무에 대한 관리 및 감독에 관한 사항
> 6. 위탁업무의 재위탁에 관한 사항
> 7. 그 밖에 국토교통부장관이 필요하다고 인정하는 사항

54
정답 ④

국토교통부장관은 여객에 대한 운임의 상한을 지정하는 때에는 물 가상승률, 원가수준, 다른 교통수단과의 형평성, 사업용철도노선 의 분류와 철도차량의 유형 등을 고려하여야 하며, 여객 운임의 상한을 지정한 경우에는 이를 관보에 고시하여야 한다(철도사업법 시행령 제4조 제1항).

55
정답 ②

국가가 한국철도공사에 출자를 할 때에는 <u>국유재산의 현물출자에 관한 법률</u>에 따른다(한국철도공사법 제4조 제4항).

56
정답 ③

면허취소 등(철도사업법 제16조 제1항)
국토교통부장관은 철도사업자가 다음 각 호의 어느 하나에 해당하 는 경우에는 면허를 취소하거나, 6개월 이내의 기간을 정하여 사 업의 전부 또는 일부의 정지를 명하거나, 노선 운행중지·운행제 한·감차 등을 수반하는 사업계획의 변경을 명할 수 있다. 다만, 제4호와 제7호의 경우에는 면허를 취소하여야 한다.
1. 면허받은 사항을 정당한 사유 없이 시행하지 아니한 경우
2. 사업 경영의 불확실 또는 자산상태의 현저한 불량이나 그 밖의 사유로 사업을 계속하는 것이 적합하지 아니할 경우
3. 고의 또는 중대한 과실에 의한 철도사고로 대통령령으로 정하 는 다수의 사상자(死傷者)가 발생한 경우
4. 거짓이나 그 밖의 부정한 방법으로 제5조에 따른 철도사업의 면허를 받은 경우
5. 제5조 제1항 후단에 따라 면허에 붙인 부담을 위반한 경우
6. 제6조에 따른 철도사업의 면허기준에 미달하게 된 경우. 다만, 3개월 이내에 그 기준을 충족시킨 경우에는 예외로 한다.
7. 철도사업자의 임원 중 제7조 제1호 각 목의 어느 하나의 결격 사유에 해당하게 된 사람이 있는 경우. 다만, 3개월 이내에 그 임원을 바꾸어 임명한 경우에는 예외로 한다.
8. 제8조를 위반하여 국토교통부장관이 지정한 날 또는 기간에 운송을 시작하지 아니한 경우
9. 제15조에 따른 휴업 또는 폐업의 허가를 받지 아니하거나 신고 를 하지 아니하고 영업을 하지 아니한 경우
10. 제20조 제1항에 따른 철도사업자 준수사항을 1년 이내에 3회 이상 위반한 경우
11. 제21조에 따른 사업의 개선명령을 위반한 경우
12. 제23조에 따른 명의 대여 금지를 위반한 경우

57

벌칙(철도산업발전기본법 제40조 제2항)
다음의 어느 하나에 해당하는 자는 2년 이하의 징역 또는 3천만원 이하의 벌금에 처한다.
• 거짓이나 그 밖의 부정한 방법으로 제31조 제1항에 따른 허가를 받은 자
• 제31조 제1항에 따른 허가를 받지 아니하고 철도시설을 사용한 자
• 다음에 따른 조정・명령 등의 조치를 위반한 자
  - 지역별・노선별・수송대상별 수송 우선순위 부여 등 수송통제
  - 철도시설・철도차량 또는 설비의 가동 및 조업
  - 대체수송수단 및 수송로의 확보
  - 임시열차의 편성 및 운행
  - 철도서비스 인력의 투입
  - 그 밖에 철도서비스의 수급안정을 위하여 대통령령으로 정하는 사항 : 철도시설의 임시사용, 철도시설의 사용제한 및 접근통제, 철도시설의 긴급복구 및 복구지원, 철도역 및 철도차량에 대한 수색 등

58

철도운영자가 국가의 특수목적사업을 수행함으로써 발생하는 비용은 원인제공자가 부담하는 공익서비스비용 범위이다(철도산업발전기본법 제32조 제2항 제3호).

> **공익서비스 제공에 따른 보상계약의 체결(철도산업발전기본법 제33조 제2항)**
> 제1항에 따른 보상계약에는 다음 각 호의 사항이 포함되어야 한다.
> 1. 철도운영자가 제공하는 철도서비스의 기준과 내용에 관한 사항
> 2. 공익서비스 제공과 관련하여 원인제공자가 부담하여야 하는 보상내용 및 보상방법 등에 관한 사항
> 3. 계약기간 및 계약기간의 수정・갱신과 계약의 해지에 관한 사항
> 4. 그 밖에 원인제공자와 철도운영자가 필요하다고 합의하는 사항

59

지도・감독(한국철도공사법 제16조)
국토교통부장관은 한국철도공사의 업무 중 다음 각 호의 사항과 그와 관련되는 업무에 대하여 지도・감독한다.
1. 연도별 사업계획 및 예산에 관한 사항
2. 철도서비스 품질 개선에 관한 사항
3. 철도사업계획의 이행에 관한 사항
4. 철도시설・철도차량・열차운행 등 철도의 안전을 확보하기 위한 사항
5. 그 밖에 다른 법령에서 정하는 사항

60

사업계획의 변경을 제한할 수 있는 철도사고의 기준(철도사업법 시행령 제6조)
사업계획의 변경을 신청한 날이 포함된 연도의 직전 연도의 열차운행거리 100만 km당 철도사고(철도사업자 또는 그 소속 종사자의 고의 또는 과실에 의한 철도사고를 말한다)로 인한 사망자 수 또는 철도사고의 발생횟수가 최근(직전연도를 제외한다) 5년간 평균보다 10분의 2 이상 증가한 경우를 말한다.

3일 차 기출응용 모의고사 정답 및 해설

| 01 | 직업기초능력평가

01	02	03	04	05	06	07	08	09	10
②	③	⑤	④	⑤	④	④	①	④	④
11	12	13	14	15	16	17	18	19	20
④	③	②	③	④	④	②	④	③	⑤
21	22	23	24	25	26	27	28	29	30
③	④	②	④	②	③	③	⑤	②	④
31	32	33	34	35	36	37	38	39	40
⑤	④	④	⑤	④	⑤	④	④	①	④
41	42	43	44	45	46	47	48	49	50
④	①	②	③	②	④	④	①	①	④

01
정답 ②

제시문은 집단 소송제의 중요성과 필요성에 대하여 역설하는 글이다. 집단 소송제를 통하여 기업 경영의 투명성을 높여, 궁극적으로 기업의 가치 제고를 이룬다는 것이 글의 주제이다. 따라서 제시문의 주제로 가장 적절한 것은 ②이다.

02
정답 ③

병은 상대방을 향하여 상체를 기울여 다가앉는 자세를 취함으로써 자신이 열심히 들을 것임을 강조하였다.

오답분석

- 갑 : 상대방의 말에 경청을 할 때에는 상대와 정면으로 눈을 마주치는 자세가 필요하다. 따라서 상대방과의 눈을 피해 바닥을 보는 갑의 행동은 바람직한 경청의 자세가 아니다.
- 을 : 손이나 다리를 꼬지 않는 자세는 개방적 자세로 상대에게 마음을 열어 놓고 있다는 표시이다. 하지만 을의 다리를 꼬고 앉아 있는 행동은 자신의 의견에 반대한 후배에게 마음을 열어 놓고 경청하고 있다고 보기 어렵다.

03
정답 ⑤

직장에서의 프라이버시 침해 위협에 대해 우려하는 것이 제시문의 논지이므로 ⑤는 제시문의 내용과 부합하지 않는다.

04
정답 ④

언어적인 의사소통은 대화를 통해 상대방의 반응 등을 살펴 실시간으로 상대방을 설득할 수 있으므로 문서적인 의사소통에 비해 유동성이 크다.

오답분석

① 문서적인 의사소통에는 업무지시 메모, 업무보고서 작성, 고객사에서 보내온 수취확인서, 운송장 작성 등이 있다.
② 문서적인 의사소통은 보는 사람이 판단하는 것이므로 혼란과 곡해를 일으키는 경우도 있다.
③·⑤ 문서적인 의사소통은 언어적인 의사소통보다 권위감이 있고, 정확성을 기하기 쉬우며, 전달성과 보존성이 크다.

05
정답 ⑤

전 세계의 기상 관측소와 선박, 부표에서 온도를 측정한 것은 19세기 중반부터이며, 1979년 이후부터는 지상을 벗어나 대류권과 성층권에서도 지구의 기후 변화를 감시하게 되었다.

06
정답 ④

보기의 문장은 홍차가 귀한 취급을 받았던 이유에 대하여 구체적으로 설명하고 있다. 따라서 '홍차의 가격이 치솟아 무역적자가 심화되자, 영국 정부는 자국 내에서 직접 차를 키울 수는 없을까 고민하지만 별다른 방법을 찾지 못했고, 홍차의 고급화는 점점 가속화됐다.'의 뒤, 즉 (라)에 위치하는 것이 가장 적절하다.

07
정답 ④

제시문의 사례가 되기 위해서는 광고 카피를 기존의 스테레오 타입에서 벗어나 낯설게 표현해야 한다. 하지만 ④는 단어의 활용이 어색하지 않고 일상생활에서 쓰이는 표현이므로 적절한 사례가 아니다.

08

정답 ①

물론 상대의 성격에 따라 부담을 느낄 수도 있지만, 상대의 반응을 지레짐작하여 거리를 두는 것보다는 상대방의 말에 집중해서 경청하는 것이 바람직하다.

09

정답 ④

A씨의 아내는 A씨가 자신의 이야기에 공감해주길 바랐지만, A씨는 아내의 이야기를 들어주기보다는 해결책을 찾아 아내의 문제에 대해 조언하려고만 하였다. 즉, 아내는 마음을 털어놓고 남편에게 위로받고 싶었지만, A씨의 조언하려는 태도 때문에 더 이상 대화가 이어질 수 없었다.

오답분석

① 짐작하기 : 상대방의 말을 듣고 받아들이기보다 자신의 생각에 들어맞는 단서들을 찾아 자신의 생각을 확인하는 것이다.
② 걸러내기 : 상대의 말을 듣기는 하지만 상대방의 메시지를 온전하게 듣는 것이 아닌 경우이다.
③ 판단하기 : 상대방에 대한 부정적인 판단 때문에, 또는 상대방을 비판하기 위하여 상대방의 말을 듣지 않는 것이다.
⑤ 옳아야만 하기 : 자존심이 강한 사람은 자존심에 관한 것을 전부 막아버리려 하기 때문에 자신의 부족한 점에 대한 상대방의 말을 들을 수 없게 된다.

10

정답 ④

빈칸의 앞부분은 소모설에 대한 설명이고, 뒷부분에서는 이를 '완전히 무시하고 있다.'라고 하였으므로, 빈칸에는 앞부분과 반대되는 내용인 ④가 들어가야 한다.

11

정답 ④

제시문에서 천연 아드레날린과 합성된 아드레날린의 차이 여부는 알 수 없다.

12

정답 ③

기원전 1세기경에 고대 로마시대의 이탈리아 지역에서 롱 파스타의 일종인 라자냐를 먹었다는 기록이 전해진다고 하였으므로 적절한 내용이다.

오답분석

① 쇼트 파스타의 예로 속이 빈 원통형인 마카로니를 들고 있으므로 적절하지 않은 내용이다.
② 9 ~ 11세기에 이탈리아 남부의 시칠리아에서 아랍인들로부터 제조 방법을 전수받아 건파스타의 생산이 처음으로 이루어졌다고 하였으므로 적절하지 않은 내용이다.
④ 파스타를 만드는 데 적합한 세몰라 가루는 듀럼 밀을 거칠게 갈아 만든 황색의 가루이므로 적절하지 않은 내용이다.

⑤ 시칠리아에서 재배된 듀럼 밀이 곰팡이나 해충에 취약해 장기 보관이 어려웠기 때문에 저장기간을 늘리고 수송을 쉽게 하기 위해 건파스타를 만들었다고 하였으므로 적절하지 않은 내용이다.

13

정답 ②

'찌개 따위를 끓이거나 설렁탕 따위를 담을 때 쓰는 그릇'을 뜻하는 단어는 '뚝배기'이다.

오답분석

① '손가락 따위로 어떤 방향이나 대상을 집어서 보이거나 말하거나 알리다.'의 의미를 가진 단어는 '가리키다'이다.
③ '사람들의 관심이나 주의가 집중되는 사물의 중심 부분'의 의미를 가진 단어는 '초점'이다.
④ '액체 따위를 끓여서 진하게 만들다, 약재 따위에 물을 부어 우러나도록 끓이다.'의 의미를 가진 단어는 '달이다'이다(다려 → 달여).
⑤ '길게 뻗어 나가면서 다른 물건을 감기도 하고 땅바닥에 퍼지기도 하는 식물의 줄기'의 의미를 가진 단어는 '넝쿨', '덩굴'이다.

14

정답 ③

두 번째 문단에서 부조화를 감소시키는 행동은 비합리적인 면이 있는데, 그러한 행동들이 자신들의 문제에 대해 실제적인 해결책을 찾지 못하도록 할 수 있다고 하였다.

오답분석

① 인지 부조화는 불편함을 유발하기 때문에 사람들은 이것을 감소시키려고 한다.
② 제시문에는 부조화를 감소시키는 행동의 합리적인 면이 나타나 있지 않다.
④ 제시문에서 부조화를 감소시키려는 자기방어적인 행동은 부정적인 결과를 초래한다고 하였다.
⑤ 부조화를 감소시키는 행동으로 사람들은 자신의 긍정적인 측면의 이미지를 유지하게 되는데, 이를 통해 부정적인 이미지를 감소시키는지는 알 수 없다.

15

정답 ④

앞의 내용에 따르면 인지 부조화 이론에서 '사람들은 현명한 사람을 자기 편, 우매한 사람을 다른 편이라 생각할 때 마음이 편안해질 것이다.'라고 하였다. 따라서 자신의 의견과 동일한 주장을 하는 논리적인 글을 기억하고, 자신의 의견과 반대되는 주장을 하는 형편없는 글을 기억할 것이라 예측할 수 있다.

16
정답 ④

제시문에서는 사유 재산에 대한 개인의 권리 추구로 다수가 피해를 입게 된다면 사익보다 공익을 우선시하여 개인의 권리가 제한되어야 한다고 주장한다. 따라서 이러한 주장에 대한 반박으로는 개인인 땅 주인이 권리를 행사함에 따라 다수인 마을 사람들에게 발생하는 피해가 법적으로 증명되어야만 권리를 제한할 수 있다는 ④가 가장 적절하다.

17
정답 ②

제시문은 재산권 제도의 발달에 따른 경제 성장을 예로 들어 제도의 발달과 경제 성장의 상관관계에 대해 설명하고 있다. 더불어 제도가 경제 성장에 영향을 줄 수 있지만 동시에 경제 성장으로부터 영향을 받을 수도 있다는 점에서 그 인과관계를 판단하기 어렵다는 한계점을 제시하고 있다. 따라서 제목으로 가장 적절한 것은 '경제 성장과 제도 발달'이다.

18
정답 ④

미생물을 끓는 물에 노출하면 영양세포나 진핵포자는 죽일 수 있으나, 세균의 내생포자는 사멸시키지 못한다. 멸균은 포자, 박테리아, 바이러스 등을 완전히 파괴하거나 제거하는 것이므로 물을 끓여서 하는 열처리 방식으로는 멸균이 불가능함을 알 수 있다. 따라서 빈칸에 들어갈 내용으로는 소독은 가능하지만, 멸균은 불가능하다는 ④가 가장 적절하다.

19
정답 ③

이륜차와 관련된 교통사고는 $29+11=40\%$로 $2,500\times0.4=1,000$건이며, 30대 이하 가해자는 $38+21=59\%$로 $2,500\times0.59=1,475$명이므로 그 비율은 $\frac{1,000}{1,475}\times100 ≒ 67.8\%$이다.

[오답분석]
① 60대 이상의 비율은 $100-(38+21+11+8)=22\%$로, 30대보다 높다.
② 사륜차와 사륜차 교통사고 사망 건수는 $2,500\times0.42\times0.32=336$건이고, 20대 가해자 수는 $2,500\times0.38=950$명으로, 그 비율은 $\frac{336}{950}\times100 ≒ 35.4\%$이다.
④ 보행자와 관련된 교통사고는 $18+11=29\%$로 $2,500\times0.29=725$건이며, 그중 40%가 사망사건이라고 했으므로 사망 건수는 $725\times0.4=290$건이다. 이때, 사륜차와 사륜차의 교통사고 사망 건수는 336건이므로 보행자와 관련된 교통사고 사망 건수보다 많다.
⑤ 사륜차와 이륜차 교통사고 사상자 수는 $2,500\times0.29=725$명이고, 이 중 사망자의 비율은 68%이므로 사망 건수는 $725\times0.68=493$건이다. 따라서 사륜차와 사륜차 교통사고 사망 건수인 336건보다 많다.

20
정답 ⑤

이륜차 또는 보행자와 관련된 교통사고는 $29+18+11=58\%$로 $2,500\times0.58=1,450$건이다. 이 중 20%의 가해자가 20대라고 했으므로 $1,450\times0.2=290$건이다. 전체 교통사고 중 20대 가해 건수는 $2,500\times0.38=950$건이므로, 이륜차 또는 보행자와 관련된 교통사고 중 20대 가해자는 전체 교통사고 20대 가해자의 $\frac{290}{950}\times100 ≒ 30\%$를 차지한다.

21
정답 ③

자기계발 과목에 따라 해당되는 지원 금액과 신청 인원은 다음과 같다.

구분	영어회화	컴퓨터 활용능력	세무회계
지원 금액	$70,000\times0.5$ $=35,000$원	$50,000\times0.4$ $=20,000$원	$60,000\times0.8$ $=48,000$원
신청 인원	3명	3명	3명

교육프로그램마다 3명씩 지원하였으므로, 총지원비는 $(35,000+20,000+48,000)\times3=309,000$원이다.

22
정답 ④

644와 476을 소인수분해하면 다음과 같은 식이 성립한다.
$644=2^2\times7\times23$, $476=2^2\times7\times17$
즉, 644와 476의 최대공약수는 $2^2\times7=28$이다. 이때 직사각형의 가로에 설치할 수 있는 조명의 개수를 구하면, $644\div28+1=23+1=24$개이다. 또한 직사각형의 세로에 설치할 수 있는 조명의 개수를 구하면, $476\div28+1=17+1=18$개이다.
따라서 조명의 최소 설치 개수를 구하면 $(24+18)\times2-4=84-4=80$개이다.

23
정답 ②

주어진 조건에 따라 식사 예상 금액을 정리하면 다음과 같다.

구분	A통신사	B통신사	C통신사
A 레스토랑	$143,300-5,000$ $=138,300$원	$143,300\times0.85$ $≒121,800$원 (∵ 십 원 미만 절사)	$143,300-14,300$ $=129,000$원
B 레스토랑	165,000원	$165,000\times0.8$ $=132,000$원	$65,000\times0.7$ $+100,000$ $=145,500$원
C 레스토랑	$174,500-26,100$ $=148,400$원	$124,500\times0.9$ $+50,000$ $=162,050$원	$174,500\times0.7$ $=122,150$원

따라서 K씨의 가족이 A레스토랑에서 B통신사 15% 할인을 받았을 때 121,800원으로 가장 저렴하게 식사할 수 있다.

24 정답 ④

주차 시간을 x분이라 하면 다음 식이 성립한다(단, $x>30$).

$3,000+60(x-30) \leq 18,000$

$\rightarrow 50+x-30 \leq 300$

$\therefore x \leq 280$

따라서 A사원은 최대 280분까지 주차할 수 있다.

25 정답 ②

자료에서 2022년 인천의 면적은 $\frac{2,629,000}{2,602} \fallingdotseq 1,010km^2$이므로

$1,000km^2$보다 넓다.

오답분석

ㄱ. 2022 ~ 2023년 감소한 부산의 인구는 $3,498-3,471=27$ 천 명이고, 대구의 인구는 $2,457-2,444=13$천 명이다. 따라서 두 도시의 감소한 인구가 2023년 전체 인구에서 차지하는 비율은 부산이 $\frac{27}{3,471} \times 100 \fallingdotseq 0.78\%$, 대구가 $\frac{13}{2,444} \times 100 \fallingdotseq 0.53\%$이므로 부산이 더 크다.

ㄷ. 2024년 부산의 면적은 $\frac{3,446,000}{4,493} \fallingdotseq 767km^2$이고, 대구의 면적은 $\frac{2,431,000}{2,750}=884km^2$이므로 대구의 면적이 더 넓다.

26 정답 ③

먼저, 각 테이블의 메뉴구성을 살펴보면 전체 메뉴는 5가지이며 2그릇씩 주문이 되었다는 것을 알 수 있다. 즉, 1번부터 5번까지의 주문 총액을 2로 나누어주면 전체 메뉴의 총합을 알 수 있다는 것이다. 실제로 구해 보면 테이블 1 ~ 5까지의 총합은 90,000원이며 이것을 2로 나눈 45,000원이 전체 메뉴의 총합이 됨을 알 수 있다.

여기서 테이블 1부터 3까지만 따로 떼어놓고 본다면 다른 것은 모두 1그릇씩이지만 짜장면만 2그릇임을 알 수 있다. 즉 테이블 1 ~ 3까지의 총합(=51,000원)과 45,000원의 차이가 바로 짜장면 1그릇의 가격이 된다는 것이다. 따라서 짜장면 1그릇의 가격은 6,000원임을 알 수 있다.

27 정답 ③

황아영의 총점은 $85+82+90=257$점이며, 성수민이 언어와 수리 영역에서 획득한 점수는 각각 93점과 88점으로 총 181점이다. 따라서 황아영보다 높은 총점을 기록하기 위해서는 $257-181=76$점을 초과하여 획득해야 한다. 이때, 점수는 1점 단위라고 하였으므로 77점 이상이어야 한다.

28 정답 ⑤

자료만으로는 박지호보다 김진원의 총점이 더 높은지 확인할 수 없다.

오답분석

① 언어와 수리 영역 점수의 합은 하정은이 $94+90=184$점으로 가장 높다. 이때, 김진원의 수리 영역 점수는 알 수 없지만 76점 미만이므로 166점 미만이다. 또한, 신민경 역시 언어 영역 점수를 알 수 없지만 85점 미만이므로 176점 미만이다. 따라서 하정은보다 점수가 낮다.

② 하정은의 총점은 $94+90+84=268$점이며, 양현아의 총점은 $88+76+97=261$점이다. $268 \times 0.95=254.6$점이므로, 양현아는 하정은의 총점의 95% 이상을 획득했다.

③ 신민경은 수리와 인성 영역에서 각각 91점과 88점을 획득하였고, 언어 영역에서 얻을 수 있는 최고점은 84점이므로 획득 가능한 총점의 최댓값은 263점이다.

④ 김진원의 언어 영역 점수는 90점이고, 수리와 인성 영역에서 얻을 수 있는 최고점은 각각 75점, 83점이므로 김진원이 획득할 수 있는 총점의 최댓값은 248점이다.

29 정답 ②

ㄱ. 트위터와 블로그의 성별 이용자 수는 다음과 같다.
- 트위터 이용자 남자 : $2,000 \times 0.532=1,064$명
- 트위터 이용자 여자 : $2,000 \times 0.468=936$명
- 블로그 이용자 남자 : $1,000 \times 0.534=534$명
- 블로그 이용자 여자 : $1,000 \times 0.466=466$명

ㄷ. 블로그 이용자와 트위터 이용자의 소득수준별 구성비는 자료를 통해 확인할 수 있다.

오답분석

ㄴ. 교육수준별 트위터 이용자 대비 블로그 이용자 비율은 다음과 같다.
- 중졸 이하 : $\frac{1,000 \times 0.02}{2,000 \times 0.016} \times 100=62.5\%$
- 고졸 : $\frac{1,000 \times 0.234}{2,000 \times 0.147} \times 100 \fallingdotseq 79.6\%$
- 대졸 : $\frac{1,000 \times 0.661}{2,000 \times 0.744} \times 100 \fallingdotseq 44.4\%$
- 대학원 이상 : $\frac{1,000 \times 0.085}{2,000 \times 0.093} \times 100 \fallingdotseq 45.7\%$

ㄹ. 연령별 블로그 이용자의 구성비는 자료를 통해 확인할 수 있다.

30 정답 ④

1층에서 16층까지는 15층 차이이므로 기압은 $0.2 \times 15=3kPa$ 떨어진다. 따라서 16층의 기압은 $200-3=197kPa$이다.

31
정답 ⑤

제시된 조건에 따라 1~5층의 월 전기료는 다음과 같다.
- 1층 : $10 \times 5만 + 4 \times 3만 = 62만$ 원
- 2층 : $13 \times 5만 + 5 \times 3만 = 80만$ 원
- 3층 : $15 \times 5만 + 7 \times 3만 = 96만$ 원
- 4층 : $11 \times 5만 + 6 \times 3만 = 73만$ 원
- 5층 : $12 \times 5만 + 5 \times 3만 = 75만$ 원

첫 번째 조건을 충족하지 않는 층은 2·3·5층이고, 조건을 충족하기 위해 2·3·5층에 각각 구형 에어컨 2대, 5대, 1대를 판매하게 된다. 이때 발생하는 수입은 구형 에어컨의 중고 판매가격 총 $10만 \times 8 = 80만$ 원이다.
구형 에어컨을 판매하고 난 후 각 층의 구형 에어컨의 개수와 신형 에어컨 개수 및 비율을 구하면 다음과 같다.

구분	1층	2층	3층	4층	5층
구형 에어컨	10대	$13-2$ $=11대$	$15-5$ $=10대$	11대	$12-1$ $=11대$
신형 에어컨	4대	5대	7대	6대	5대
비율	$\frac{4}{10}$	$\frac{5}{11}$	$\frac{7}{10}$	$\frac{6}{11}$	$\frac{5}{11}$

두 번째 조건에서 비율이 $\frac{1}{2}$ 미만인 층은 1·2·5층이고, 조건을 충족하기 위해 신형 에어컨을 1대씩 구입하면, 신형 에어컨 총 구입비용은 $50만 \times 3 = 150만$ 원이 나온다.
따라서 K회사는 $150만 - 80만 = 70만$ 원의 지출(비용)이 발생한다.

32
정답 ④

2019년과 2024년을 비교했을 때, 국유지 면적의 차이는 $24,087 - 23,033 = 1,054\text{km}^2$ 이고, 법인 면적의 차이는 $6,287 - 5,207 = 1,080\text{km}^2$ 이므로 법인 면적의 차이가 더 크다.

오답분석
① 전체 국토면적은 매년 증가하고 있는 것을 확인할 수 있다.
② 전년 대비 2024년 전체 국토면적의 증가율은
$\frac{100,033 - 99,897}{99,897} \times 100 ≒ 0.14\%$ 이므로 1% 미만이다.
③ 국유지 면적은 매년 증가하고, 민유지 면적은 매년 감소하는 것을 확인할 수 있다.
⑤ 전년 대비 2020~2024년 군유지 면적의 증가량은 다음과 같다.
- 2020년 : $4,788 - 4,741 = 47\text{km}^2$
- 2021년 : $4,799 - 4,788 = 11\text{km}^2$
- 2022년 : $4,838 - 4,799 = 39\text{km}^2$
- 2023년 : $4,917 - 4,838 = 79\text{km}^2$
- 2024년 : $4,971 - 4,917 = 54\text{km}^2$

따라서 군유지 면적의 증가량은 2023년에 가장 많다.

33
정답 ④

제시된 수열에 따라 식을 정리하면 다음과 같다.
$$a_1 = 200 \times \frac{80}{100} + 20 = 180$$
$$a_2 = 180 \times \frac{80}{100} + 20 = 164$$
$$a_3 = 164 \times \frac{80}{100} + 20 = 151.2$$
따라서 $a_3 = 151.2$이다.

34
정답 ⑤

영업팀별 연간 매출액을 구하면 다음과 같다.
- 영업 A팀 : $50 \times 0.1 + 100 \times 0.1 + 100 \times 0.3 + 200 \times 0.15 = 75$ 억 원
- 영업 B팀 : $50 \times 0.2 + 100 \times 0.2 + 100 \times 0.2 + 200 \times 0.4 = 130$ 억 원
- 영업 C팀 : $50 \times 0.3 + 100 \times 0.2 + 100 \times 0.25 + 200 \times 0.15 = 90$ 억 원
- 영업 D팀 : $50 \times 0.4 + 100 \times 0.5 + 100 \times 0.25 + 200 \times 0.3 = 155$ 억 원

따라서 연간 매출액이 큰 순서로 팀을 나열하면 $D - B - C - A$이고, 이때 매출 1위인 영업 D팀의 연 매출액은 155억 원이다.

35
정답 ④

갑~무학생이 얻는 점수는 다음과 같다.
- 갑 : 기본 점수 80점에 오탈자 33건이므로 5점 감점, 전체 글자 수 654자이므로 3점 추가, A등급 2개와 C등급 1개이므로 15점 추가하여 총 $80 - 5 + 3 + 15 = 93$점이다.
- 을 : 기본 점수 80점에 오탈자 7건이므로 0점 감점, 전체 글자 수 476자이므로 0점 추가, B등급 3개이므로 5점 추가하여 총 $80 + 5 = 85$점이다.
- 병 : 기본 점수 80점에 오탈자 28건이므로 4점 감점, 전체 글자 수 332자이므로 10점 감점, B등급 2개와 C등급 1개이므로 0점 추가하여 총 $80 - 4 - 10 = 66$점이다.
- 정 : 기본 점수 80점에 오탈자 25건이므로 4점 감점, 전체 글자 수가 572자이므로 0점 추가, A등급 3개이므로 25점 추가하여 총 $80 - 4 + 25 = 101$점이다.
- 무 : 기본 점수 80점에 오탈자 12건이므로 1점 감점, 전체 글자 수가 786자이므로 8점 추가, A등급 1개와 B등급 1개와 C등급 1개이므로 10점 추가하여 총 $80 - 1 + 8 + 10 = 97$점이다.

따라서 점수가 가장 높은 학생은 정이다.

36
정답 ③

ㄱ. 5원까지는 펼친 손가락의 개수와 실제 가격이 동일하지만 6원 부터는 펼친 손가락의 개수와 실제 가격이 일치하지 않는다.
ㄴ. 펼친 손가락의 개수가 3개라면 숫자는 3 혹은 7이므로 물건의 가격은 최대 7원임을 알 수 있다.
ㄷ. 물건의 가격이 최대 10원이라고 하였으므로, 물건의 가격과 갑이 지불하려는 금액이 8원만큼 차이가 나는 경우는 상인이 손가락 2개를 펼쳤을 때 지불해야 하는 금액이 10원인 경우와 손가락 1개를 펼쳤을 때 지불해야 하는 금액이 9원인 경우뿐이다.

[오답분석]
ㄹ. 5원까지는 실제 가격과 지불하려는 금액이 일치하므로 문제가 되지 않으며, 그 이후인 6원부터는 펼친 손가락의 개수가 6개 이상인 경우는 없으므로 물건의 가격을 초과하는 금액을 지불하는 경우는 발생하지 않는다.

37
정답 ③

A ~ D 네 명의 진술을 정리하면 다음과 같다.

구분	진술 1	진술 2
A	C는 B를 이길 수 있는 것을 냈다.	B는 가위를 냈다.
B	A는 C와 같은 것을 냈다.	A가 편 손가락의 수는 B보다 적다.
C	B는 바위를 냈다.	A ~ D는 같은 것을 내지 않았다.
D	A, B, C 모두 참 또는 거짓을 말한 순서가 동일하다.	이 판은 승자가 나온 판이었다.

먼저 A ~ D는 반드시 가위, 바위, 보 세 가지 중 하나를 내야 하므로 그 누구도 같은 것을 내지 않았다는 C의 진술 2는 거짓이 된다. 따라서 C의 진술 중 진술 1이 참이 되므로 B가 바위를 냈다는 것을 알 수 있다. 이때, B가 가위를 냈다는 A의 진술 2는 참인 C의 진술 1과 모순되므로 A의 진술 중 진술 2가 거짓이 되는 것을 알 수 있다. 결국 A의 진술 중 진술 1이 참이 되므로 C는 바위를 낸 B를 이길 수 있는 보를 냈다는 것을 알 수 있다.
한편, 바위를 낸 B는 손가락을 펴지 않으므로 A가 편 손가락의 수가 자신보다 적었다는 B의 진술 2는 거짓이 된다. 따라서 B의 진술 중 진술 1이 참이 되므로 A는 C와 같은 보를 냈다는 것을 알 수 있다.
이를 토대로 A ~ C의 진술에 대한 참, 거짓 여부와 가위바위보를 정리하면 다음과 같다.

구분	진술 1	진술 2	가위바위보
A	참	거짓	보
B	참	거짓	바위
C	참	거짓	보

따라서 참 또는 거짓에 대한 A ~ C의 진술 순서가 동일하므로 D의 진술 1은 참이 되고, 진술 2는 거짓이 되어야 한다. 이때, 승자가 나오지 않으려면 D는 반드시 A ~ C와 다른 것을 내야 하므로 가위를 낸 것을 알 수 있다.

[오답분석]
① B와 같은 것을 낸 사람은 없다.
② 보를 낸 사람은 2명이다.
④ B가 기권했다면 가위를 낸 D가 이기게 된다.
⑤ 바위를 낸 사람은 1명이다.

38
정답 ④

세 번째 조건에 따라 C는 3층에 내렸으므로 다섯 번째 조건에 의해 B는 6층, F는 7층에 내린 것을 알 수 있다. 네 번째 조건에서 G는 C보다 늦게, B보다 빨리 내렸다고 하였으므로 G는 4층 또는 5층에 내렸다. 첫 번째 · 여섯 번째 조건에 따라 I는 D보다 늦게, G보다는 일찍 내렸으며, D는 A보다 늦게 내렸으므로 A는 1층, D는 2층, I는 4층이 된다. 따라서 G는 5층에서 내렸다. 두 번째 조건에 의해 H는 홀수 층에서 내렸으므로 H는 9층, E는 8층에서 내렸다. 따라서 짝수 층에서 내리지 않은 사람은 G이다.

39
정답 ①

흔히 우리는 창의적인 사고가 특별한 사람들만이 할 수 있는 대단한 능력이라고 생각하지만, 우리는 일상생활에서 창의적인 사고를 끊임없이 하고 있으며, 이러한 창의적 사고는 누구에게나 있는 능력이다. 예를 들어 어떠한 일을 할 때 더 쉬운 방법이 없을까 고민하는 것 역시 창의적 사고 중 하나로 볼 수 있다.

40
정답 ④

ㄴ · ㄹ. 제시된 안내 사항에서 회의실 예약 방법 및 이용 가능 시간에 대한 정보를 확인할 수 없다.

[오답분석]
ㄱ. '기타 주의 사항'에 따르면 회의실 내부에서 음료수 외 취식을 금지하고 있으므로 커피, 식수 등의 음료수는 반입이 허용됨을 알 수 있다.
ㄷ. '기타 주의 사항'에 따르면 회의실 내 콘센트가 마련되어 있지 않으므로 노트북 지참 시 충전 용량이 충분한지 확인해야 함을 알 수 있다.

41

ⓒ 특허를 통한 기술 독점은 기업의 내부환경으로 볼 수 있다. 따라서 내부환경의 강점(Strength) 사례이다.
ⓒ 점점 증가하는 유전자 의뢰는 기업의 외부환경(고객)으로 볼 수 있다. 따라서 외부환경에서 비롯된 기회(Opportunity) 사례이다.

오답분석

㉠ 투자 유치의 어려움은 기업의 외부환경(거시적 환경)으로 볼 수 있다. 따라서 외부환경에서 비롯된 위협(Threat) 사례이다.
㉣ 높은 실험비용은 기업의 내부환경으로 볼 수 있다. 따라서 내부환경의 약점(Weakness) 사례이다.

42

정답 ①

'물을 녹색으로 만든다.'를 p, '냄새 물질을 배출한다.'를 q, '독소 물질을 배출한다.'를 r, '물을 황색으로 만든다.'를 s라고 하면 $p \rightarrow q$, $r \rightarrow \sim q$, $s \rightarrow \sim p$가 성립한다. 첫 번째 명제의 대우인 $\sim q \rightarrow \sim p$가 성립함에 따라 $r \rightarrow \sim q \rightarrow \sim p$가 성립한다. 따라서 '독소 물질을 배출하는 조류는 물을 녹색으로 만들지 않는다.'는 항상 참이 된다.

43

정답 ②

세 번째 조건에 따라 파란색을 각각 왼쪽에서 두 번째, 세 번째, 네 번째에 칠하는 경우 벽화에 칠하는 색은 다음과 같다.
• 파란색을 왼쪽에서 두 번째에 칠할 때 : 노란색 – 파란색 – 초록색 – 주황색 – 빨간색
• 파란색을 왼쪽에서 세 번째에 칠할 때 : 주황색 – 초록색 – 파란색 – 노란색 – 빨간색 또는 초록색 – 주황색 – 파란색 – 노란색 – 빨간색
• 파란색을 왼쪽에서 네 번째에 칠할 때 : 빨간색 – 주황색 – 초록색 – 파란색 – 노란색
따라서 파란색을 왼쪽에서 세 번째에 칠할 때, 주황색 – 초록색 – 파란색 – 노란색 – 빨간색을 칠할 수 있다.

44

정답 ③

제한된 증거를 가지고 결론을 도출하는 '성급한 일반화의 오류'의 사례로 볼 수 있다.

오답분석

① 인신공격의 오류로 볼 수 있다. 기획서 내용을 반박하면서 이와 무관한 김사원의 성격을 근거로 사용하여 발생하는 오류로 볼 수 있다.
② 권위에 호소하는 오류로 볼 수 있다. 도서 디자인과 무관한 인사부 최부장님의 견해를 신뢰하여 발생하는 오류로 볼 수 있다.
④ 대중에 호소하는 오류로 볼 수 있다. 소비자의 80%가 사용하고 있다는 점과 세탁기의 성능은 논리적으로 연결되지 않는다.

⑤ 대중에 호소하는 오류로 볼 수 있다. 대마초 허용에 많은 사람이 찬성했다는 이유만으로 대마초와 관련된 의약개발 투자를 주장하여 발생하는 오류로 볼 수 있다.

45

정답 ②

ㄱ. 사업추진 경험을 강점으로 활용하여 예산 확보가 어렵다는 위협요소를 제거해 나가는 전략으로, ST전략에 해당한다.
ㄷ. 국토정보 유지관리사업은 이미 강점에 해당하므로, 약점을 보완하여야 하는 WO전략으로 적절하지 않다.

46

정답 ④

먼저 층이 결정된 부서를 배치하고, 나머지 부서가 배치될 층을 결정해야 한다. 변경 사항에서 연구팀은 기존 5층보다 아래층으로 내려가고, 영업팀은 기존 6층보다 아래층으로 내려간다. 또한, 생산팀은 연구팀보다 위층에 배치되어야 하지만 인사팀과의 사이에는 하나의 부서만 가능하므로 6층에 총무팀을 기준으로 5층 또는 7층 배치가 가능하다. 따라서 다음과 같이 4가지의 경우로 배치할 수 있다.

구분	경우 1	경우 2	경우 3	경우 4
7층	인사팀	인사팀	생산팀	생산팀
6층	총무팀	총무팀	총무팀	총무팀
5층	생산팀	생산팀	인사팀	인사팀
4층	탕비실	탕비실	탕비실	탕비실
3층	연구팀	영업팀	연구팀	영업팀
2층	전산팀	전산팀	전산팀	전산팀
1층	영업팀	연구팀	영업팀	연구팀

따라서 생산팀은 3층에 배치될 수 없다.

47

정답 ④

D역에서 A역까지는 1(역 수)×2분(3호선)+3분(환승)+2(역 수)×6분(1호선)=17분이 걸리고, B역에서 A역까지는 6(역 수)×2분(3호선)+3분(환승)+2(역 수)×6분(1호선)=27분이 걸리므로 D역에서 퇴근하는 것이 10분 덜 걸린다.

48

정답 ①

회사가 위치한 B역에서 D역까지 3호선을 타고 가면 최소 소요시간인 10분이 걸린다. 하지만 3호선이 아닌 다른 지하철을 통해 D역으로 갔으므로 20분이 걸리는 2호선을 이용한 것이다. 따라서 3호선이 B역에서 11분 이상 정차하기 때문에 2호선을 통해 D역으로 간 것을 알 수 있다.

49

정답 ①

현재 상태, 셔틀버스 1, 2를 이용하는 경우에 소요되는 시간을 구하면 다음과 같다.

- 현재 상태(1호선 – 3호선 환승) : $(6 \times 2) + 3 + (2 \times 6) = 27$분
- 셔틀버스 1을 이용하는 경우(버스 – 3호선 환승) : $5 + 3 + (7 \times 2) = 22$분
- 셔틀버스 2를 이용하는 경우(버스 – 2호선 – 3호선 환승) : $8 + 3 + (1 \times 4) + 3 + (3 \times 2) = 24$분

따라서 '셔틀버스 1 – 셔틀버스 2 – 현재 상태' 순서로 출근하는 데 소요되는 시간이 짧다.

50

정답 ④

10월 20일 ~ 21일은 주중이며, 출장 혹은 연수 일정이 없고, 부서 이동 전에 해당되므로 김인턴이 경기본부의 파견 근무를 수행할 수 있는 일정이다.

오답분석

① 10월 6일 ~ 7일은 김인턴의 연수 참석 기간이므로 파견 근무를 진행할 수 없다.
② 10월 11일 ~ 12일은 주말인 11일을 포함하고 있다.
③ 10월 14일 ~ 15일 중 15일은 목요일로, 김인턴이 K본부로 출장을 가는 날짜이다.
⑤ 10월 27일 ~ 28일은 김인턴이 27일부터 부서를 이동한 이후이므로, 김인턴이 아니라 후임자가 경기본부로 파견 근무를 간다.

|02| 철도법령

51	52	53	54	55	56	57	58	59	60
②	③	⑤	④	③	①	③	①	④	④

51

정답 ②

국토교통부장관은 철도사업법 제15조 제1항 단서 및 제3항에 따른 신고를 받은 날부터 60일 이내에 신고수리 여부를 신고인에게 통지하여야 한다(철도사업법 제15조 제4항).

52

정답 ③

대리 · 대행(한국철도공사법 제7조)

정관으로 정하는 바에 따라 사장이 지정한 한국철도공사의 직원은 사장을 대신하여 공사의 업무에 관한 재판상 또는 재판 외의 모든 행위를 할 수 있다.

53

정답 ⑤

철도이용자의 권익보호 등(철도산업발전기본법 제16조)

국가는 철도이용자의 권익보호를 위하여 다음 각 호의 시책을 강구하여야 한다.

1. 철도이용자의 권익보호를 위한 홍보 · 교육 및 연구
2. 철도이용자의 생명 · 신체 및 재산상의 위해 방지
3. 철도이용자의 불만 및 피해에 대한 신속 · 공정한 구제조치
4. 그 밖에 철도이용자 보호와 관련된 사항

54

정답 ④

정의(철도사업법 제2조)

- 철도 : 여객 또는 화물을 운송하는 데 필요한 철도시설과 철도차량 및 이와 관련된 운영 · 지원체계가 유기적으로 구성된 운송체계에 따른 철도를 말한다.
- 철도시설 : 선로, 역시설, 철도운영을 위한 시설, 보수 · 정비 기지 등 철도산업발전 기본법에 따른 철도시설을 말한다.
- 철도차량 : 선로를 운행할 목적으로 제작된 동력차 · 객차 · 화차 및 특수차에 따른 철도차량을 말한다.
- 사업용철도 : 철도사업을 목적으로 설치하거나 운영하는 철도를 말한다.
- 전용철도 : 다른 사람의 수요에 따른 영업을 목적으로 하지 아니하고 자신의 수요에 따라 특수 목적을 수행하기 위하여 설치하거나 운영하는 철도를 말한다.
- 철도사업 : 다른 사람의 수요에 응하여 철도차량을 사용하여 유상(有償)으로 여객이나 화물을 운송하는 사업을 말한다.
- 철도운수종사자 : 철도운송과 관련하여 승무 및 역무서비스를 제공하는 직원을 말한다.
- 철도사업자 : 철도공사 및 국토교통부장관으로부터 철도사업 면허를 받은 자를 말한다.

55

정답 ③

철도산업발전기본계획의 경미한 변경(철도산업발전기본법 시행령 제4조)

철도산업발전기본법 제5조 제4항 후단에서 대통령령이 정하는 경미한 변경이라 함은 다음 각 호의 변경을 말한다.

1. 철도시설투자사업 규모의 100분의 1의 범위 안에서의 변경
2. 철도시설투자사업 총투자비용의 100분의 1의 범위 안에서의 변경
3. 철도시설투자사업 기간의 2년의 기간 내에서의 변경

56

정답 ①

철도시설 사용료(철도산업발전기본법 제31조 제2항)

철도시설관리자 또는 시설사용계약자는 철도시설을 사용하는 자로부터 사용료를 징수할 수 있다.

> **철도시설관리자(동법 제3조 제9호)**
> - 제19조에 따른 관리청(국토교통부장관)
> - 제20조 제3항에 따라 설립된 국가철도공단
> - 제26조 제1항에 따라 철도시설관리권을 설정받은 자
> - 위의 자로부터 철도시설의 관리를 대행·위임 또는 위탁받은 자

57

정답 ③

면허취소 또는 사업정지 등의 처분대상이 되는 사상자 수(철도사업법 시행령 제8조)

고의 또는 중대한 과실에 의한 철도사고로 대통령령으로 정하는 다수의 사상자가 발생하여 철도사업자의 면허취소 또는 사업정지 등의 처분대상이 되는 사상자가 발생한 경우는 1회 철도사고로 사망자 5명 이상이 발생하게 된 경우를 말한다.

58

정답 ①

손익금 처리(한국철도공사법 제10조 제1항)

한국철도공사는 매 사업연도 결산 결과 이익금이 생기면 다음 각 호의 순서로 처리하여야 한다.

1. 이월결손금의 보전(補塡)
2. 자본금의 2분의 1이 될 때까지 이익금의 10분의 2 이상을 이익준비금으로 적립
3. 자본금과 같은 액수가 될 때까지 이익금의 10분의 2 이상을 사업확장적립금으로 적립
4. 국고에 납입

59

정답 ④

설립등기(한국철도공사법 시행령 제2조)

한국철도공사의 설립등기사항은 다음 각 호와 같다.

1. 설립목적
2. 명칭
3. 주된 사무소 및 하부조직의 소재지
4. 자본금
5. 임원의 성명 및 주소
6. 공고의 방법

60

정답 ④

공정거래위원회부위원장이 철도산업위원회의 위원이 될 수 있다.

> **철도산업위원회의 위원(철도산업발전기본법 시행령 제6조 제2항)**
> 철도산업위원회의 위원은 다음 각 호의 자가 된다.
> 1. 기획재정부차관·교육부차관·과학기술정보통신부차관·행정안전부차관·산업통상자원부차관·고용노동부차관·국토교통부차관·해양수산부차관 및 공정거래위원회부위원장
> 2. 국가철도공단의 이사장
> 3. 한국철도공사의 사장
> 4. 철도산업에 관한 전문성과 경험이 풍부한 자 중에서 위원회의 위원장이 위촉하는 자

4일 차 기출응용 모의고사 정답 및 해설

| 01 | 직업기초능력평가

01	02	03	04	05	06	07	08	09	10
③	③	①	④	③	④	③	④	④	③
11	12	13	14	15	16	17	18	19	20
①	④	④	③	⑤	①	④	④	②	⑤
21	22	23	24	25	26	27	28	29	30
①	③	③	②	②	①	③	③	①	⑤
31	32	33	34	35	36	37	38	39	40
②	⑤	③	②	②	④	④	③	④	⑤
41	42	43	44	45	46	47	48	49	50
④	①	②	④	④	⑤	④	⑤	④	④

01 정답 ③

교환되는 내용이 양과 질의 측면에서 정확히 대등하지 않기 때문에 대칭적 상호주의의 예시로 적절하지 않다.

02 정답 ③

'삼가하다'는 '삼가다'의 비표준어이며, '삼가-'를 어간으로 활용하여 사용해야 한다. 따라서 '삼가야 한다.'로 옳게 사용되었으므로 수정하지 않아도 된다.

03 정답 ①

제시문은 말하는 사람과 듣는 사람이 각각 잘 전달했는지, 잘 이해했는지를 서로 확인하지 않고 그 순간을 넘겨버려 엇갈린 정보를 갖게 되는 상황에 대한 내용이다. 따라서 이는 서로간의 상호작용이 부족한 것으로 볼 수 있다.

04 정답 ④

제시문을 통해 4세대 신냉매는 온실가스를 많이 배출하는 기존 3세대 냉매의 대체 물질로 사용되어 지구 온난화 문제를 해결하는 열쇠가 될 것임을 알 수 있다.

05 정답 ③

'간담상조(肝膽相照)'는 '간과 쓸개를 내놓고 서로에게 내보인다.'라는 뜻으로, 서로 마음을 터놓고 친밀히 사귐을 의미한다.

오답분석

① 금의환향(錦衣還鄉) : '비단옷 입고 고향에 돌아온다.'라는 뜻으로, 출세하여 고향에 돌아옴을 일컫는 말이다.
② 입신양명(立身揚名) : 사회적으로 인정을 받고 출세하여 이름을 세상에 드날림을 일컫는 말이다.
④ 부귀공명(富貴功名) : 재물이 많고 지위가 높으며 공을 세워 이름을 떨침을 일컫는 말이다.
⑤ 마부위침(磨斧爲針) : '도끼를 갈아 바늘을 만든다.'라는 뜻으로, 아무리 이루기 힘든 일도 끊임없는 노력과 끈기 있는 인내로 성공하고야 만다는 뜻이다.

06 정답 ④

민간부문에서 역량 모델의 도입에 대한 논의가 먼저 이루어진 것으로 짐작할 수는 있지만, 이것이 민간부문에서 더욱 효과적으로 작용한다는 것을 의미한다고 보기는 어렵다.

07 정답 ③

헤르만 헤세가 한 말인 "자기에게 자연스러운 면에서 읽고, 알고, 사랑해야 할 것이다."라는 문구를 통해 남의 기준에 맞추기보다 자신의 감정에 충실하게 책을 선택하여 읽으라고 하였음을 알 수 있다.

08 정답 ④

제시문에서는 인간에게 사회성과 반사회성이 공존하고 있다고 설명하고 있으며, 이 중 반사회성이 없다면 재능을 꽃피울 수 없다고 하였으므로 사회성만으로도 자신의 재능을 키울 수 있다는 주장인 ④가 반론이 될 수 있다. 반사회성이 재능을 계발한다는 주장을 포함하는 동시에 반사회성을 포함한 다른 어떤 요소가 있어야 한다는 주장인 ②는 제시문에 대한 직접적인 반론은 될 수 없다.

09

세 번째 문단의 '상품에 응용된 과학 기술이 복잡해지고 첨단화되면서 상품 정보에 대한 소비자의 정확한 이해도 기대하기 어려워졌다.'라는 내용과 일맥상통한다.

10

정답 ③

상대의 말을 중간에 끊거나, 위로를 하거나 비위를 맞추기 위해 너무 빨리 동의하기보다는 모든 말을 들은 후에 적절하게 대응하는 것이 바람직하다.

오답분석

① 상대가 말을 하는 동안 대답을 준비하면서 다른 생각을 하는 것은 바람직하지 않다.
② 상대의 행동에 잘못이 드러나더라도, 말이 끝난 후 부드러운 투로 이야기하도록 한다. 적극적 경청을 위해서는 비판적, 충고적인 태도를 버리는 것이 필요하다.
④ 상대의 말을 미리 짐작하지 않고 귀기울여 들어야 정확한 내용을 파악할 수 있다.
⑤ 대화내용이 사적이더라도 임의로 주제를 바꾸거나 농담으로 넘기려 하는 것은 적절하지 않다.

11

정답 ①

두 번째 문단의 예시를 보면, 공동체에 소속된 사람들은 공동 식사를 통해 유대감을 가졌지만, 그 공동체에 속하지 않은 사람과 함께 식사를 한 사람에게 가혹한 형벌을 내린 것을 통해 배타성이 있었음을 확인할 수 있다.

오답분석

ㄴ. 첫 번째 문단의 중간 부분을 확인해 보면 공동 식사가 새로운 종교를 만든 것이 아니라, 새로 만들어진 종교가 공동 식사를 통해 공동체 의식을 만든 것을 알 수 있다.
ㄷ. 첫 번째 문단의 '이러한 공동 식사 중에는 ~ 배타성이 극복된다.'라는 문장을 통해 식사 자체는 이기적이지만, 공동 식사를 통해 이를 극복하게 되었다는 것을 알 수 있다.

12

정답 ④

④는 폭염에 대한 안전요령이 아니라 강풍 또는 지진에 대한 안전요령에 적절한 내용이다.

13

정답 ④

개별적인 인간 정신의 상호 작용으로 산출되는 집단정신의 산물인 '객관적 정신'으로 이해의 객관성을 확보할 수 있으므로 자신과 타인을 이해하는 공통의 기반이 될 수 있다.

오답분석

① 객관적 정신은 삶의 공통성을 기반으로 하기 때문에 상반된 인식의 차이를 부각하지 않는다.
② 인간의 행위를 이해하는 이해의 방법론에서 객관성을 확보하기 위해 내세운 것이지만 그 과정에 순서가 부여되지는 않는다.
③ 서로 다른 공동체에 속해 있거나 서로 다른 시대에 살고 있다면 객관적 정신을 완전히 보장하기 어렵다.
⑤ 객관적 정신은 집단정신의 산물이다.

14

정답 ③

설명이 이해를 완전히 대체하지 못하는 이유는 인간의 정신세계에 속하는 의도는 자연처럼 관찰이나 실험으로 보편 법칙을 파악하기 어렵기 때문이다.

오답분석

ㄱ. 설명이 이해를 완전히 대체하지 못하는 이유는 타인의 행위에 담긴 의도를 이해하더라도 그런 의도가 생긴 원인까지 알기 어렵기 때문이다.
ㄹ. 행위에 담긴 의도가 무엇인지를 파악하는 것보다 그런 의도가 왜 생겨났는가를 묻는 것이 더 의미 있는 질문이라고 생각한 학자들은 설명이 이해를 완전히 대체할 수 있다고 생각했다.

15

정답 ⑤

제시문에서 펀드 가입 절차에 대한 내용은 찾아볼 수 없다.

오답분석

① 펀드에 가입하면 돈을 벌 수도 손해를 볼 수도 있다고 세 번째 문단에서 확인할 수 있다.
② 첫 번째 문단에서 확인할 수 있다.
③ 마지막 문단에서 확인할 수 있다.
④ 주식투자 펀드와 채권 투자 펀드에 대한 제시문의 내용으로 확인할 수 있다.

16

정답 ①

주식 투자 펀드의 수익률 차이가 심하게 나는 것은 주식이 경기 변동의 영향을 많이 받기 때문이다.

오답분석

② 채권 투자 펀드에 대한 설명이다.
③ 채권을 사서 번 이익에서 투자 기관의 수수료를 뺀 금액이 수익이 된다.
④ 주식 투자 펀드에 대한 설명이다.
⑤ 주식 투자 펀드와 채권 투자 펀드 모두 투자 기관의 수수료가 존재한다.

30 코레일 한국철도공사 고졸채용

17

정답 ④

제시문은 딸기에 들어 있는 비타민 C와 항산화 물질, 식물성 섬유질, 철분 등을 언급하며 딸기의 다양한 효능을 설명하고 있다.

18

정답 ④

딸기는 건강에 좋지만 당도가 높으므로 혈당 조절이 필요한 사람은 마케팅 대상으로 적절하지 않다.

19

정답 ②

응시자 중 불합격자 수는 응시자에서 합격자 수를 제외한 값이다.
- 2020년 : $2,810-1,310=1,500$명
- 2021년 : $2,660-1,190=1,470$명
- 2022년 : $2,580-1,210=1,370$명
- 2023년 : $2,110-1,010=1,100$명
- 2024년 : $2,220-1,180=1,040$명

오답분석
① 미응시자 수는 접수자 수에서 응시자 수를 제외한 값이다.
- 2020년 : $3,540-2,810=730$명
- 2021년 : $3,380-2,660=720$명
- 2022년 : $3,120-2,580=540$명
- 2023년 : $2,810-2,110=700$명
- 2024년 : $2,990-2,220=770$명

20

정답 ⑤

전체 5명에서 두 명을 선출하는 방법은 $_5C_2=\dfrac{5\times4}{2}=10$가지이고, 여자 3명 중에서 2명이 선출될 경우는 $_3C_2=\dfrac{3\times2}{2}=3$가지이다. 따라서 대표가 모두 여자로 뽑힐 확률은 $\dfrac{3}{10}$이다.

21

정답 ①

아시아의 소비실적이 2000년에 1,588Moe이었으므로 3배 이상이 되려면 4,764Moe 이상이 되어야 한다.

오답분석
②·④·⑤ 제시된 자료를 통해 알 수 있다.
③ 2000년 중국과 인도의 에너지 소비 비중은 $\dfrac{879+317}{8,782}\times100$
$\fallingdotseq13.6\%$이다.

22

정답 ③

남성 합격자 수는 1,003명, 여성 합격자 수는 237명이다. 여성 합격자 수의 5배는 $237\times5=1,185$명이므로 남성 합격자 수는 여성 합격자 수의 5배 미만이다.

오답분석
①·② 제시된 자료를 통해 알 수 있다.
④ (경쟁률)$=\dfrac{(\text{지원자 수})}{(\text{모집정원})}\times100$이므로, B집단의 경쟁률을 계산하면 $\dfrac{585}{370}\times100\fallingdotseq158\%$이다.
⑤ · C집단 남성의 경쟁률 : $\dfrac{417}{269}\times100\fallingdotseq155\%$
· C집단 여성의 경쟁률 : $\dfrac{375}{269}\times100\fallingdotseq139\%$
따라서 C집단에서는 남성의 경쟁률이 여성의 경쟁률보다 높다.

23

정답 ③

팀장의 나이를 x세라고 했을 때, 과장의 나이는 $(x-4)$세, 대리는 31세, 사원은 25세이다. 과장과 팀장의 나이 합이 사원과 대리의 나이 합의 2배이므로 다음 식이 성립한다.
$x+(x-4)=2\times(31+25)$
$\rightarrow 2x-4=112$
$\therefore x=58$이다.
따라서 팀장의 나이는 58세이다.

24

정답 ②

각 항을 3개씩 묶고 각각 A, B, C라고 하면 다음과 같다.
$\underline{A\ B\ C}\rightarrow B=A^2-C^2$
따라서 ( )$=8^2-5^2=39$이다.

25

정답 ②

정사각형 ABCD의 넓이는 $12\times12=144\text{cm}^2$, 삼각형 APB와 삼각형 AQD의 넓이는 각각 $\dfrac{1}{2}\times12\times6=36\text{cm}^2$, 삼각형 PCQ의 넓이는 $\dfrac{1}{2}\times6\times6=18\text{cm}^2$이다. 따라서 삼각형 APQ의 넓이는 $144-(36+36+18)=54\text{cm}^2$이다.

26

2023년 3개 기관의 전반적 만족도의 합은 $6.9+6.7+7.6=21.2$ 이고, 2024년 3개 기관의 임금과 수입 만족도의 합은 $5.1+4.8+4.8=14.7$이다. 따라서 2023년 3개 기관의 전반적 만족도의 합은 2024년 3개 기관의 임금과 수입 만족도의 합의 $\frac{21.2}{14.7}≒1.4$배이다.

27

전년 대비 2024년에 기업, 공공연구기관의 임금과 수입 만족도는 증가하였으나, 대학의 임금과 수입 만족도는 감소했으므로 옳지 않은 설명이다.

오답분석
① 2023년, 2024년 현 직장에 대한 전반적 만족도는 대학 유형에서 가장 높은 것을 확인할 수 있다.
② 2024년 근무시간 만족도에서는 공공연구기관과 대학의 만족도가 6.2로 동일한 것을 확인할 수 있다.
④ 사내분위기 측면에서 2023년과 2024년 공공연구기관의 만족도는 5.8로 동일한 것을 확인할 수 있다.
⑤ 전년 대비 2024년 근무시간에 대한 만족도의 직장유형별 감소율은 다음과 같다.

• 기업 : $\frac{6.5-6.1}{6.5}×100≒6.2\%$

• 공공연구기관 : $\frac{7.1-6.2}{7.1}×100≒12.7\%$

• 대학 : $\frac{7.3-6.2}{7.3}×100≒15.1\%$

따라서 근무시간에 대한 만족도의 감소율은 대학이 가장 크다.

28

현재 유지관리하는 도로의 총거리는 4,113km이고, 1990년대는 $367.5+1,322.6+194.5+175.7=2,060.3$km이다. 따라서 1990년대보다 현재 도로는 $4,113-2,060.3=2,052.7$km 더 길어졌다.

오답분석
① 자료에서 2000년대 4차로 거리는 $3,426-(155+450+342)=2,479$km이므로 1960년대부터 유지관리되는 4차로 도로 거리는 현재까지 계속 증가했음을 알 수 있다.
② 현재 유지관리하는 도로 한 노선의 평균거리는 $\frac{4,113}{29}≒141.8$km로 120km 이상이다.
④ 차선이 만들어진 순서는 4차로(1960년대) – 2차로(1970년대) – 6차로(1980년대) – 8차로(1990년대) – 10차로(현재)이다.
⑤ 1970년대 전체 도로 거리에서 2차로의 비중은 $\frac{761}{1,232.8}×100≒61.7\%$이고, 1980년대 전체 도로 거리의 6차로 비중은 $\frac{21.7}{1,558.9}×100≒1.4\%$이다. 따라서 $\frac{61.7}{1.4}≒44$배이다.

29

고속국도 평균 버스 교통량의 증감 추이는 '증가 – 감소 – 증가 – 감소'이고, 일반국도 평균 버스 교통량의 증감 추이는 '감소 – 감소 – 감소 – 감소'이다. 따라서 고속국도와 일반국도의 평균 버스 교통량의 증감 추이는 같지 않다.

오답분석
② 자료를 통해 확인할 수 있다.
③ 전년 대비 교통량이 감소한 2021년을 제외하고 국가지원지방도 연도별 평균 버스 교통량의 전년 대비 증가율을 구하면 다음과 같다.

• 2022년 : $\frac{226-219}{219}×100≒3.20\%$

• 2023년 : $\frac{231-226}{226}×100≒2.21\%$

• 2024년 : $\frac{240-231}{231}×100≒3.90\%$

따라서 2024년에 국가지원지방도 평균 버스 교통량의 전년 대비 증가율이 가장 컸다.
④ 2020 ~ 2024년의 일반국도와 국가지원지방도 일평균 승용차 교통량의 합을 구하면 다음과 같다.
• 2020년 : $7,951+5,169=13,120$대
• 2021년 : $8,470+5,225=13,695$대
• 2022년 : $8,660+5,214=13,874$대
• 2023년 : $8,988+5,421=14,409$대
• 2024년 : $9,366+5,803=15,169$대
따라서 고속국도 일평균 승용차 교통량은 일반국도와 국가지원지방도 일평균 승용차 교통량의 합보다 항상 많음을 알 수 있다.
⑤ 2024년 일반국도와 국가지원지방도 일평균 화물차 교통량의 합은 $2,757+2,306=5,063$대이고, $5,063×2.5=12,657.5<13,211$이다. 따라서 2024년 고속국도 일평균 화물차 교통량은 2024년 일반국도와 국가지원지방도 일평균 화물차 교통량의 합의 2.5배 이상이다.

30

(두 도시의 인구의 곱)
$=\frac{(두\ 도시\ 간\ 인구\ 이동량)×(두\ 도시\ 간\ 거리)}{k}$

• A ↔ B 도시의 인구의 곱 : $\frac{60×2}{k}=\frac{120}{k}$

• A ↔ C 도시의 인구의 곱 : $\frac{30×4.5}{k}=\frac{135}{k}$

• A ↔ D 도시의 인구의 곱 : $\frac{20×7.5}{k}=\frac{150}{k}$

• A ↔ E 도시의 인구의 곱 : $\frac{55×4}{k}=\frac{220}{k}$

A도시가 공통으로 있고, k는 자연수이므로, 두 도시의 인구의 곱에서 분자가 크면 인구가 많은 도시이다. 따라서 E – D – C – B 순으로 인구가 많다.

31

정답 ②

A ~ E의 적성고사 점수를 각각 구하면 다음과 같다.
- A(인문계열) : (18개×4점)+(17개×3점)+(5개×3점)+230점
  =368점
- B(자연계열) : (17개×3점)+(13개×4점)+(8개×3점)+230점
  =357점
- C(인문계열) : (12개×4점)+(14개×3점)+(6개×3점)+230점
  =338점
- D(인문계열) : (17개×4점)+(11개×3점)+(3개×3점)+230점
  =340점
- E(자연계열) : (19개×3점)+(18개×4점)+(6개×3점)+230점
  =377점

따라서 A ~ E의 평균 점수는(368+357+338+340+377)÷5
=356점이다.

32

정답 ⑤

주어진 조건에 따라 각 상품의 할인가 판매 시의 괴리율을 계산하면 다음과 같다.

- 세탁기 : $\frac{640,000-580,000}{640,000}\times100≒9.3\%$
- 무선청소기 : $\frac{181,000-170,000}{181,000}\times100≒6.0\%$
- 오디오세트 : $\frac{493,000-448,000}{493,000}\times100≒9.1\%$
- 골프채 : $\frac{786,000-720,000}{786,000}\times100≒8.3\%$
- 운동복 : $\frac{212,500-180,000}{212,500}\times100≒15.2\%$

따라서 상품 중 운동복의 괴리율이 15.2%로 가장 높다.

33

정답 ③

제시된 수열은 홀수 항은 +1, +2, +3, …이고, 짝수 항은 ×5,
×10, ×15, …인 수열이다.
따라서 (   )=12.5÷5=2.5이다.

34

정답 ②

범죄유형별 체포 건수와 발생 건수의 비율이 전년 대비 가장 크게 증가한 것은 모두 2022년 절도죄로 각각 76.0-57.3=18.7%p,
56.3-49.4=6.9%p 증가했다.
∴ 18.7-6.9=11.8%
따라서 전년 대비 가장 크게 증가한 범죄인 절도죄의 발생 건수 비율과 체포 건수 비율의 증가량 차이는 11.8%이다.

35

정답 ②

(가) 강제연상법 : 각종 힌트에서 강제적으로 연결 지어서 발상하는 방법
(나) 자유연상법 : 어떤 생각에서 다른 생각을 떠올리는 작용을 통해 어떤 주제에서 생각나는 것을 열거해 나가는 방법
(다) 비교발상법 : 주제가 본질적으로 닮은 것을 힌트로 하여 새로운 아이디어를 얻는 방법

36

정답 ④

주어진 조건에 따라 수진, 지은, 혜진, 정은의 수면 시간을 정리하면 다음과 같다.
- 수진 : 22:00 ~ 07:00 → 9시간
- 지은 : 22:30 ~ 06:50 → 8시간 20분
- 혜진 : 21:00 ~ 05:00 → 8시간
- 정은 : 22:10 ~ 05:30 → 7시간 20분

따라서 수진이의 수면 시간이 가장 긴 것을 알 수 있다.

오답분석
① 가장 먼저 일어난 사람은 혜진이다.
② 가장 늦게 일어난 사람은 수진이다.
③ 수면 시간이 가장 짧은 사람은 혜진이다.
⑤ 정은이의 수면 시간은 8시간 미만이다.

37

정답 ④

주어진 조건을 정리하면 다음과 같다.

구분	월요일	화요일	수요일	목요일	금요일
A	○		×	○	
B	○	×	×	○	○
C	○		×	○	
D	○		○	○	
E	○	○	×	○	×

따라서 수요일에 야근하는 사람은 D이다.

38

정답 ③

- 문제 인식 : 해결해야 할 전체 문제를 파악하여 우선순위를 정하고, 선정문제에 대한 목표를 명확히 하는 단계(ⓒ)
- 문제 도출 : 선정된 문제를 분석하여 해결해야 할 것이 무엇인지를 명확히 하는 단계(ⓔ)
- 원인 분석 : 파악된 핵심문제에 대한 분석을 통해 근본 원인을 도출하는 단계(ⓒ)
- 해결안 개발 : 문제로부터 도출된 근본 원인을 효과적으로 해결할 수 있는 최적의 해결방안을 수립하는 단계(ⓐ)
- 실행 및 평가 : 해결안 개발을 통해 만들어진 실행계획을 실제 상황에 적용하는 활동으로 장애가 되는 문제의 원인들을 해결안을 사용하여 제거하는 단계(ⓓ)

39 정답 ④

최소 인구인 도시의 인구수 대비 최대 인구인 도시의 인구수 비는 지속적으로 감소해 2014년에 약 3.56배까지 감소했으나 2024년 약 3.85배로 다시 증가하였다.

오답분석

① 2014년을 기점으로 베이징의 인구가 서울의 인구보다 많아졌다.
② 서울의 경우 2004년 이후 인구가 감소하였다.
③ 베이징은 해당 기간 동안 약 38%, 54%, 59%의 인구 성장률을 보이며 세 도시 중 가장 큰 성장률을 기록했다.
⑤ 최대 인구와 최소 인구의 차는 24,287천 명, 25,282천 명, 25,611천 명, 28,141천 명으로 지속적으로 증가했다.

40 정답 ⑤

두 번째 조건과 세 번째 조건에 따라 3학년이 앉은 첫 번째 줄과 다섯 번째 줄의 바로 옆줄인 두 번째 줄과 네 번째 줄, 여섯 번째 줄에는 3학년이 앉을 수 없다. 즉, 두 번째 줄, 네 번째 줄, 여섯 번째 줄에는 1학년 또는 2학년이 앉아야 한다. 이때, 3학년이 앉은 줄의 수가 1학년과 2학년이 앉은 줄의 합과 같다는 네 번째 조건에 따라 남은 세 번째 줄은 반드시 3학년이 앉아야 한다. 따라서 ⑤는 항상 거짓이 된다.

오답분석

① 두 번째 줄에는 1학년 또는 2학년이 앉을 수 있다.
② 책상 수가 몇 개인지는 알 수 없다.
③ 학생 수가 몇 명인지는 알 수 없다.
④ 여섯 번째 줄에는 1학년 또는 2학년이 앉을 수 있다.

41 정답 ④

고객관리코드 순서대로 내용을 정리하면 다음과 같다.
• 충치치료와 관련된 보험 내용이므로 치아보험으로 보는 것이 적절하다. → TO
• 해지환급금은 지급받되 지급률은 최대한 낮게 한다고 하였으므로 30% 지급이 가장 적절하다. → R
• 성별은 제시문에서 언급되어 있지 않기에 여성, 남성 모두 가능하다. → 01 또는 10
• 치아보험의 경우, 보장기간은 최대 20년까지 가능하다. A는 보장기간과 납입기간을 같게 한다고 했으므로 모두 20년이며, 납입주기는 연납이다. → 200102

따라서 고객 A씨의 고객관리코드는 'TOR01200102' 또는 'TOR10200102'이다.

42 정답 ①

고객관리코드 순서대로 내용을 정리하면 다음과 같다.
• 간병보험 상품(NC) – 해지환급금 미지급(N) – 남성(01) – 납입기간・납입주기 일시납(0000) – 보장기간 100세(10)

따라서 해당 고객의 고객관리코드는 'NCN01000010'이다.

43 정답 ②

• 먼저 보험기간에 대한 제약이 없는 보험 상품은 종합보험・암보험・어린이보험・간병보험이므로, 치아보험(TO)과 생활보장보험(LF)을 가입한 고객을 지우면 다음과 같다.

SYY01100102	NCP01201202	CCQ10151202	~~LFR10151220~~
CCR10000008	SYR01151203	BBN10100108	SYY01101209
~~LFP10101220~~	TOQ01000001	NCY01101208	BBQ01201209
~~TOY10200120~~	CCQ10000010	CCR01301210	SYN10200110

• 다음으로 해지환급금의 일부만을 지급받는다 하였으므로, 전체를 지급받거나(Y) 지급받지 않는(N) 고객을 지우면 다음과 같다.

~~SYY01100102~~	NCP01201202	CCQ10151202	~~LFR10151220~~
~~CCR10000008~~	SYR01151203	~~BBN10100108~~	~~SYY01101209~~
~~LFP10101220~~	~~TOQ01000001~~	~~NCY01101208~~	BBQ01201209
~~TOY10200120~~	~~CCQ10000010~~	CCR01301210	~~SYN10200110~~

• 마지막으로 납입기간이 보장기간보다 짧은 월납 고객이 추석선물 지급대상이므로, 연납(01) 또는 일시불(00)인 고객을 제외한다.

~~SYY01100102~~	NCP01201202	CCQ10151202	~~LFR10151220~~
~~CCR10000008~~	SYR01151203	~~BBN10100108~~	~~SYY01101209~~
~~LFP10101220~~	~~TOQ01000001~~	~~NCY01101208~~	BBQ01201209
~~TOY10200120~~	~~CCQ10000010~~	CCR01301210	~~SYN10200110~~

남은 고객 중에서 납입기간과 보장기간을 비교하면 다음과 같다.
• NCP01201202 : 납입기간 20년＝보장기간 20년
• CCQ10151202 : 납입기간 15년＜보장기간 20년
• SYR01151203 : 납입기간 15년＜보장기간 30년
• BBQ01201209 : 납입기간 20년≤보장기간 90세까지
• CCR01301210 : 납입기간 30년≤보장기간 100세까지

따라서 80 ～ 100세까지 보장은 납입기간이 보장기간보다 짧은지 같은지 알 수 없으므로 납입기간이 보장기간보다 짧은 고객은 2명이다.

44 정답 ④

ㄴ. 민간의 자율주행기술 R&D를 지원하여 기술적 안정성을 높이는 전략은 위협을 최소화하는 내용은 포함하지 않고 약점만 보완하는 내용이므로 ST전략이라 할 수 없다.
ㄹ. 국내기업의 자율주행기술 투자가 부족한 약점을 국가기관의 주도로 극복하려는 내용은 약점을 최소화하고 위협을 회피하려는 WT전략의 내용으로 적절하지 않다.

오답분석

ㄱ. 높은 수준의 자율주행기술을 가진 외국 기업과의 기술이전협약 기회를 통해 국내외에서 우수한 평가를 받는 국내 자동차 기업이 국내 자율주행자동차 산업의 강점을 강화하는 전략은 SO전략에 해당한다.
ㄷ. 국가가 지속적으로 자율주행자동차 R&D를 지원하는 법안이 본회의를 통과한 기회를 토대로 기술개발을 지원하여 국내 자율주행자동차 산업의 약점인 기술적 안전성을 확보하려는 전략은 WO전략에 해당한다.

45

정답 ④

C, D, F지점의 사례만 고려하면 F지점에서 마카롱과 쿠키를 함께 먹었을 때, 알레르기가 발생하지 않았으므로 마카롱과 쿠키는 알레르기 발생 원인이 될 수 없다. 따라서 ④는 항상 거짓이 된다.

오답분석

① A, B, D지점의 사례만 고려한 경우 : 빵과 마카롱을 함께 먹은 경우에는 알레르기가 발생하지 않았으므로, 케이크가 알레르기 발생 원인이 된다.
② A, C, E지점의 사례만 고려한 경우 : 케이크와 쿠키를 함께 먹은 경우에는 알레르기가 발생하지 않았으므로, 빵이 알레르기 발생 원인이 된다.
③ B, D, F지점의 사례만 고려한 경우 : 빵과 마카롱 또는 마카롱과 쿠키를 함께 먹은 경우에 알레르기가 발생하지 않았으므로, 케이크가 알레르기 발생 원인이 된다.
⑤ D, E, F지점의 사례만 고려한 경우 : 케이크와 마카롱을 함께 먹은 경우에 알레르기가 발생하였으므로, 쿠키는 알레르기 발생 원인이 될 수 없다.

46

정답 ⑤

조건을 정리하면 다음과 같이 두 가지 경우의 배치가 가능하다.
경우 1)

영업2팀

벽	김팀장						복도
	강팀장	이대리	유사원	김사원	박사원	이사원	

영업1팀

경우 2)

영업2팀

벽	김팀장						복도
	강팀장	이대리	김사원	박사원	이사원	유사원	

영업1팀

두 가지 경우에서 강팀장과 이대리는 항상 인접하므로 항상 옳은 것은 ⑤이다.

오답분석

① 유사원과 이대리는 인접할 수도, 그렇지 않을 수도 있다.
② 박사원의 자리는 유사원의 자리보다 왼쪽에 있을 수도, 그렇지 않을 수도 있다.
③ 이사원은 복도 옆에 위치할 수도, 그렇지 않을 수도 있다.
④ 김사원과 유사원은 인접할 수도, 그렇지 않을 수도 있다.

47

정답 ④

첫 번째 규칙에 따라 A설비는 반드시 도입하며, 세 번째 규칙의 대우에 따라 A설비를 도입하면 E설비는 도입하지 않는다. 그러므로 네 번째 규칙에 따라 E설비를 제외한 B · F설비를 반드시 도입하고, 다섯 번째 규칙에 따라 C설비는 도입하지 않는다. D설비의 도입 여부는 규칙에서 알 수 없지만, 최대한 많은 설비를 도입한다는 여섯 번째 규칙에 따라 D설비도 도입한다. 따라서 A · B · D · F설비를 도입한다.

48

정답 ⑤

오늘 아침의 상황 중 은희의 취향에 영향이 있는 부분을 정리하면 다음과 같다.
• 스트레스를 받음
• 배가 고픔
• 피곤한 상황
• 커피만 마심
• 휘핑크림은 넣지 않음
먼저, 스트레스를 받았다고 하였으므로 휘핑크림이나 우유거품을 추가해야 하나 마지막 조건에서 휘핑크림을 넣지 않는다고 하였으므로 우유거품만을 추가함을 알 수 있다. 또한 배가 고픈 상황이므로 데운 우유가 들어간 커피를 마시게 된다. 따라서 이 모두를 포함한 카푸치노를 주문할 것임을 추론할 수 있다.

49

정답 ④

ㄴ. 책임운영기관이 직제 개정을 하기 위해서는 소속 중앙행정기관장의 승인을 얻어야 하므로 옳은 내용이다.
ㄹ. 책임운영기관의 부기관장을 제외한 나머지 직원은 해당 책임운영기관장이 임명하므로 옳은 내용이다.

오답분석

ㄱ. 책임운영기관의 직급별 정원은 소속 중앙행정기관장의 승인을 얻어 기본운영규정에 규정하므로 옳지 않은 내용이다.
ㄷ. 중앙행정기관은 초과수입금을 사용할 수 없으므로 옳지 않은 내용이다.

50

정답 ④

출산장려금 지급 시기의 가장 우선순위인 임신일이 가장 긴 임산부는 B, D, E임산부이다. 이 중에서 만 19세 미만인 자녀 수가 많은 임산부는 D, E임산부이고, 소득 수준이 더 낮은 임산부는 D임산부이다. 따라서 D임산부가 가장 먼저 출산장려금을 받을 수 있다.

| 02 | 철도법령

51	52	53	54	55	56	57	58	59	60
②	①	①	④	③	⑤	①	②	①	①

51
정답 ②

여객 운임ㆍ요금의 감면(철도사업법 제9조의2)
① 철도사업자는 재해복구를 위한 긴급지원, 여객 유치를 위한 기념행사, 그 밖에 철도사업의 경영상 필요하다고 인정되는 경우에는 일정한 기간과 대상을 정하여 제9조 제1항에 따라 신고한 여객 운임ㆍ요금을 감면할 수 있다.
② 철도사업자는 제1항에 따라 여객 운임ㆍ요금을 감면하는 경우에는 그 시행 3일 이전에 감면 사항을 인터넷 홈페이지, 관계 역ㆍ영업소 및 사업소 등 일반인이 잘 볼 수 있는 곳에 게시하여야 한다. 다만, 긴급한 경우에는 미리 게시하지 아니할 수 있다.

52
정답 ①

한국철도공사는 주된 사무소의 소재지에서 설립등기를 함으로써 성립한다(한국철도공사법 제5조 제1항).

오답분석
②ㆍ④ㆍ⑤ 공사의 설립등기와 하부조직의 설치ㆍ이전 및 변경등기, 그 밖에 공사의 등기에 필요한 사항은 대통령령으로 정한다(한국철도공사법 제5조 제2항).
③ 공사는 등기가 필요한 사항에 관하여는 등기하기 전에는 제3자에게 대항하지 못한다(한국철도공사법 제5조 제3항).

53
정답 ①

특정노선 폐지 등의 승인신청서의 첨부서류(철도산업발전기본법 시행령 제44조)
특정노선을 폐지하기 위해 철도시설관리자와 철도운영자가 국토교통부장관에게 승인신청서를 제출하는 때에는 다음 각 호의 사항을 기재한 서류를 첨부하여야 한다.
1. 승인신청 사유
2. 등급별ㆍ시간대별 철도차량의 운행빈도, 역수, 종사자 수 등 운영현황
3. 과거 6월 이상의 기간 동안의 1일 평균 철도서비스 수요
4. 과거 1년 이상의 기간 동안의 수입ㆍ비용 및 영업손실액에 관한 회계보고서
5. 향후 5년 동안의 1일 평균 철도서비스 수요에 대한 전망
6. 과거 5년 동안의 공익서비스비용의 전체규모 및 철도산업발전기본법 제32조 제1항의 규정에 의한 원인제공자가 부담한 공익서비스비용의 규모
7. 대체수송수단의 이용가능성

54
정답 ④

적용범위(철도산업발전기본법 제2조)
철도산업발전기본법은 다음 각 호의 어느 하나에 해당하는 철도에 대하여 적용한다.
1. 국가 및 한국고속철도건설공단법에 의하여 설립된 한국고속철도건설공단이 소유ㆍ건설ㆍ운영 또는 관리하는 철도
2. 제20조 제3항에 따라 설립되는 국가철도공단 및 제21조 제3항에 따라 설립되는 한국철도공사가 소유ㆍ건설ㆍ운영 또는 관리하는 철도

55
정답 ③

총액인수의 방법 등(한국철도공사법 시행령 제12조)
한국철도공사가 계약에 의하여 특정인에게 사채의 총액을 인수시키는 경우에는 제10조(사채의 응모 등)의 규정을 적용하지 아니한다. 사채모집의 위탁을 받은 회사가 사채의 일부를 인수하는 경우에는 그 인수분에 대하여도 또한 같다.

오답분석
① 한국철도공사법 시행령 제9조
② 한국철도공사법 시행령 제14조 제1항
④ 한국철도공사법 시행령 제12조
⑤ 한국철도공사법 시행령 제13조

56
정답 ⑤

• 국가는 철도시설 투자를 추진하는 경우 사회적ㆍ환경적 편익을 고려하여야 한다(철도산업발전기본법 제7조 제1항).
• 국가 및 지방자치단체는 철도산업의 육성ㆍ발전을 촉진하기 위하여 철도산업에 대한 재정ㆍ금융ㆍ세제ㆍ행정상의 지원을 할 수 있다(철도산업발전기본법 제8조).

57
정답 ①

철도사업자는 사업용철도를 도시철도법에 의한 도시철도운영자가 운영하는 도시철도와 연결하여 운행하려는 때에는 여객 운임ㆍ요금의 신고 또는 변경신고를 하기 전에 여객 운임ㆍ요금 및 그 변경시기에 관하여 미리 당해 도시철도운영자와 협의하여야 한다(철도사업법 시행령 제3조 제2항).

58

정답 ②

역세권 개발·운영 사업 등(한국철도공사법 시행령 제7조의2 제2항)

철도의 선로, 역시설 및 철도 운영을 위한 건축물·건축설비의 개발 및 운영사업으로서 대통령령으로 정하는 사업은 다음 각 호의 시설을 개발·운영하는 사업을 말한다.

1. 물류정책기본법 제2조 제1항 제4호의 물류시설 중 철도운영이나 철도와 다른 교통수단과의 연계운송을 위한 시설
2. 도시교통정비 촉진법 제2조 제3호에 따른 환승시설
3. 역사와 같은 건물 안에 있는 시설로서 건축법 시행령 제3조의5에 따른 건축물 중 제1종 근린생활시설, 제2종 근린생활시설, 문화 및 집회시설, 판매시설, 운수시설, 의료시설, 운동시설, 업무시설, 숙박시설, 창고시설, 자동차관련시설, 관광휴게시설과 그 밖에 철도이용객의 편의를 증진하기 위한 시설

59

정답 ①

사채의 소멸시효는 원금은 5년, 이자는 2년이 지나면 완성한다(한국철도공사법 제11조 제4항).

60

정답 ①

사업용철도노선의 분류(철도사업법 제4조 제2항)

- 운행지역과 운행거리에 따른 분류 : 간선(幹線)철도, 지선(支線)철도
- 운행속도에 따른 분류 : 고속철도노선, 준고속철도노선, 일반철도노선

합격의공식
시대
에듀
www.sdedu.co.kr

코레일 한국철도공사 고졸채용 필기시험 답안카드

번호	답란	번호	답란	번호	답란
1	① ② ③ ④ ⑤	21	① ② ③ ④ ⑤	41	① ② ③ ④ ⑤
2	① ② ③ ④ ⑤	22	① ② ③ ④ ⑤	42	① ② ③ ④ ⑤
3	① ② ③ ④ ⑤	23	① ② ③ ④ ⑤	43	① ② ③ ④ ⑤
4	① ② ③ ④ ⑤	24	① ② ③ ④ ⑤	44	① ② ③ ④ ⑤
5	① ② ③ ④ ⑤	25	① ② ③ ④ ⑤	45	① ② ③ ④ ⑤
6	① ② ③ ④ ⑤	26	① ② ③ ④ ⑤	46	① ② ③ ④ ⑤
7	① ② ③ ④ ⑤	27	① ② ③ ④ ⑤	47	① ② ③ ④ ⑤
8	① ② ③ ④ ⑤	28	① ② ③ ④ ⑤	48	① ② ③ ④ ⑤
9	① ② ③ ④ ⑤	29	① ② ③ ④ ⑤	49	① ② ③ ④ ⑤
10	① ② ③ ④ ⑤	30	① ② ③ ④ ⑤	50	① ② ③ ④ ⑤
11	① ② ③ ④ ⑤	31	① ② ③ ④ ⑤	51	① ② ③ ④ ⑤
12	① ② ③ ④ ⑤	32	① ② ③ ④ ⑤	52	① ② ③ ④ ⑤
13	① ② ③ ④ ⑤	33	① ② ③ ④ ⑤	53	① ② ③ ④ ⑤
14	① ② ③ ④ ⑤	34	① ② ③ ④ ⑤	54	① ② ③ ④ ⑤
15	① ② ③ ④ ⑤	35	① ② ③ ④ ⑤	55	① ② ③ ④ ⑤
16	① ② ③ ④ ⑤	36	① ② ③ ④ ⑤	56	① ② ③ ④ ⑤
17	① ② ③ ④ ⑤	37	① ② ③ ④ ⑤	57	① ② ③ ④ ⑤
18	① ② ③ ④ ⑤	38	① ② ③ ④ ⑤	58	① ② ③ ④ ⑤
19	① ② ③ ④ ⑤	39	① ② ③ ④ ⑤	59	① ② ③ ④ ⑤
20	① ② ③ ④ ⑤	40	① ② ③ ④ ⑤	60	① ② ③ ④ ⑤

※ 본 답안지는 마킹연습용 모의 답안지입니다.

〈절취선〉

코레일 한국철도공사 고졸채용 필기시험 답안카드

문항	1	2	3	4	5	문항	1	2	3	4	5	문항	1	2	3	4	5
1	①	②	③	④	⑤	21	①	②	③	④	⑤	41	①	②	③	④	⑤
2	①	②	③	④	⑤	22	①	②	③	④	⑤	42	①	②	③	④	⑤
3	①	②	③	④	⑤	23	①	②	③	④	⑤	43	①	②	③	④	⑤
4	①	②	③	④	⑤	24	①	②	③	④	⑤	44	①	②	③	④	⑤
5	①	②	③	④	⑤	25	①	②	③	④	⑤	45	①	②	③	④	⑤
6	①	②	③	④	⑤	26	①	②	③	④	⑤	46	①	②	③	④	⑤
7	①	②	③	④	⑤	27	①	②	③	④	⑤	47	①	②	③	④	⑤
8	①	②	③	④	⑤	28	①	②	③	④	⑤	48	①	②	③	④	⑤
9	①	②	③	④	⑤	29	①	②	③	④	⑤	49	①	②	③	④	⑤
10	①	②	③	④	⑤	30	①	②	③	④	⑤	50	①	②	③	④	⑤
11	①	②	③	④	⑤	31	①	②	③	④	⑤	51	①	②	③	④	⑤
12	①	②	③	④	⑤	32	①	②	③	④	⑤	52	①	②	③	④	⑤
13	①	②	③	④	⑤	33	①	②	③	④	⑤	53	①	②	③	④	⑤
14	①	②	③	④	⑤	34	①	②	③	④	⑤	54	①	②	③	④	⑤
15	①	②	③	④	⑤	35	①	②	③	④	⑤	55	①	②	③	④	⑤
16	①	②	③	④	⑤	36	①	②	③	④	⑤	56	①	②	③	④	⑤
17	①	②	③	④	⑤	37	①	②	③	④	⑤	57	①	②	③	④	⑤
18	①	②	③	④	⑤	38	①	②	③	④	⑤	58	①	②	③	④	⑤
19	①	②	③	④	⑤	39	①	②	③	④	⑤	59	①	②	③	④	⑤
20	①	②	③	④	⑤	40	①	②	③	④	⑤	60	①	②	③	④	⑤

성 명

지원 분야

문제지 형별기재란

( )형 Ⓐ Ⓑ

수 험 번 호

⓪	①	②	③	④	⑤	⑥	⑦	⑧	⑨
⓪	①	②	③	④	⑤	⑥	⑦	⑧	⑨
⓪	①	②	③	④	⑤	⑥	⑦	⑧	⑨
⓪	①	②	③	④	⑤	⑥	⑦	⑧	⑨
⓪	①	②	③	④	⑤	⑥	⑦	⑧	⑨
⓪	①	②	③	④	⑤	⑥	⑦	⑧	⑨
⓪	①	②	③	④	⑤	⑥	⑦	⑧	⑨

감독위원 확인

㊞

코레일 한국철도공사 고졸채용 필기시험 답안카드

성명

지원분야

문제지 형별기재란

( )형   Ⓐ Ⓑ

수험번호

	⓪	①	②	③	④	⑤	⑥	⑦	⑧	⑨
	⓪	①	②	③	④	⑤	⑥	⑦	⑧	⑨
	⓪	①	②	③	④	⑤	⑥	⑦	⑧	⑨
	⓪	①	②	③	④	⑤	⑥	⑦	⑧	⑨
	⓪	①	②	③	④	⑤	⑥	⑦	⑧	⑨
	⓪	①	②	③	④	⑤	⑥	⑦	⑧	⑨
	⓪	①	②	③	④	⑤	⑥	⑦	⑧	⑨

감독위원 확인

(인)

문번	①	②	③	④	⑤	문번	①	②	③	④	⑤	문번	①	②	③	④	⑤
1	①	②	③	④	⑤	21	①	②	③	④	⑤	41	①	②	③	④	⑤
2	①	②	③	④	⑤	22	①	②	③	④	⑤	42	①	②	③	④	⑤
3	①	②	③	④	⑤	23	①	②	③	④	⑤	43	①	②	③	④	⑤
4	①	②	③	④	⑤	24	①	②	③	④	⑤	44	①	②	③	④	⑤
5	①	②	③	④	⑤	25	①	②	③	④	⑤	45	①	②	③	④	⑤
6	①	②	③	④	⑤	26	①	②	③	④	⑤	46	①	②	③	④	⑤
7	①	②	③	④	⑤	27	①	②	③	④	⑤	47	①	②	③	④	⑤
8	①	②	③	④	⑤	28	①	②	③	④	⑤	48	①	②	③	④	⑤
9	①	②	③	④	⑤	29	①	②	③	④	⑤	49	①	②	③	④	⑤
10	①	②	③	④	⑤	30	①	②	③	④	⑤	50	①	②	③	④	⑤
11	①	②	③	④	⑤	31	①	②	③	④	⑤	51	①	②	③	④	⑤
12	①	②	③	④	⑤	32	①	②	③	④	⑤	52	①	②	③	④	⑤
13	①	②	③	④	⑤	33	①	②	③	④	⑤	53	①	②	③	④	⑤
14	①	②	③	④	⑤	34	①	②	③	④	⑤	54	①	②	③	④	⑤
15	①	②	③	④	⑤	35	①	②	③	④	⑤	55	①	②	③	④	⑤
16	①	②	③	④	⑤	36	①	②	③	④	⑤	56	①	②	③	④	⑤
17	①	②	③	④	⑤	37	①	②	③	④	⑤	57	①	②	③	④	⑤
18	①	②	③	④	⑤	38	①	②	③	④	⑤	58	①	②	③	④	⑤
19	①	②	③	④	⑤	39	①	②	③	④	⑤	59	①	②	③	④	⑤
20	①	②	③	④	⑤	40	①	②	③	④	⑤	60	①	②	③	④	⑤

※ 본 답안지는 마킹연습용 모의 답안지입니다.

〈절취선〉

코레일 한국철도공사 고졸채용 필기시험 답안카드

※ 본 답안지는 마킹연습용 모의 답안지입니다.

1	①	②	③	④	⑤	21	①	②	③	④	⑤	41	①	②	③	④	⑤
2	①	②	③	④	⑤	22	①	②	③	④	⑤	42	①	②	③	④	⑤
3	①	②	③	④	⑤	23	①	②	③	④	⑤	43	①	②	③	④	⑤
4	①	②	③	④	⑤	24	①	②	③	④	⑤	44	①	②	③	④	⑤
5	①	②	③	④	⑤	25	①	②	③	④	⑤	45	①	②	③	④	⑤
6	①	②	③	④	⑤	26	①	②	③	④	⑤	46	①	②	③	④	⑤
7	①	②	③	④	⑤	27	①	②	③	④	⑤	47	①	②	③	④	⑤
8	①	②	③	④	⑤	28	①	②	③	④	⑤	48	①	②	③	④	⑤
9	①	②	③	④	⑤	29	①	②	③	④	⑤	49	①	②	③	④	⑤
10	①	②	③	④	⑤	30	①	②	③	④	⑤	50	①	②	③	④	⑤
11	①	②	③	④	⑤	31	①	②	③	④	⑤	51	①	②	③	④	⑤
12	①	②	③	④	⑤	32	①	②	③	④	⑤	52	①	②	③	④	⑤
13	①	②	③	④	⑤	33	①	②	③	④	⑤	53	①	②	③	④	⑤
14	①	②	③	④	⑤	34	①	②	③	④	⑤	54	①	②	③	④	⑤
15	①	②	③	④	⑤	35	①	②	③	④	⑤	55	①	②	③	④	⑤
16	①	②	③	④	⑤	36	①	②	③	④	⑤	56	①	②	③	④	⑤
17	①	②	③	④	⑤	37	①	②	③	④	⑤	57	①	②	③	④	⑤
18	①	②	③	④	⑤	38	①	②	③	④	⑤	58	①	②	③	④	⑤
19	①	②	③	④	⑤	39	①	②	③	④	⑤	59	①	②	③	④	⑤
20	①	②	③	④	⑤	40	①	②	③	④	⑤	60	①	②	③	④	⑤

성 명	

지원분야	

문제지 형별기재란	Ⓐ
( )형	Ⓑ

수험번호	⓪ ① ② ③ ④ ⑤ ⑥ ⑦ ⑧ ⑨
	⓪ ① ② ③ ④ ⑤ ⑥ ⑦ ⑧ ⑨
	⓪ ① ② ③ ④ ⑤ ⑥ ⑦ ⑧ ⑨
	⓪ ① ② ③ ④ ⑤ ⑥ ⑦ ⑧ ⑨
	⓪ ① ② ③ ④ ⑤ ⑥ ⑦ ⑧ ⑨
	⓪ ① ② ③ ④ ⑤ ⑥ ⑦ ⑧ ⑨
	⓪ ① ② ③ ④ ⑤ ⑥ ⑦ ⑧ ⑨

감독위원 확인	
(인)	

2025 최신판 시대에듀 All-New 사이다 모의고사
코레일 한국철도공사 고졸채용 NCS + 법령

개정4판1쇄 발행	2025년 06월 20일 (인쇄 2025년 05월 27일)
초 판 발 행	2021년 09월 15일 (인쇄 2021년 08월 18일)
발 행 인	박영일
책 임 편 집	이해욱
편 저	SDC(Sidae Data Center)
편 집 진 행	여연주 · 황성연
표지디자인	하연주
편집디자인	김경원 · 고현준
발 행 처	(주)시대고시기획
출 판 등 록	제10-1521호
주 소	서울시 마포구 큰우물로 75 [도화동 538 성지 B/D] 9F
전 화	1600-3600
팩 스	02-701-8823
홈 페 이 지	www.sdedu.co.kr
I S B N	979-11-383-9406-2 (13320)
정 가	18,000원

사

사일 동안
이것만 풀면
다 합격!

이

다

코레일
한국철도공사 고졸채용
NCS + 철도법령